夯根柢
创新思
毓栋梁

南京大学地理与海洋科学学院"三三制"下的本科人才培养研究

【主　编】王　玮
【副主编】金晓斌　李　岩

南京大学出版社

图书在版编目（CIP）数据

夯根柢　创新思　毓栋梁：南京大学地理与海洋科学学院"三三制"下的本科人才培养研究 / 王玮主编.
—南京：南京大学出版社，2021.11
ISBN 978-7-305-09748-5

Ⅰ.①夯… Ⅱ.①王… Ⅲ.①高等学校—地理学—人才培养—研究—南京 Ⅳ.①K90

中国版本图书馆CIP数据核字（2019）第240772号

出版发行	南京大学出版社	
社　　址	南京市汉口路22号　　邮编 210093	
网　　址	http://www.NjupCo.com	
出 版 人	金鑫荣	

书　　名	夯根柢　创新思　毓栋梁	
	——南京大学地理与海洋科学学院"三三制"下的本科人才培养研究	
主　　编	王玮	
责任编辑	荣卫红　　　编辑热线 025-83685720	

照　　排	南京紫藤制版印务中心
印　　刷	南京斯马特数码印务有限公司
开　　本	787 mm×1092 mm　1/16　印张 13.75　字数269千
版　　次	2021年11月第1版　2021年11月第1次印刷

ISBN 978-7-305-09748-5
定　　价　78.00元

网址：http://www.njupco.com
官方微博：http://weibo.com/njupco
官方微信号：njupress
销售咨询热线：（025）83594756

* 版权所有，侵权必究
* 凡购买南大版图书，如有印装质量问题，请与所购图书销售部门联系调换

前言

人才培养，国之大计；立德树人，民族大任。教育是民族振兴、社会进步的基石，是提高国民素质、促进人的全面发展的根本途径，寄托着亿万家庭对美好生活的期盼。高等教育则是培养人才的重要途径。

当今世界经济文化发展迅速，科学技术突飞猛进，社会对各国高等教育人才培养提出了高质量、高素质、高能力的迫切要求。大学是培养高级人才的摇篮，高等教育承担着培养高级专门人才、发展科学技术文化、促进现代化建设的重大任务，本科教育是培养高质量人才的重要载体，也是各国高等教育的重要阶段。因此，构建本科人才培养模式、提高人才培养质量是高等教育的首要职能和永恒主题。

地理学，作为一门经世致用的学科，其目标不仅在于解释过去，更重要的是服务现在、预测未来，以便服务国土生态安全等国家重大需求，应对全球环境变化和人类可持续发展、海陆相互作用与海岸带资源环境、全球变化与碳循环、自然资源演化、自然灾害发生机理与防控等地球表层系统科学领域的关键科学问题。因此，地理教育在国民素质教育、国家实施科教兴国和可持续发展战略中起着极为重要的作用。高等地理教育更是在地理学科建设中起着"顶天立地"的作用。

南京大学地理学科办学历史源远流长，可追溯至三江师范学堂1902年设立的历史舆地科。著名科学家和教育学家竺可桢先生1921年在南京大学（原国立东南大学）创办地学系，这也是我国近代高等教育史上最早建立的地理系之一。学院始终与时代同呼吸、与民族共命运，与中国地理科教事业发展同行，始终把人才培养置于核心位置，把服务国家作为最高追求。百年地理，砥砺前进，笃行致远，惟实励新。为我国培养了一批学术大师、兴业英才和治国栋梁，服务国家经济社会建设与可持续高质量发展。

学院现设自然地理学系、国土资源与旅游学系、地理信息科学系和海岸海洋科学系。南京大学学科特区"国际地球系统科学研究所"挂靠学院。新的征程上，学院将不忘初心、牢记使命，坚持把立德树人作为根本任务，把学科建设作为发展根基，把深化改革作为强大动力，把加强党的建设作为坚强保证，不断推动内涵式高质量发展，奋力建成地理与海洋科学领域有国际影响力的人才培养基地和研究中心。

作为"中国地理学家的摇篮"，在新时代、新发展、新变革的背景下，南京大学地理与海洋科学学院坚持以本为本、推进"四个回归"，面向国家战略和社会需求，立足南京大学"三三制"2.0版改革，发挥地理科学在科学前沿性、理论精深性、知识综合性、全国引领性、决策支撑性方面的特色和优势，推动"地理学拔尖人才培养计划"，以培养高素质地理科学创新人才为目标，全面推进教学改革，探索构建"三个体系"，打造具有国际视野的高水平人才培养基地，为培养有志于从事地理科学前沿领域理论与应用研究的高级人才奠定坚实基础，重塑具有国际一流水平的"新时代地理学摇篮"。

为肩负起培养地理学拔尖创新人才的重要使命，南京大学地理与海洋科学学院积极开展科教融合的学术育人模式创新、虚实结合的实践育人方法创新和系统综合的协同育人体系创新，构建并实施了"学—思—践—悟"的地理学拔尖创新人才培养方案：

利用地理科学的知识综合性的特点，探索构建"学科课程＋实践课程＋地理国情课程"的新型课程体系，发挥南京大学地理科学专业综合性强、地球科学学科群齐全、自然与人文交叉等方面的特色，组建跨学科教学团队，在课程建设、培养模式、师资配置、实习设计选择等环节，将地球系统科学、自然地理学、人文地理学、GIS等多学科有机融合，强化多学科知识融会贯通，加强系统观和方法论的教学内容，提高解决复杂地理科学问题能力，将学生培养成具有地理学综合思维能力和自主科研能力的创新性、复合型、国际化高端人才。

发挥地理科学的全国引领性作用，探索构建"国家平台＋学科平台＋社会平台"的培养平台体系，在地理学专业建设方面发挥示范作用。以改革为动力，推动"地理学拔尖人才培养计划"，培养"中国最好"的地理学人才。融合国家重点实验室、省部级实验室以及科研院所学术培养平台，推动本科"地理学拔尖人才培养计划"。适应新时代发展，培养新型地理人才，以人才培养国际化为目标，组织好贝加尔湖、地中海、阿尔卑斯等野外教学活动。积极开展地球系统科学虚拟仿真实验教学软件开发，扩大完善MOOC建设，培育国家级和省级教学成果奖。

强化地理科学的决策支撑性作用，探索构建"全球变化与可持续发展＋国土空间规划＋区域战略决策"的学术素养体系，培养学生的科学精神与素养、时代使命感和爱国主义情怀。继承南京大学地理科学教育瞄准科学前沿、服务国家战略的精神和传统，结合主讲教师所承担的三项国家重点研发计划项目和四项国家基金委重点项目等，以"服务国家"为目标，围绕气候环境变化格局、全球碳循环过程和影响、"一带一路"资源环境与关键空间治理等科学问题，以及生态文明建设、乡村振兴、"一带一路"、长江经济带建设等国家战略和社会热点问题，激发学生内在学习兴趣和攀登科学高峰的热情，培养创新型地理科学人才。

立足于"学"、聚焦于"思"、落实于"践"、升华于"悟"，南京大学地理与海洋科学学院以前沿性、国际化为特色的创新复合人才培养路径夯实了学生的专业基础，激发了学生的创新思维，提升了学生的学术能力，坚定了学生的理想信念，培养出了一批自主创新、创业和持续发展能力强，具有"地理情愫、中国灵魂、世界胸怀"的优秀地理学子。

目 录

第一章　南京大学地理学人才培养基础 / 1

第一节　南京大学"三三制"本科人才培养改革 / 2

第二节　新时代地理学的发展需求 / 3

第三节　南京大学地理学发展沿革 / 4

第四节　南京大学地理学人才培养优势 / 5

第二章　南京大学地理学人才培养模式 / 13

第一节　培养目标 / 14

第二节　培养要求 / 14

第三节　培养方案 / 16

第四节　专业设置 / 20

第五节　培养规模与路径 / 38

第三章　南京大学地理学人才培养特色——国际化办学 / 39

第一节　国内外本科人才培养比较 / 40

第二节　国际双学位交流生项目 / 46

第三节　国际化精品课程 / 52

第四章　南京大学地理学人才培养特色——复合创新型野外实践 / 57

　　第一节　"学科融合—知识创新"野外实践教学模式 / 58

　　第二节　地理学虚拟野外实习教学辅助系统建设的构想 / 62

　　第三节　"全球视野"地理学国际科考与科研训练项目 / 72

第五章　南京大学地理学人才培养成果 / 79

　　第一节　自主创新能力显著增强 / 80

　　第二节　实践创业能力不断提升 / 104

　　第三节　扶贫扶智立德树人成效显著 / 129

　　第四节　教学理念教学成果辐射深远 / 144

附表 / 196

　　表1　2008—2021年南京大学地理与海洋科学学院大学生创新训练计划项目汇总表 / 196

　　表2　2007—2021年南京大学地理与海洋科学学院省部级以上教学成果奖 / 206

　　表3　2006—2021年南京大学地理与海洋科学学院教学改革成效 / 207

　　表4　2007—2021年南京大学地理与海洋科学学院教学建设成效 / 208

后记 / 211

第一章

南京大学地理学人才培养基础

第一节　南京大学"三三制"本科人才培养改革

培养什么人和如何培养人始终是高等教育面临的重要命题。十八届三中全会决定指出，要"创新高校人才培养机制，促进高校办出特色争创一流"。南京大学围绕立德树人根本任务，开展了深入探索和实践，2009 年开始在全校实施新一轮以个性化培养为特色、以"办中国最好的本科教育"为目标的"三三制"本科教学改革，积极创建创新人才培养新体系。

那么什么是"三三制"呢？"三三制"的两个"三"分别指的是学生经过"三"个培养阶段，形成"三"条发展路径。首先，本科生进校不再戴专业"帽子"，而是以招生大类为单位进入"大类培养阶段"，学习通识通修课程，完成新生的适应性转变和学习性转变，为专业学习奠定基础；其次，学生经过自主选课，满足某个专业的"专业准入标准"后，进入"专业培养阶段"，这个阶段为学生提供各专业最核心的学科专业课程，各院系重构专业教育知识体系，提炼课程模块，给予学生更多的自主学习时间与空间；这之后，学生进入"多元培养阶段"，进一步明确自身发展方向，学校提供针对不同发展路径的个性化课程模块。学生一方面须达到相关的"专业准出标准"要求，另一方面还可以从"专业学术类""交叉复合类""就业创业类"三条发展路径中选择最适合自己的个性化成才通道（图 1.1）。

以南京大学"三三制"为代表的大类招生和分流培养模式极大地促进并保障了学生的个性化培养、多样化发展。2014 年，南京大学《以学生发展为中心的"三三制"本科人才培养体系构建与实施》荣获全国人才培养最高奖——第七届高等教育国家级教学成果特等奖（当届特等奖中唯一独立完成的项目）；2018 年，获国家级教学成果奖一等奖 5 项。作为"拔尖计划 1.0"入选高校，根据教育部"拔尖计划"实施十年评估专家评价意见，南京大学"拔尖人才培养的成效明显"。截至 2019 年 8 月，全校共开设新生研讨课 170 门、通识课 92 门、创新创业课程 40 门，新生研讨课已覆盖所有一年级学生，全校 2/3 学生选择了非本院系所开设的新生研讨课。通识教育课和新生研讨课中，95% 的课程主讲人为院士、长江学者、国家级教学名师和学科带头人。

2019 年 4 月，南京大学召开新时代本科教育工作会议，正式启动以构建高水平创新人才培养体系为目标的"三三制"2.0。在"三三制"的基础上，南京大学将面向"三

图 1.1 南京大学"三三制"人才培养方案

元四维"的新形势继续深化,通过交叉融通、教研相长的学科体系,模式贯通、全面培养的教学体系,育人为核、融合前沿的管理体系的支撑,构建"师生成长与创新共同体",赋予同学们更多选择。努力培养肩负时代使命、具备全球视野、推动科技创新、引领社会发展的未来各行各业拔尖领军人才和优秀创新创业人才,为解答"钱学森之问"贡献南大智慧。

在南京大学学习,本科生每人一张课表不是新奇的事。只要有梦想,专业准入准出机制让你学如所愿;大量的研读研究课程,让你掌握学习的主动权;与名师对话,走进学科前沿,挑战自我才华。

第二节　新时代地理学的发展需求

地理学是"探索自然规律,昭示人文精华"的一门学科。地理学,不止于解释过去,更在于服务现在、预测未来。

地理学是研究地球表层空间地理要素或者地理综合体空间分布规律、时间演变过程和区域特征的一门学科,是自然科学与人文科学的交叉,具有综合性、交叉性和区域性的特点。早在1983年，钱学森教授就已提出创立地球表层学与数量地理学，将地理科学归结为自然科学与社会科学之间的桥梁科学，在社会总体设计部下设四大建设中，将地理建设与政治文明、物质文明、精神文明建设并列，提升地理学为"为国民经济服务"的科学，这一思想对我国地理学发展起到了关键性推动作用。

当前，新时代地理学应对复杂多变的全球环境、资源利用与人类可持续发展问题，面向保障国家安全与民生福祉的重大战略需求，亟须培养"专业认知能力、知识融合能力、自主创新能力、团结协作能力"兼优的地理学拔尖创新人才，应对未来全球变化与人类发展问题的践行者、探索者与引领者。新时代地理学创新人才培养模式面临"四个能力"建设的新要求，即：如何架构完整的地理学协同育人体系，夯实学生专业认知能力？如何融合野外实践和虚拟仿真，提升学生地理学知识融合能力？如何通过科教融合，培养学生面向学术前沿及其自主创新能力？如何结合专业教育与课程思政，全面提高学生的团队协作能力？

第三节　南京大学地理学发展沿革

南京大学地理与海洋科学学院源于1921年竺可桢先生创建的地学系，素有"中国地理学家摇篮"之美誉，引领了中国近现代地理学人才培养的先河。著名的地理学家竺可桢、胡焕庸、张其昀、李旭旦、任美锷、杨怀仁等教授在此执教，培养出了中国科学院、中国工程院、挪威皇家科学院院士，以及国家科技创新领军人才、教育部长江学者、国家杰出青年基金获得者和国家教学名师等大批高层次专业人才。1952年院系调整，原浙江大学地理系（地质地理系）、四川大学地理系和金陵女子大学地理系部分师生并入南京大学地理系。1954年在国内率先成立自然地理学和经济地理学专业。1960年后，又先后在国内率先成立地貌与第四纪地质学、地图学、陆地水文专业。1987年易名为大地海洋科学系，设有地貌与第四纪地质学、自然资源（陆地水文）、地图学（地理信息系统）、经济地理与城乡区域规划（城市规划）专业。1995年易名为城市与资源学系，设地貌与第四纪地质学、地理信息系统与地图学、经济地理与城乡区域规划（城市规划）、资源环境与城乡规划管理（土地管理与房地产开发）、旅游规划与管理等专业。1993年，入选首批国家地理学基础科学研究与教学人才培养基地。

南京大学地理科学学科历史悠久、积淀深厚。早期，竺可桢先生关于东亚季风气候的研究、胡焕庸先生提出的中国东西部人口密度分界线（即"胡焕庸线"）、张其昀先生的历史地理研究等工作在学术界产生了深远影响。20世纪80年代以来，在东亚自然环境变迁、干旱—半干旱区和青藏高原气候与环境变迁、全球变化与人类适应、植被遥感和碳循环、海陆相互作用与海洋沉积动力过程、土地资源利用与规划、旅游地理、非洲地理、陆地水文过程与南水北调、城市与区域规划、现代地图制图、地理信息科学和遥感技术等领域取得一系列突出成果，饮誉学界。

南京大学是教育部第一批地理学国家理科基础科学研究和教学人才培养基地（1992年）。地理科学拔尖学生培养基地入选2020年度基础学科拔尖学生培养计划2.0基地计划。学院现设地理科学（拔尖班）、自然地理与资源环境、人文地理与城乡规划、地理信息科学、海洋科学五个本科专业，建设有庐山、黄山、天目山、连云港、黑河、海南岛等实习基地，开设了国际名师暑期课堂，开展了中俄贝加尔湖国际科考与科研训练项目、中美"人类活动—全球变化"交叉学科国际科考与科研训练项目、非洲发展与文明冲突跨学科国际科考与科研训练项目等国际科考和创新人才培养活动。2019年度和2020年度，学院地理信息科学专业和地理科学专业分别入选国家级一流本科专业建设点，"GIS设计""走进地理学MOOC"入选国家级一流本科课程，近年来获得高等学校教学名师奖、国家级教学成果奖、国家级精品课程、全国高校黄大年式教师团队等本科教育相关荣誉多项。

随着南京大学"双一流"学科建设的发展，学院积极强化和调整学科方向，围绕地球表层系统科学和水土资源环境效应，承担了多项国家重点研发计划、国家科技支撑计划、国家自然科学基金重点项目、国家社科基金重大招标项目和美国科学基金会项目等重要科研项目，在典型地表动力过程与生态环境变迁、全球变化与地理过程、全球碳循环过程与机制、城市化过程与水循环、"一带一路"资源环境与全球关键空间治理、全球变化遥感、海岸海洋演变与资源开发、国土资源利用与整治、南海资源遥感与国情监测、旅游地理和长江流域资源环境、城乡规划与管理等方向，问鼎地球系统科学和人地关系理论难题，瞄准解决中国社会经济发展与资源环境开发利用中的突出问题，培养高水平领军人才。

第四节　南京大学地理学人才培养优势

一、多元创新的培养方案

1. 科教融合的地理学学术育人模式创新

面向国际学术前沿，把传统的地理学教学"知识传授"型转变为探究性教学的"知识发现"型，构建师生学术共同体，吸收学生参与国际合作、国家重点研发计划、国家自然科学基金等科研项目，向学生开放国家协同创新中心、重点实验室、工程技术中心等，使之成为培养学生创新精神与实践能力的舞台，通过科教融合实现地理学术育人。

2. 虚实结合的地理学实践育人方法创新

立足于地理学的整体性与系统性，在实践教学过程中引入地理信息与虚拟仿真技术，一方面，针对地理学中罕见、难见，以及观测成本高、风险大的地理现象与过程研制虚拟仿真实验，辅助提升专业认知水平和抽象思维能力；另一方面，针对学生在野外实习过程中存在"只见树木、不见森林"的认识问题，提出了"野外实习—数据分析—仿真建模—虚仿实验—实地验证"的实践训练过程，鼓励学生积累观测数据，开展虚拟仿真实验和实地观测验证。通过融合虚拟仿真与野外实习，实现地理学实践教学在室内与室外之间、线上与线下之间、分析与综合之间的相辅相成。

3. 系统综合的地理学协同育人体系创新

依托南京大学地理学"地球系统、陆海统筹"的学科发展特色，挖掘地理学开展课程思政建设的内在优势，形成了"全国高校黄大年式教师团队"等专业与思政相融合的优秀教学团队，积极引导学生参与学院承担的全球气候变化应对、人类可持续发展、国土与生态安全等重大科研项目，在国内外科考线路中融入爱国主义与使命担当教育，开展了地理国情、资源国情、土地国情、海洋知识等专业竞赛，在实践教学中有机融入"五育"内涵，培养具有"地理情愫、中国灵魂、世界胸怀"的新时代地理学拔尖创新人才，贯彻"求真知、重实践、育全人"的发展理念。

二、前沿综合的教学体系

1. 课程体系

按照南京大学"三三制"教学改革的要求，结合国际化人才培养方案，课程由通识通修、学科专业、开放选修三大模块，以及科研训练、生产实习与毕业论文共同组成（图1.2）。

通识通修课程：课程贯穿于第一至第三学年。主要由人文素质课、新生研讨课、阅读经典、新生导学、英语、数学、理化、计算机、思想政治、军事、体育等课程组成。

学科专业课程：由学科平台课（地学基础）和专业核心课（专业基础）组成，其中学科平台课主要集中于第一学年，专业核心课主要集中于第二学年。按照聚焦学科前沿、强调方法综合、创新教学方式的思路，由学科带头人主持建设，按照金课建设标准，突出地理科学学科前沿热点科学问题及技术方法，内容上强调前沿性、创新性和学科交叉性。

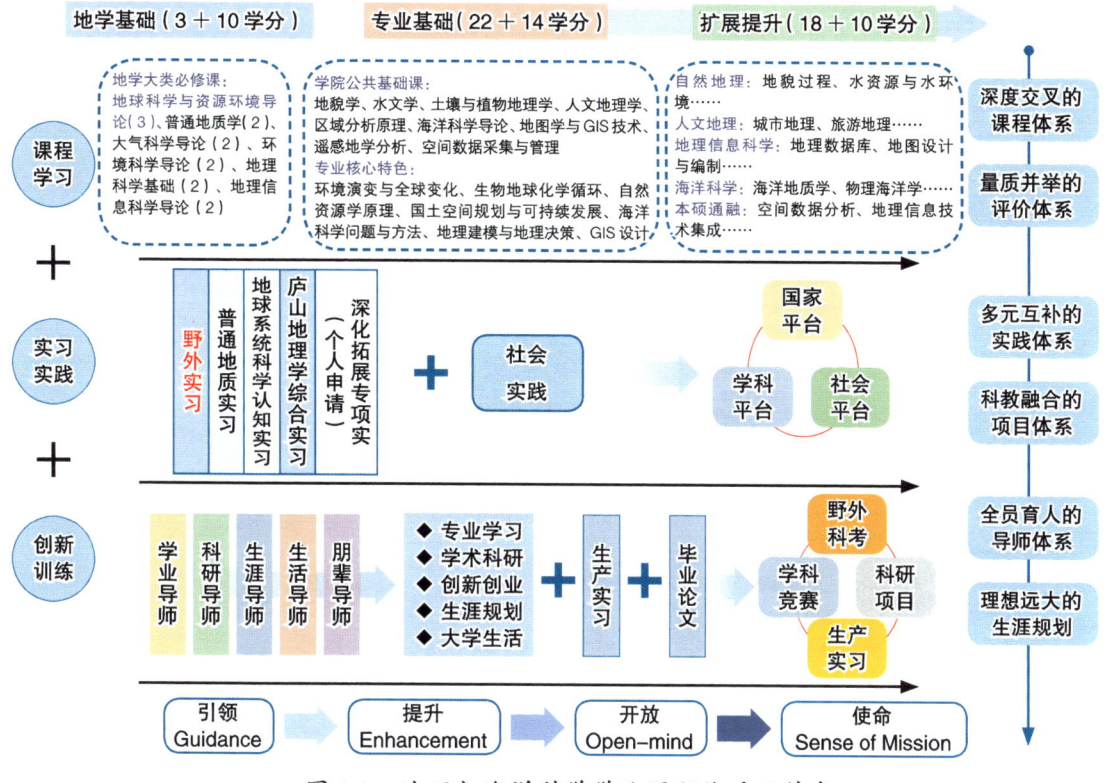

图 1.2　地理与海洋科学学院课程体系及特色

开放选修课：即扩展提升，主要集中于第三、四学年。结合个人兴趣选修相关专业的专业核心课或专业选修课。

重视教学改革，科学设计课程体系。以优质课程建设为内涵，建设"千"层次优质课程（普通地质学实习、自然地理学、城市地理学），优化通识教育课程体系（新设"走进非洲""全球变化与人类活动"等课程），开设新生研讨课（"全球化与中国旅游业""土地资源资产与地理学""区域土地利用与人类未来发展"），实施阅读计划（"中国自然地理纲要"），不断凸显地理科学的教学特色。

2. 实习实践

"读万卷书、行万里路"是地理学的治学特点，也是人才培养的内在要求。野外实习实践作为地理学科的专业特色，是理论联系实践的重要方式，对地学专业学生实践技能提高和综合能力培养起着举足轻重的作用（图 1.3）。

黄山实习
- 皖南黄山地区
- 真切体会黄山的"前世今生"
- 实地观察黄山地区自然地理风貌
- 认知地理圈层的相互作用过程

天目山实习
- 浙江省天目山、安吉县余村
- 表层地球系统与地理环境过程
- 地表环境与人地关系

海洋实习
- 南通市如东县小洋口港
- 观测记录一个潮周期内的物理量时间序列
- 进行船载剖面观测以及水样采集

野外实习
1. 帮助学生构建区域地理意义
2. 培养学生地理野外调查程序和基本方法
3. 训练学生地理综合分析与区域分析能力及地理实践技能
4. 巩固和加深学生对人地关系以及地理学科所学理论的理解

湖山实习
- 南京市湖山地区
- 建立湖山地区地质发展时空框架
- 实习区褶皱、断裂构造的野外识别
- 外动力地质作用塑造的地貌景观

庐山实习
- 江西省九江市庐山
- 实地观察庐山区自然地理风貌
- 学习庐山区人文地理知识

图 1.3 地理与海洋科学学院国内实习

多年来，南京大学地理与海洋科学学院秉持"全球视野、家国情怀、经世致用、笃行致远"的理念，在地理学教学实习上不断做出新的探索，探索构建"国家平台＋学科平台＋社会平台"的立体培养平台体系，融合国家重点实验室、省部级实验室以及科研院所学术培养平台，建设多层次的实验教学示范中心和野外实践教学基地。形成国内野外实习＋国外科考项目、线下实地观测＋线上虚拟仿真、自然地理考察＋人文地理调查相结合的综合实践平台，不断推动理论水平高、实践能力强的新型地理学拔尖人才的培养。

第一学年：结合普通地质学等理论课程进行南京周边认知实习和天目山综合地理认知实习。

第二学年：实行国内与国外相结合的教学方式。国内实践教学主要为庐山综合地理实习；国外科考项目包括中法阿尔卑斯大地学国际科考与科研训练项目、中美落基山大地学国际科考与科研训练项目和中俄贝加尔湖大地学国际科考与科研训练项目等。

第三学年：在综合实习的基础上，考虑个性化、专业导向性的实践。国内开展连云港海洋实习、人文地理学野外实习等；国外开展非洲发展与文明冲突跨学科国际科考与科研训练项目、中美人类活动—全球变化交叉学科国际科考与科研训练项目和莱茵河流域生态环境国际科考与科研训练项目等（图1.4）。

图1.4 地理与海洋科学学院国际实习

3. 科研训练

由"院士—杰青（长江学者）—四青人才"引领、学术骨干参加的高水平教学团队所组建的学业导师和科研导师有效地推动了学生从课堂向科研实践延伸。

基于地理学学科老师承当的国家自然科学基金委员会创新研究群体项目、重点项目、杰青和优青项目以及国际合作重大重点研究项目等，鼓励和引导拔尖计划基地班的学生较早进入相关课题组，了解地理学国际前沿科学问题，从事相关基础学习和实践，为未来攀登地理学高峰、解决国际地理学难题打下基础。

依托各级科研平台、实践基地和科研项目，集中优势资源推动学习从课堂向科研实践延伸，鼓励学生进入重点实验室，参与国家重大科研项目，提升科学素养与科研能力，引领拔尖人才发展。充分利用学校和学院的支持政策，通过参加国际科考与科研训练项目、地理学创新实习等实习（实践），拓展学生国际视野和前沿洞察力。积极争取利用专项基金资助学生通过学术会议、短期访学、学科竞赛等多种方式开展学术交流。

第一、二学年：根据创新课程学习，依托地理学基础实验室、实验教学示范中心等科研平台，通过学业导师和科研导师的引导，初步接触科研训练，得到入门级培训，再借助学科竞赛等训练，进一步融入科学研究。

第三、四学年：汲取前期科研训练经验，依托产学研基地、重点实验室等科研实践基地，在学业导师和科研导师的带动下，参加大学生创新创业训练计划项目，参与国家重大科研项目，不断提升科学素养和科研能力。

三、寓教于研的支撑体系

1. 优秀师资保障

学院现有全职教职员工 131 人，高水平教师队伍包括中科院院士、外籍千人计划专家以及国家杰出青年基金获得者和长江学者特聘教授、国家教学名师、重点研发计划项目首席科学家等。近年来学院培养出长江学者、杰青、优青等高层次人才，获得国家基金委创新研究群体、科技部重点领域创新团队和教育部创新团队；全职引进 Jonathan Adams 等外籍教授，以及来自剑桥大学、普林斯顿大学等名校的青年博士（后）；组织 20 余名青年教师赴国外一流高校（院所）合作研修。近 10 年来获得国家友谊奖 1 人次，国家级教学成果奖 1 项，江苏省教学成果奖 2 项，上海市教学成果奖 1 项，霍英东优秀教师奖 1 人次。

通过名师课堂和大师引领等工程为学院人才培养提供一流的教学师资队伍。全面推动院士、杰青和长江学者等知名教授进课堂，开展一线本科教学，担任学生学业导师，通过他们的言传身教、学术引领和人生指导，激发学生的学习兴趣和创新潜力。通过选派学生赴国外一流高校交换研修，或聘请国外一流学术大师来校开展短期教学（如夏令营、暑期学校等），使学生快速接轨世界科学前沿。

2. 完备平台保障

为了培养理论水平高、实践能力强的地理科学学科人才，重视实践教学平台等的建设，新建了年代学系列实验室和教学平台，包括加速器质谱 C-14 年代实验室，激光剥蚀电感耦合等离子质谱 U-Pb 测年、光释光测年、Pb-210 测年、树轮年代实验室，建设有沉积物、冰水、有机质等孢粉、同位素、光谱、地球化学等实验室和教学实践平台。

学院以国家自然科学基金委创新研究群体、中国南海协同研究中心、国家 111 计划引智基地——南京大学资源与环境学科创新引智基地、海岸与海岛开发教育部重点实验室、黄山公园生态系统教育部野外科学观测研究站、卫星测绘技术国家测绘地理信息局重点实验室等为依托，建成了前沿科学问题分析、室外数据采集、实验室测试分析、数据集成分析等系列科学研究平台，构建了人才培养的室外数据采集、实验室测试、数据分析和研究等的实验平台和科学实践过程链，满足了教学和科研的需求。近 5 年，学院承担国家重点研发计划项目 5 项；同时，承担中国国家自然科学基金委员会、科学技术部、教育部科研项目和美国科学基金会、荷兰皇家科学院、德国科学基金会等国际合作项目。学院师生每年发表 SCI 收录学术论文 400 余篇。

四、全员育人的管理体系

1. 个性化导师团队达成学生全覆盖

培养秉持"价值塑造、能力培养、知识传授"相统一的全员育人理念，强调个人价值、社会价值和科学价值的统一。以科学理想和使命担当的塑造作为拔尖人才培养的价值向度；以理论知识和学术能力的提升作为拔尖人才培养的价值尺度；以学术创新与科学思维的养成体现人才培养的价值高度。

组建"学业导师—科研导师—生涯导师—生活导师—朋辈导师"团队。学业导师和科研导师由学术带头人和骨干教师担任，生涯导师和生活导师由专任教师担任，同时由退休教师和杰出校友与学生"结对子"，以丰富的经验和阅历引导学生成长。朋辈导师由成绩优异、责任心强的高年级本科生或研究生担任。为每位学生配备个性化的导师团队，能够从不同的视角、不同的层面为学生答疑解惑、排忧解难，促进学生更好地融入校园生活，更快地找到兴趣和志向所在，更好地迈出成长的每一个步伐。

2. 思想政治教育贯穿人才培养全过程

利用地理学院党委"全国党建工作标杆院系"及本科生支部"全国党建工作样板支部"培育建设契机,把思想政治教育贯穿人才培养全过程,注重学生个人发展与社会和国家发展相结合,培养德智体美劳全面发展的社会主义建设者和接班人,坚定理想信念,强化使命担当,增强学生服务国家的意识。将地理教学与国情教育相融合,挖掘地理学专业课程的思政元素,塑造具有地理情愫、中国灵魂和世界胸怀的地理学创新人才,培养学生的家国情怀与守正创新精神。融合第一、第二课堂,引导学生参加社会实践,开展地理国情调查,自主探究解决问题,致力于培养学生的团队协作能力。

坚持立德树人,把思想政治教育贯穿人才培养全过程。一是积极构建"辅导员—班主任—学业导师"三位一体的思政保障体系,引领带动全员全过程全方位育人。二是为学院配备课程思政优秀教师,开设课程思政课程,践行社会主义核心价值观,传承弘扬中华优秀传统文化,坚持知识传授与价值引领相统一、显性教育与隐性教育相统一,注重将学生个人发展与社会发展、国家发展结合起来,培养德智体美劳全面发展的社会主义建设者和接班人。

第二章 南京大学地理学人才培养模式

第一节　培养目标

2018年以前，南京大学地理与海洋科学学院以培养基础宽厚、实践能力强的高素质地理学创新人才为目标，按照"专业教育与素质教育相结合、知识传授与能力培养相结合、教学与科研相结合"的教育理念，强调学生的地理学基础理论、数理化、计算机、外语等基础知识和基本能力培养，使学生在掌握各专业基本技能的基础上，加强有关高科技的手段和方法的教学训练，了解本学科发展的动态及前沿，具有宽厚的基础、较强的实践基础、较高的科学素养和创新精神，旨在培养高层次、高质量的基础研究和应用人才，适应国家人才需要和科学发展需要的复合型优秀人才。通过内部调整提高与国际知名高水平大学的办学合作，不断提高教学水平和质量，形成在国内占有重要地位和在国际上有一定影响力的地理学、海洋科学基础研究人才与高水平应用型人才的培养基地，并不断探索在新形势下地理学和海洋科学人才培养的新模式。

在新时代、新发展、新变革的背景下，立足南京大学"三三制"2.0，应对人类未来可持续发展的重大挑战，面向科技创新前沿与国家战略需求，学院的人才培养方案以培养学术视野开阔、理论功底坚实、创新思维活跃、实践能力突出，兼具科学精神与人文关怀的地理人才为目标。通过理论与实践并重、基础与前沿融合的培养方式，开辟一条以前沿性、国际化为特色的创新复合人才培养路径，优化课程体系，夯实专业基础，强化技能训练，深化问题引领，鼓励学科交叉，搭建多元学习平台，完善学业导师制度，探索弹性授课机制，拓展国际交流项目，加强培养过程管理，为培养有志于从事地理科学前沿领域理论与应用研究的高级人才奠定坚实基础，重塑具有国际一流水平的"新时代地理学摇篮"。

第二节　培养要求

地理与海洋科学学院的基本学制为4年，达到下述毕业要求者，准予毕业，并授予理学学士学位。

一、学分要求

学分总数为150，学生需完成培养方案规定的课程和学分要求，考核合格。

二、知识要求

（1）具备扎实的数学、物理、化学和计算机基础；

（2）理解自然地理环境与人文社会空间的组成、结构、功能、动态及其空间分异规律；

（3）理解人地关系与地球圈层相互作用机理；

（4）掌握地球表层系统科学的基本理论、知识和技能，了解前沿问题、应用前景和发展动态；

（5）系统掌握自然地理、人文地理、地理信息科学与技术的基础知识、基本理论、分析方法及其应用。

三、能力要求

（1）具备科学探索精神与科学逻辑思维，具有科学分析地理问题的能力；

（2）具备较好的创新思维与协作能力，掌握一定的自主设计实验和开展野外调查的能力；

（3）具备以系统思维、综合思维开展地理科学理论研究的能力，以及因地制宜的地域系统解析与集成能力；

（4）熟练掌握野外综合考察、社会调查、实验分析等获取一手科学资料和地理数据的方法；

（5）具备数据处理、分析、归纳、管理和可视化的能力；

（6）熟练掌握各类数理统计分析方法和计算机技术应用；

（7）具备较强的专业文献阅读能力、科技论文写作能力和成果表达能力；

（8）具备较强的外语听说读写能力。

四、素质要求

（1）理想信念坚定。拥护中国共产党的领导、中国特色社会主义制度。政治觉悟高、理论素养扎实。明辨是非，坚定自信，树立远大的人生理想。

（2）思想品德高尚。树立正确世界观、人生观和价值观，具有强烈的社会责任感和使命感，爱国奉献、遵纪守法、明礼诚信、团结友善、自律自强。

（3）学风学纪优良。学习态度端正，严格遵守各类学术规范，杜绝一切学术不端现象；养成良好的学习习惯，科学规划时间，劳逸结合、全面发展、顽强拼搏、务实求真。

（4）科学素养突出。理论基础扎实，涉猎广泛；熟练掌握各项研究技能，勤于钻研；能够做到理论与实践相结合，学以致用；学术视野开阔，包容开放。

（5）创新思维活跃。善于观察、联想和迁移，在实践中创新，发现新问题，提出新观点、新解释；乐于运用多学科、跨领域学术资源挑战经典问题、解析新现象；在创新实践中养成良好的创新意识和协作能力。

第三节 培养方案

一、"学思践悟"人才培养体系

围绕"立德树人"和"培养科技领军人才"这一根本任务，融合文理科资源和地学集群优势，强化地理学"探索自然规律、昭示人文精华"的学科特色，服务国土生态安全等国家重大需求，以应对全球变化、可持续发展等资源环境重大挑战为指向，南京大学通过创新育人模式，为有志于地理学基础前沿研究、具备发展潜力的学生创造自由合宜的学术成长环境，规划灵活有序的学术发展路径，培养具有科学理想和爱国情怀、适应当下科技变革与社会需求、勇攀地理科学高峰、引领人类文明进步的未来地理学领军人才。基于"全人"育人的培养理念，响应南京大学"三元四维"人才培养体系改革，地理学拔尖创新人才培养提出三阶段四层次的"GEO-S"培养体系，即"引领（Guidance）—提升（Enhancement）—开放（Open-mind）—使命（Sense of Mission）"，对入门阶段、成长阶段和专业化阶段进行针对性设计，指向素质养成、能力养成、思维养成和价值塑造四个层次的发展目标（图2.1），其中：

"引领（G）"对应学术入门阶段，重在通识教育与素质养成。通过新生书院建设、全员育人引领，树立学术理想，夯实学术根基，挖掘学术兴趣。

"提升（E）"对应学术成长阶段，重在技能实践与能力养成。通过完善课程体系，优化学分制度，提升学习的获得感和学分的含金量。

"开放（O）"对应学术专业化阶段，重在创新实践与思维养成。通过深度交叉、科教融合，深化国际合作，引导学生高起点、高质量地完成学术生涯的第一项代表作。

"使命（S）"贯穿人才培养全过程，重在价值塑造与生涯规划。坚持使命驱动下的理想信念教育、人生价值教育、社会实践教育，帮助学生扣好学术生涯的第一粒

地理科学拔尖人才培养体系

"GEO-S"模式

- **Sense of Mission 使命** — 价值塑造与生涯规划 — 坚持使命驱动下的**理想信念教育**、人生**价值教育**、社会实践教育，帮助学生扣好学术生涯的第一粒扣子
- **Open-mind 开放** ⇒ 学术专业化阶段 — 创新实践与思维养成 — 通过**深度交叉**、**科教融合**，深化**国际合作**，引导学生高起点、高质量地完成学术生涯的第一项代表作
- **Enhancement 提升** ⇒ 学术成长阶段 — 技能实践与能力养成 — 通过完善**课程体系**，优化学分制度，提升学习的获得感和学分的含金量
- **Guidance 引领** ⇒ 学术入门阶段 — 通识教育与素质养成 — 通过**新生书院**建设、**全员育人**引领，树立学术理想，夯实学术根基，挖掘学术兴趣

图 2.1　地理学拔尖创新人才培养体系 (GEO-S)

扣子。

针对"GEO-S"培养模式的三阶段四层次目标，探索"四个能力"提升路径，南京大学构建并实施了"学思践悟"的地理学拔尖创新人才培养方案[1]，具体体现在：

学：建设了以"名家名师筑基、自主前沿探索"为牵引的课程体系，打造品牌基础课程，建设精品实践课程，培育双语课程与双创课程，实现以专业课程体系创新夯实专业认识能力。

思：提出了"场景现实—虚拟现实—抽象现实"递进式的地球系统科学思维培养路径，以野外实践教学为基础，开展虚拟仿真实验设计，建构数字地球系统，实现以虚实结合方法创新提升知识融合能力。

践：提出了高水平项目与高层次竞赛双轮驱动的科教融合育人模式，为创新实践创设真情境，以科研实践检验教学成效，以"干中学"促进知识迁移与重组，实现以科教融合培育提升自主创新能力。

悟：提出了地理专业—地理国情—地理情愫相融通的专业课程思政格局，培养地理学人科学系统的世界观，领悟博大包容的家国情怀，实现以专业课程思政建设创新提高团队协作能力。

---

[1] 金晓斌、陈振杰、毛熙彦等：《学思践悟：地理学创新人才培养的南京大学探索与实践》，《现代城市研究》2021年第5期。

夯根柢　创新思　毓栋梁
——南京大学地理与海洋科学学院"三三制"下的本科人才培养研究

通过积极实践，南京大学地理与海洋科学学院开展了科教融合的学术育人模式创新、虚实结合的实践育人方法创新和系统综合的协同育人体系创新，勾勒出地理学拔尖创新人才"学—思—践—悟"的螺旋式上升路径，实现了从国家理科基础科学研究和教学人才培养基地到国家基础学科拔尖学生培养计划 2.0 基地的跨越（图 2.2）。

④ **以悟促学：科教融合**
- **科教融合**：国家级重大科研项目、创新研究群体、创新团队等为牵引，"挑战杯""互联网+"等全国性赛事为平台。
- **能力指向**：提升自主创新能力
- **特色创新**：大项目+大平台

③ **以践促悟：体系建设**
- **体系建设**：全国党建工作标杆院系和样板支部培育创建单位，国家级教学名师、优秀教师、优秀辅导员等协同育人梯队。
- **能力指向**：提升团结协作能力
- **特色创新**：地理情愫+家国情怀

① **以学促思：课程建设**
- **课程建设**：一流专业本科课程、国家精品在线开放课程、国家级精品资源共享课、首批国际版课程等。
- **能力指向**：提升专业认知能力
- **特色创新**：名师筑基+自主探索

② **以思促践：基地建设**
- **基地建设**：国家野外教学实习基地、教育部野外科学观测研究站、地球系统科学国家级虚拟仿真实验教学中心等。
- **能力指向**：提升知识融合能力
- **特色创新**：虚拟仿真+野外实习

图 2.2　学思践悟：地理学拔尖创新人才培养方案架构

二、教育教学方法

1. 多管齐下，构架完整的地理学协同育人体系

融合专业建设和课程建设，构建完整的地理学协同育人体系，着力提升学生贯通博雅的创新素养。

以一流学科建设为牵引，以一流专业建设为抓手，建成"地理信息科学"和"地理科学"等国家一流专业，打造地理学创新人才培养的保障体系。建设国家一流课程和精品课程，培育双语课程与双创课程，组织编写精品教材，构建通专融合的地理学课程育人体系。建立产学研用深度融合的地理学双创实训平台，整合南京大学双创示范基地和大学生社会实践基地，构建多元互补的地理学实践育人平台。以院士、教学名师和高层次人才为垂范，推进教授开展一线本科教学；以国家级教学团队为依托，以学业导师、双创导师、辅导员、教务员、班主任等组建生涯导师队伍，助力学生成长，建立全员协同的地理学育人团队。

2. 虚实结合，促进地理学虚拟仿真和野外实践互补

融合信息技术与地理教学，以"虚实结合"的实验教学体系助力学生面向地球表层系统的创新思维训练。

建设国家野外教学实习基地和野外实践教育共享平台、教育部野外科学观测站，依托这些平台进行地理学实地科考和野外调查，获取实测数据，提升学生的基本实验技能和实践动手能力。融合地理学知识与虚拟仿真等信息化技术，建成南京大学地球系统科学国家级虚拟仿真实验教学中心，利用虚拟实验教学资源开展多样化教学，培养学生的地球系统科学思维观。营造以兴趣引导知识发现、以问题驱动知识应用的教学氛围，引导学生创设问题情境，参与研发地球系统科学虚拟仿真实验，促进学生所学的理论知识向实践应用转化。

3. 问题导向，科研反哺教学促进地理学科教融合

融合科学研究与教育教学，利用科研反哺教学培养学生面向地理学学术前沿和国家需求的创新能力。

转变教学方式，教学活动"科研化"，把传统教学的"知识传授"型转变为探究性教学的"知识发现"型，使教学成为科学研究的展现过程。凭借共同的探究热情和兴趣，构建师生学术共同体，吸收学生参与国际合作和国家重点科研项目，进行早期科研创新训练，迅速站到国际学术前沿，拓展学生的学术视野。及时把最新科研成果转换为教学资源并融入课程教学。通过向学生开放国家协同创新中心、重点实验室、工程技术中心等，把科研基地优势转化为教学条件，使之成为培养学生创新能力的舞台。科教资源整合，科研反哺教学。

4. 同向同行，地理教学与国情教育结合立德树人

融合地理教学与国情教育，铸魂固本立德树人，培养学生的家国情怀与守正创新精神。

利用地理与海洋科学学院党委"全国党建工作标杆院系"及本科生支部"全国党建工作样板支部"培育建设契机，把思想政治教育贯穿人才培养全过程，注重学生个人发展与社会和国家发展结合，培养德智体美劳全面发展的社会主义建设者和接班人，坚定理想信念，强化使命担当，增强学生服务国家的意识。将地理教学与国情教育融合，挖掘地理学专业课程的思政元素，塑造具有地理情怀、中国灵魂和世界胸怀的地理学创新人才，培养学生的家国情怀与守正创新精神。融合第一、第二课堂，引导学生参加社会实践，开展地理国情调查，自主探究解决问题，致力于培养学生的团队协作能力。

第四节　专业设置

随着国家政策的推进、学科的不断发展，南京大学地理与海洋科学学院本科专业设置也适时随之发生变化。

（1）2004年：资源环境与城乡规划管理专业、地理信息系统（GIS）专业、城市规划专业（五年制）、地理科学专业、旅游管理专业、海洋科学专业。

（2）2013年：地理科学专业、自然地理与资源环境专业、地理信息科学专业、海洋科学专业、旅游管理专业。

（3）2014年：地理科学专业、人文地理与城乡规划专业、地理信息科学专业、海洋科学专业、旅游管理专业。

（4）2016年：地理科学专业、自然地理与资源环境专业、地理信息科学专业、海洋科学专业。

（5）2017年：地理科学专业、自然地理与资源环境专业、人文地理与城乡规划专业、地理信息科学专业、海洋科学专业。

以2021年的5个本科专业为例，展示地理与海洋科学学院各专业人才培养方案。

一、地理科学（拔尖计划）

1. 专业简介

地理科学专业始于1993年首批国家理科基础科学研究与教学人才培养基地地理学基地班，1998年正式设立地理科学专业，是国家理科基础科学研究与教学人才培养基地。本专业依托南京大学雄厚的多学科综合基础和地学学科齐全的优势，结合地理人才培养和国际化办学的特点、需要，形成自然科学与人文科学结合、基础学科与技术科学结合、基础理论培养与基本技能训练结合的特色。培养的学生具有宽厚的理科背景和大地学基础，创新性强、发展后劲足并具有国际化视野，是适应21世纪我国地理科学领域重大基础科学问题的基础型人才，面向学科发展前沿并与国际接轨的高水平研究人才和参与国家建设的高水平管理人才。

本专业以地球表层系统的地表过程与环境、水土资源开发利用和人地关系为中心，始终注重地理科学前沿问题，服务国家战略，引领学科发展，尤其是随着"表层地球系统科学""全球变化""山水林田湖草生命共同体""国土空间规划"美丽国土以及人与自然和谐发展等一系列生态文明理念的提出，融自然地理学、人文地理学、地理信息科学、海洋资源以及城乡规划等多学科于一体的南京大学地理科学学科，在培养综合性创新人才、引导学科发展、支撑国家战略实施等方面展现了前所未有的优势。

2. 培养目标

围绕"立德树人"和"培养科技领军人才"这一根本任务，融合南京大学文理科资源和地学集群优势，强化地理学"探索自然规律、昭示人文精华"的学科特色，以服务国土生态安全等国家重大需求，应对全球变化、可持续发展等资源环境重大挑战为指向，通过创新育人模式，为有志于地理科学基础前沿研究、具备发展潜力的学生创造自由合宜的学术成长环境，规划灵活有序的学术发展路径，培养具有科学理想和爱国情怀、适应当下科技变革与社会需求、勇攀地理科学高峰、引领人类文明进步的未来地理科学领军人才。

通过探索书院制、导师制和学分制交叉融通的创新模式，该专业学生毕业应当具备或达到：① 理想信念坚定，具有明晰的发展目标和成长规划；② 学术功底坚实，具备"底宽顶尖"的知识体系和"知行合一"的实践经验，达到各类学分要求；③ 创新思维突出，养成科学的批判性思维和地理学的综合思维，完成代表性学术成果；④ 学术视野开阔，具备跨学科交流、跨文化交流的能力，具有高质量的交流经历；⑤ 合作能力出色，具备互信互助、责任分担、协商共赢的合作精神与素养，具有团体项目或竞赛的合作经历与成果。

3. 成果导向关系矩阵

依据本专业人才培养目标与培养特色，构建相应关系矩阵，使得毕业要求足以支撑培养目标的达成，课程、项目设置足以支持毕业要求的达成（表2-1）。

表 2-1 地理科学专业成果导向关系矩阵

培养目标	毕业要求	课程	项目
培养具有科学理想和爱国情怀、适应当下科技变革与社会需求、勇攀地理科学高峰、引领人类文明进步的未来地理科学领军人才	思想素质：拥护中国共产党的领导、中国特色社会主义制度。明辨是非，坚定自信，具有强烈的社会责任感和使命感，树立远大的人生理想。	"思想道德修养与法律基础""马克思主义基本原理概论""中国近现代史纲要""毛泽东思想和中国特色社会主义理论体系概论""形势与政策""大学体育""大学英语""军事理论""军事技能训练"以及全校通识教育课程	
	通识基础：具有全球视野与家国情怀，德才兼备，学风优良，德、智、体、美全面发展；至少掌握1门外语，具有国际视野和跨文化交流能力。		
	科学基础：具备扎实的数学、物理、化学和计算机基础；熟练掌握各项研究技能，勤于钻研；能够做到理论与实践相结合，学以致用。	"微积分""线性代数""概率论与数理统计""C程序设计""普通物理B""大学化学I"	
夯实地理学基础知识与基本理论	专业基础：系统掌握自然地理、人文地理、地理信息科学以及海洋科学的基础知识、基本理论与基本技能，了解学科发展前沿。	"地球系统科学""固体地球科学原理""地质学原理""气象与气候学""地貌学""水文学""植物地理与生态学""土壤地理学""环境科学概论""人文地理学""经济地理学""区域分析与规划""地图学""GIS概论""海洋科学导论"	
	复合基础：在资源科学、规划科学和环境科学等相关领域中，熟悉至少一个领域的基础知识。	"地球表层系统科学""资源经济学""气候变化经济学""智慧城市科学""全球变化科学"以及跨院系选修课	
	学术核心：掌握地理学各分支学科的理论基础，了解学科发展历程、应用前景与前沿动态；学术视野开阔，具备跨学科交流、跨文化交流的能力，具有高质量的交流经历。	"土壤地理学""人文地理学""经济地理学""时空大数据""地理科学前沿""数量地理学""社会文化地理学"	

（续表）

培养目标	毕业要求	课程	项目
训练通过野外考察、社会调查等获取第一手科学资料和地理数据的能力，强化应用定量与定性分析相结合的手段解析地理问题的能力	技能核心：掌握现代地理信息技术，掌握数理统计、复杂系统建模和社会研究方法，具有数据获取、分析、展示、管理并解决实际问题的能力。	"卫星定位导航技术""区域分析与规划""数量地理学""社会研究方法""GIS设计""地图设计与编制"	大学生创新创业训练项目
	研究实践：熟悉国际学术前沿和热点问题；具备发现问题和解决问题的能力；能够针对具体问题，进行合理有效的研究设计，提出具有批判性或创新性的理论观点、分析思路或实证发现。	"智慧城市科学""自然地理创新实验""Biology & Biogeochemical Cycles""气候变化经济学""人文地理学研究方法"	
	应用实践：熟悉国内重大战略需求和关键问题；具备区域分析与区域综合的能力；能够针对具体问题，利用原理性知识，灵活应用新技术手段，提出合理化解决方案。	"国土空间规划与管理""遥感地学分析""遥感数字图像处理""空间评价""旅游规划与设计"	
养成科学思维，塑造科学精神	创新性：具有逻辑思维、辩证思维、批判意识和创新意识，善于观察、联想和迁移，具备良好的创新实践能力。	"科研创新训练""科技论文写作""生产实习""毕业论文"以及全校创新创业平台课程	大学生创新创业训练项目
	合作性：具有较强的表达、沟通、协调与适应能力；具有团队精神与协作意识，能够适应团队内部的不同角色并做出贡献。		
	自主性：能独立选题并设计研究方案；能独立开展学术问题的研究；能独立撰写并发表国际学术论文。		
	规范性：熟悉并严格遵守各类学术规范，杜绝一切学术不端现象；具备严谨规范的学术表达能力。		

4. 课程结构拓扑图

基于课程梯度导向，绘制课程结构拓扑图（图2.3），以明确课程之间的内在逻辑，同时表征出每学年设置的专业课程内容符合学科发展规律、认知发展规律，且在深度或广度上循序渐进、逐步提高。

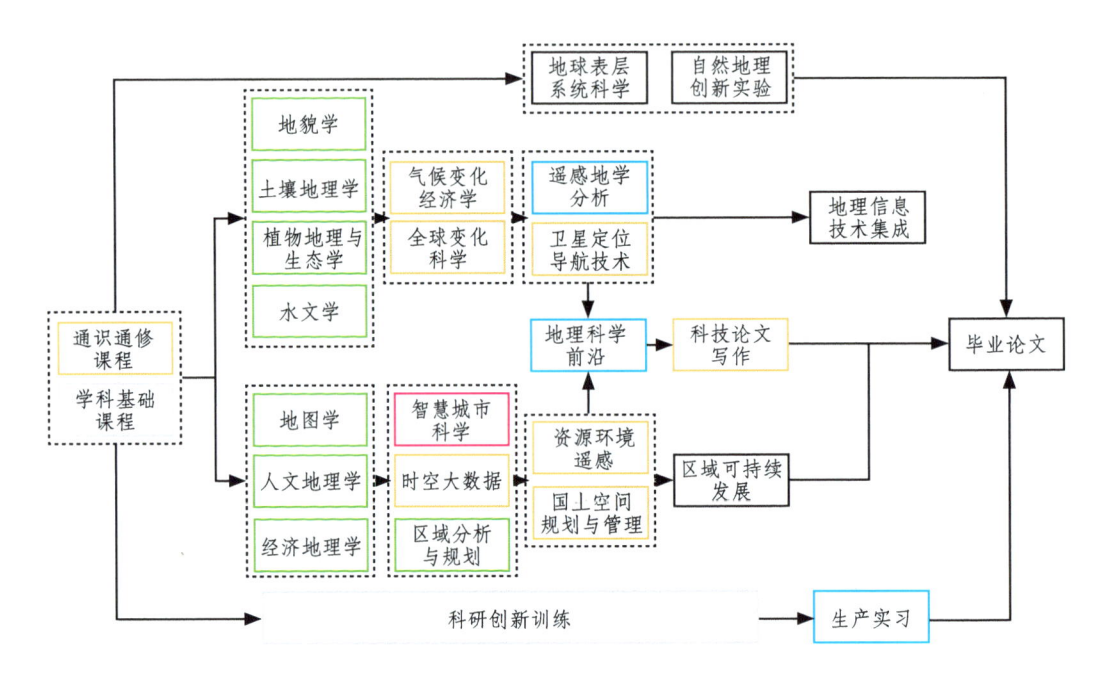

图 2.3 地理科学（拔尖计划）专业本科课程结构拓扑图

二、自然地理与资源环境专业

1. 专业简介

自然地理与资源环境专业以研究地球表层系统的地表过程与环境和水土资源为中心，研究地貌、水文、土壤、气候、生态—环境与人类活动的相互作用过程和发展规律。南京大学的"自然地理学"学科点迄今已有百年发展历史，是第一批国家重点学科，是国家首批硕士点、博士点、博士后流动站，是国家理科基础科学研究和教学人才培养基地。

专业培养优势主要体现在：充分发挥地理学、自然资源和地球表层环境科学等方面的学科综合优势，依托国家自然地理学重点学科、国家理科地理学人才培养基地，有效地体现地球表层系统科学、资源环境和生态演化、自然灾害在宏观思维、战略思考、综合分析能力等方面的教学与科研特色；以地理学、资源环境科学为专业支撑的专业教学体系，专业特色鲜明，体现了厚基础、宽口径、复合型人才培养宗旨。培养包括水、土、海岸带等自然资源的开发、利用、规划、保护、管理与环境保护类专门人才，就业的主要领域有科研教学单位、自然资源管理、生态环境保护等部门，以及相关企业等。

2. 培养目标

本专业以地球系统科学和人地关系理论为指导，围绕地理学基本理论问题和国家重大需求，瞄准全球环境变化与人类可持续发展、海陆相互作用与海岸带资源环境、全球变化与碳循环、自然资源演化、自然灾害发生机理与防控等地球表层系统科学领域的关键科学问题，贯彻"全球视野、家国情怀、出类拔萃、笃行致远"的培养理念，面向有志于地理科学创新发展、具备较大发展潜力的学生，坚持以"宽口径、广视野、厚基础、重实践"为导向，通过完善课程体系建设、创新人才培养模式、优化教学教育机制和提升条件支撑体系，实现全面发展与个性发展相结合、通识教育与专业教育相融通，为地理科学培养有使命、有情怀、有能力、有担当的拔尖创新人才和未来领军人物。

3. 成果导向关系矩阵

依据本专业人才培养目标与培养特色，构建相应关系矩阵，使得毕业要求足以支撑培养目标的达成，课程、项目设置足以支持毕业要求的达成（表2-2）。

表2-2 自然地理与资源环境专业成果导向关系矩阵

培养目标	毕业要求	课程	项目
培养具有科学理想和爱国情怀，兼具科学洞见与人文关怀，理论与实践并举、守正与创新相融的复合型人才	通识基础：具有全球视野与家国情怀，德才兼备、学风优良，德、智、体、美全面发展；至少掌握1门外语，具有国际视野和跨文化交流能力。	"思想道德修养与法律基础""马克思主义基本原理概论""中国近现代史纲要""毛泽东思想和中国特色社会主义理论体系概论""形势与政策""大学体育""大学英语""军事理论""军事技能训练"以及全校通识教育课程	
	科学基础：具备扎实的数理基础、计算机基础；养成科学素养。	"微积分""线性代数""概率论与数理统计""C程序设计""普通物理B""大学化学I"	

（续表）

培养目标	毕业要求	课程	项目
夯实地理学基础知识与基本理论	专业基础：系统掌握自然地理、自然环境与灾害、人文地理、地理信息科学的基础知识、基本理论与基本技能，了解学科发展动态。	"地理科学基础""遥感科学导论""地质学原理""地貌学""水文学""植物地理与生态学""土壤地理学""环境科学概论""人文地理学""经济地理学""区域分析与规划""地图学""GIS概论""海洋科学导论"	
	复合基础：在地球系统科学、资源科学、自然灾害学、地球表层大数据、规划科学和环境科学等相关领域中，熟悉至少一个领域的基础知识。	"地球科学与资源环境导论""地球表层系统科学""土地利用/土地覆被变化""GIS设计""数字地形分析"以及跨院系选修课	
	理论核心：掌握自然地理学各分支学科的理论基础、人地系统与可持续发展重要核心理论，了解学科发展历程、应用前景与前沿动态。	"全球变化科学""水资源与水环境""现代沉积学""气候变化科学""第四纪环境（含实验）""国土资源可持续科学""Biology & Biogeochemical Cycles"	
训练通过野外考察、社会调查等获取第一手科学资料和地理数据的能力，强化应用定量与定性分析相结合的手段解析地理问题的能力	技能核心：掌握现代地理信息技术，掌握数理统计方法，掌握自然地理学实验技能，掌握地球表层系统高精度观测技术，具备复杂系统建模能力，具有数据获取、分析、展示、管理并解决实际问题的能力。	"资源环境遥感""自然地理创新实验""科技论文写作""地理计算""地理大数据与云计算"	大学生创新创业训练项目
	研究实践：熟悉国际学术前沿和热点问题；具备发现问题和解决问题的能力；能够针对具体问题，进行合理有效的研究设计，提出具有批判性或创新性的理论观点、分析思路或实证发现。	"地貌过程（英文）""地球关键带过程""水土保持学概论""地质学教学实习""冰冻圈科学概论"	
	应用实践：熟悉国内重大战略需求和关键问题；能够针对具体问题，利用原理性知识，灵活应用新技术手段，提出合理化解决方案。	"水文与水利计算""遥感地学分析"	

（续表）

培养目标	毕业要求	课程	项目
养成科学思维，塑造科学精神	创新性：具有逻辑思维、辩证思维、批判意识和创新意识，善于观察、联想和迁移，具备良好的创新实践能力。	"湖泊学概论""地理学创新实习""生产实习""毕业论文/设计"以及全校创新创业平台课程	大学生创新创业训练项目

4. 课程结构拓扑图

基于课程梯度导向，绘制课程结构拓扑图（图2.4），以明确课程之间的内在逻辑，同时表征出每学年设置的专业课程内容符合学科发展规律、认知发展规律，且在深度或广度上循序渐进、逐步提高。

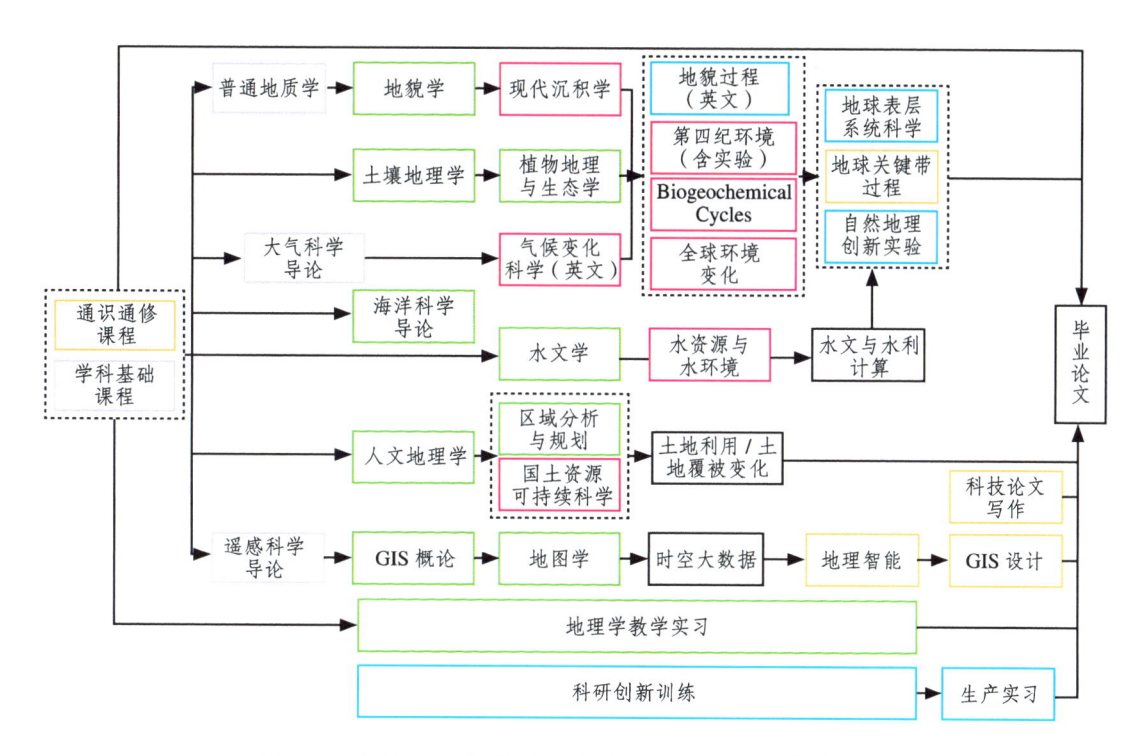

图 2.4 自然地理与资源环境专业本科课程结构拓扑图

三、人文地理与城乡规划专业

1. 专业简介

人文地理与城乡规划专业是以地理学人地复合系统思维为基础，依托人文地理学各分支学科理论，结合城乡规划的基本原理与技术路径，综合应用数理统计、复杂系统建模与社会研究方法，面向国土空间开发与保护、区域协调发展、新型城镇化、乡村振兴和生态文明建设等国家战略的科学需求，为问题解析、发展规划、决策支持提供科技支撑与战略咨询。

本专业是自然科学与社会科学相互交叉渗透的领域之一，涉及地理学、经济学、管理学、资源科学、规划科学和环境科学等领域，专业发展路径多元化。南京大学是我国最早开展人文地理教学与科研的高校之一，底蕴深厚、名家辈出，为我国地理科技进步与规划事业发展培养了一批中坚力量。当前，人文地理与城乡规划专业已形成国土空间开发与保护、自然资源综合管理、区域绿色转型与可持续发展、旅游地理与旅游规划等特色培养方向，适应当前国土空间规划、自然资源管理、房地产开发与管理、战略咨询、旅游规划与管理等方面的人才需求。

2. 培养目标

本专业秉承"全球视野、家国情怀、经世致用、出类拔萃"育人理念，强化地理学"探索自然规律、昭示人文精华"的学科特色，培养具有科学理想和爱国情怀、兼具科学洞见与人文关怀、理论与实践并举、守正与创新相融的复合型人才。本专业致力于通过夯实地理学基础知识与基本理论，训练通过野外考察、社会调查等获取第一手科学资料和地理数据的能力，强化应用定量与定性分析相结合的手段解析地理问题的能力，养成科学思维，塑造科学精神，培养能够在教学科研单位、政府相关部门、企事业单位从事国土空间规划、自然资源管理、发展战略咨询、房地产开发与管理、旅游规划与管理等有关的基础教育、科学研究、应用及管理工作的专门人才。

3. 成果导向关系矩阵

依据本专业人才培养目标与培养特色，构建相应关系矩阵，使得毕业要求足以支撑培养目标的达成，课程、项目设置足以支持毕业要求的达成（表2-3）。

表 2-3 人文地理与城乡规划专业成果导向关系矩阵

培养目标	毕业要求	课程	项目
培养具有科学理想和爱国情怀、兼具科学洞见与人文关怀、理论与实践并举、守正与创新相融的复合型人才	通识基础：具有全球视野与家国情怀，德才兼备、学风优良，德、智、体、美全面发展；至少掌握1门外语，具有国际视野和跨文化交流能力。	"思想道德修养与法律基础""马克思主义基本原理概论""中国近现代史纲要""毛泽东思想和中国特色社会主义理论体系概论""形势与政策""大学体育""大学英语""军事理论""军事技能训练"以及全校通识教育课程	
	科学基础：具备扎实的数理基础、计算机基础；养成科学素养。	"微积分""线性代数""概率论与数理统计""C程序设计""普通物理B""大学化学I"	
夯实地理学基础知识与基本理论	专业基础：系统掌握自然地理、人文地理、地理信息科学的基础知识、基本理论与基本技能，了解学科发展动态。	"地理科学基础""遥感科学""普通地质学""环境学""大气科学导论""地貌学""水文学""植物地理与生态学""土壤地理学""环境科学概论""人文地理学""经济地理学""区域分析与规划""地图学""GIS概论""海洋科学导论"	
	复合基础：在经济学、管理学、资源科学、规划科学和环境科学等相关领域中，熟悉至少一个领域的基础知识。	"地球科学与资源环境导论""区域经济学""资源经济学""气候变化经济学""国土资源可持续科学""智慧城市科学"以及跨院系选修课	
	理论核心：掌握人文地理学各分支学科的理论基础，了解学科发展历程、应用前景与前沿动态。	"人文地理学""经济地理学""城市地理学""农业与乡村地理学""交通地理学""旅游地理学""数量地理学""社会文化地理学"	
训练通过野外考察、社会调查等获取第一手科学资料和地	技能核心：掌握现代地理信息技术，掌握数理统计、复杂系统建模和社会研究方法，具有数据获取、分析、展示、管理并解决实际问题的能力。	"区域分析与规划""数量地理学""社会研究方法""GIS设计""地图设计与编制"	

（续表）

培养目标	毕业要求	课程	项目
理数据的能力，强化应用定量与定性分析相结合的手段解析地理问题的能力	研究实践：熟悉国际学术前沿和热点问题；具备发现问题和解决问题的能力；能够针对具体问题，进行合理有效的研究设计，提出具有批判性或创新性的理论观点、分析思路或实证发现。	"人文地理学研究方法""旅游调查与社会学研究""气候变化经济学""智慧城市科学"	大学生创新创业训练项目
	应用实践：熟悉国内重大战略需求和关键问题；具备区域分析与区域综合的能力；能够针对具体问题，利用原理性知识，灵活应用新技术手段，提出合理化解决方案。	"国土空间规划与管理""土地政策与规划评估""土地资源评价""旅游规划与设计""城市旅游认知与实践"	
养成科学思维，塑造科学精神	创新性：具有逻辑思维、辩证思维、批判意识和创新意识，善于观察、联想和迁移，具备良好的创新实践能力。	"人文地理学研究方法""社会研究方法""数量地理学""生产实习""毕业论文/设计"以及全校创新创业平台课程	大学生创新创业训练项目
	合作性：具有较强的表达、沟通、协调与适应能力；具有团队精神与协作意识，能够适应团队内部的不同角色并做出贡献。		
	规范性：熟悉并严格遵守各类学术规范，杜绝一切学术不端现象；具备严谨规范的学术表达能力。		
	成长性：具有自主学习的能力和持续学习的意愿。		

4. 课程结构拓扑图

基于课程梯度导向，绘制课程结构拓扑图（图2.5），以明确课程之间的内在逻辑，同时表征出每学年设置的专业课程内容符合学科发展规律、认知发展规律，且在深度或广度上循序渐进、逐步提高。

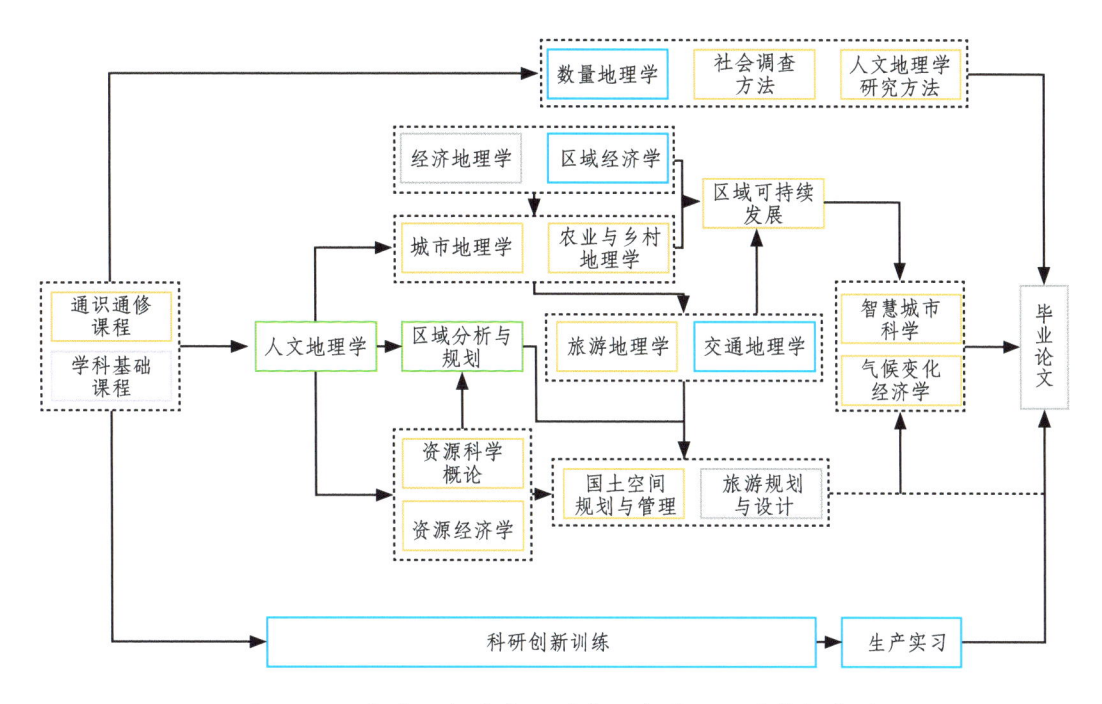

图 2.5　人文地理与城乡规划专业本科课程结构拓扑图

四、地理信息科学专业

1. 专业简介

地理信息科学专业的前身是诞生于1957年的南京大学地图学专业，1992年更名为地理信息系统专业，2012年更名为地理信息科学专业。经过60多年的建设，师资力量雄厚，学科平台齐全，教学特色鲜明，人才培养起点高。坚持"适度扩大规模，着力提升内涵"的办学理念，贯彻"四个融通"人才培养思路，切实做到"以学生为中心"，旨在培养既具有大地学基础，又瞄准地理信息技术前沿的地理信息科学栋梁之材。

毕业学生将具备宽厚的地学应用知识、扎实的地理信息科学理论基础，在应用基础研究和技术开发方面的科学思维、科学实验训练充分，具有较高的科学素养，具有较强的地理信息科学研究、地理信息系统设计与开发的技能。毕业后能在科研机构、高等学校、地理信息部门、IT产业从事科学研究、生产或教学工作，能在城市、区域、资源、环境、交通、人口、住房、土地、基础设施和规划管理等领域从事与地理信息科学有关的应用研究、技术开发、生产管理和行政管理等工作。

专业开展与国内外知名高水平大学的办学合作，不断提高教学水平和质量，以建成在国内有重要地位、在国际上有重要影响力的地理信息科学专业基础研究人才和高水平应用型人才的培养基地，并不断探索新形势下地理信息科学人才培养的新模式。

2. 培养目标

以培养具有宽厚基础、实践能力强的高素质地理信息科学双创人才为目标。按照"专业教育与素质教育相结合、知识传授与能力培养相结合、教学与科研相结合"的教育理念，培养学生形成扎实的地学、测绘科学、计算机学科背景，并掌握计算机编程、空间建模、外语基本技能以及地理信息系统、遥感、卫星导航定位核心技术。

专业人才培养贯彻"寓教于研"理念，持续建设和利用包括国家精品教材、国家精品课程在内的优质教学资源库，在培养学生掌握专业基本技能的基础上，通过实践教学与虚拟仿真相结合，加强学生在高科技手段和方法方面的科研训练；通过地理信息科学前沿知识讲座、生产实习等方式，使学生了解本专业发展的动态及前沿；通过系统的教学训练，使学生具备宽厚的理论知识基础、较强的实践基础、较高的科学素养和创新精神，实现高层次、高质量的基础研究和应用创新人才的培养目标，适应国家人才需要和科学发展需要。

3. 成果导向关系矩阵

依据本专业人才培养目标与培养特色，构建相应关系矩阵，使得毕业要求足以支撑培养目标的达成，课程、项目设置足以支持毕业要求的达成（表2-4）。

表2-4 地理信息科学专业成果导向关系矩阵

培养目标	毕业要求	课程	项目
培养具有科学理想和爱国情怀、兼具科学洞见与人文关怀、理论与实践并举、守正与创新相融的复合型人才	通识基础：具有全球视野与家国情怀，德才兼备、学风优良，德、智、体、美全面发展；至少掌握1门外语，具有国际视野和跨文化交流能力。	"思想道德修养与法律基础""马克思主义基本原理概论""中国近现代史纲要""毛泽东思想和中国特色社会主义理论体系概论""形势与政策""大学体育""大学英语""军事理论""军事技能训练"以及全校通识教育课程	
	科学基础：具备扎实的数理基础、计算机基础；养成科学素养。	"微积分""线性代数""概率论与数理统计""C程序设计""普通物理B""大学化学Ⅰ"	

（续表）

培养目标	毕业要求	课程	项目
夯实地理学基础知识与基本理论	专业基础：系统掌握地理信息科学、自然地理、人文地理的基础知识、基本理论与基本技能，了解学科发展动态。	"地理科学基础""普通地质学""环境科学导论""大气科学导论""GIS概论""遥感科学导论""地图学""地貌学""水文学""植物地理与生态学""土壤地理学""人文地理学""经济地理学""区域分析与规划""海洋科学导论"	
	复合基础：在计算机科学、资源科学、规划科学等相关领域中，熟悉至少一个领域的基础知识。	"地球科学导论""面向对象程序设计""地理数据库""智慧城市科学"以及跨院系选修课	
训练通过野外考察、社会调查等获取第一手科学资料和地理数据的能力，强化应用定量与定性分析相结合的手段解析地理问题的能力	理论核心：掌握地理信息科学的理论基础，了解学科发展历程、应用前景与前沿动态。	"GIS概论""遥感科学导论""GIS原理""地图学""遥感数字图像处理""卫星定位导航与测量"	大学生创新创业训练项目
	技能核心：掌握现代地理信息技术和遥感技术，掌握数理统计、复杂系统建模和研究方法，具有数据获取、分析、展示、管理并解决实际问题的能力。	"GIS技术""GIS设计""GIS空间评价""数字地形分析""遥感地学分析""地图设计与编制""数字摄影测量"	
	研究实践：熟悉国际学术前沿和热点问题；具备发现问题和解决问题的能力；能够针对具体问题，进行合理有效的研究设计，提出具有批判性或创新性的理论观点、分析思路，研发新的技术手段。	"GIS设计""地理智能""遥感地学分析""时空大数据""智慧城市科学""地球观测前沿"	
	应用实践：能够针对具体问题，利用原理性知识，灵活应用新技术手段，提出合理化解决方案。	"GIS技术""GIS设计""遥感地学分析""GIS应用与创业"	
养成科学思维，塑造科学精神	创新性：具有逻辑思维、辩证思维、批判意识和创新意识,善于观察、联想和迁移，具备良好的创新实践能力。	"GIS技术""GIS设计""GIS应用与创业""科研训练""生产实习""毕业论文/设计"以及全校创新创业平台课程	大学生创新创业训练项目
	合作性：具有较强的表达、沟通、协调与适应能力；具有团队精神与协作意识，能够适应团队内部的不同角色并做出贡献。		

（续表）

培养目标	毕业要求	课程	项目
养成科学思维，塑造科学精神	规范性：熟悉并严格遵守各类学术规范，杜绝一切学术不端现象；具备严谨规范的学术表达能力。		
	成长性：具有自主学习的能力和持续学习的意愿。		

4. 课程结构拓扑图

基于课程梯度导向，绘制课程结构拓扑图（图2.6），以明确课程之间的内在逻辑，同时表征出每学年设置的专业课程内容符合学科发展规律、认知发展规律，且在深度或广度上循序渐进、逐步提高。

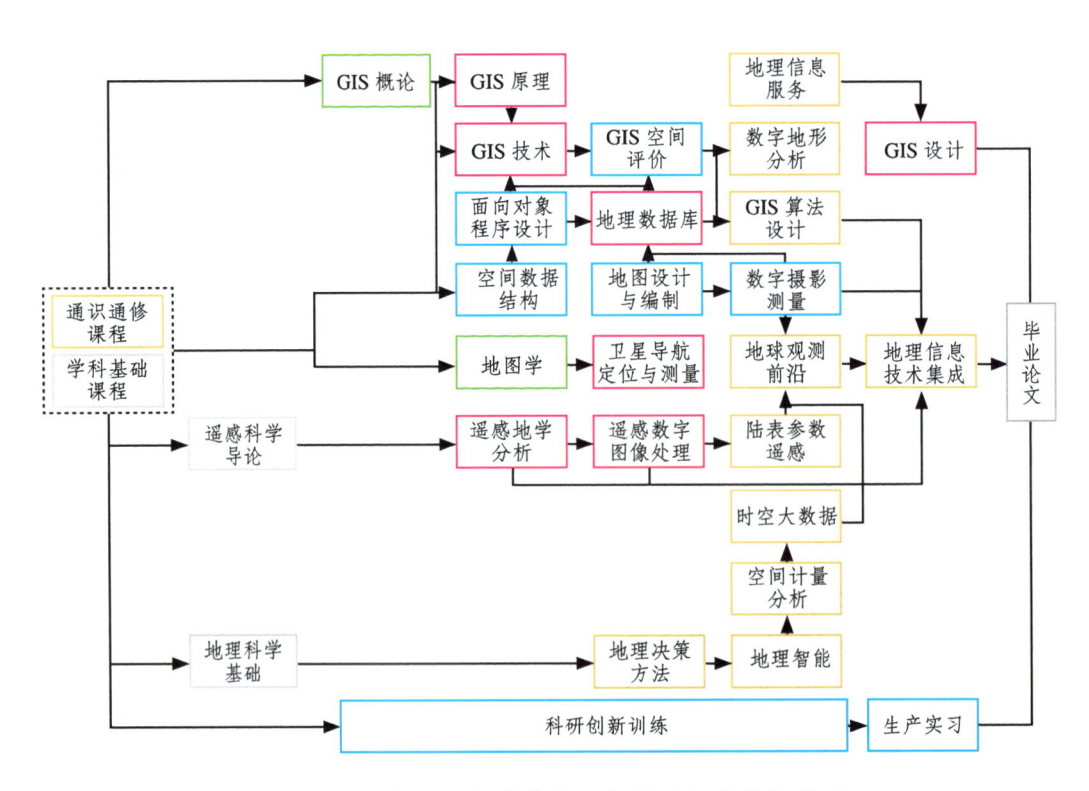

图2.6 地理信息科学专业本科课程结构拓扑图

五、海洋科学专业

1. 专业简介

海洋科学专业是以数学、物理学、化学、生物学、地理学、地质学和海洋科学方面的基本理论和基本知识为基础,学习海洋科学特定领域的专业知识,接受海洋调查、海洋观测、数据分析和海洋科学问题研究方面的基本训练。学生将掌握海洋科学特定专业领域的工作方法,具有在海洋科学特定专业领域开展实验设计、数据采集、研究科学问题和解决应用问题的基本能力。目前,随着国家海洋战略的建立,海洋科学已经成为我国经济和国防建设的重要学科方向。

2. 培养目标

本专业培养具有良好的思想道德素质、较高的人文科学素养,并具有国际视野的高素质科技专门人才,学生将全面扎实地学习海洋科学的基本理论、基础知识和基本技能;系统掌握海洋科学特定领域专业知识和专项技能;养成科学思维,塑造科学精神,培养能够在海洋科学及相关领域从事科研、教学、管理及技术研发工作的专门人才。

3. 成果导向关系矩阵

依据本专业人才培养目标与培养特色,构建相应关系矩阵,使得毕业要求足以支撑培养目标的达成,课程、项目设置足以支持毕业要求的达成(表2-5)。

表2-5 海洋科学专业成果导向关系矩阵

培养目标	毕业要求	课程	项目
培养具有良好的思想道德素质、较高的人文科学素养,并具有国际视野的高素质科技专门人才	通识基础:具有全球视野与家国情怀,德才兼备、学风优良,德、智、体、美全面发展;至少掌握1门外语,具有国际视野和跨文化交流能力。	"思想道德修养与法律基础""马克思主义基本原理概论""中国近现代史纲要""毛泽东思想和中国特色社会主义理论体系概论""形势与政策""大学体育""大学英语""军事理论""军事技能训练"以及全校通识教育课程	
	科学基础:具备扎实的数学、物理学、化学、计算机基础;养成科学素养。	"微积分""线性代数""概率论与数理统计""C程序设计""普通物理B""大学化学I""大学物理实验"	

（续表）

培养目标	毕业要求	课程	项目
学生将全面扎实地学习海洋科学的基本理论、基础知识和基本技能	专业基础：系统掌握地球科学背景下海洋科学的基本理论、基础知识和基本技能，了解学科发展动态。	"地球科学与资源环境导论" "地理科学基础" "遥感科学导论" "普通地质学" "大气科学导论" "环境学" "海洋科学导论"	大学生创新创业训练项目
	复合基础：在地理学、地质学、大气科学、环境科学等相关领域中，熟悉至少一个领域的基础知识。	"地貌学" "水文学" "人文地理学" "地图学" "GIS概论" "时空大数据" "流体力学"以及跨院系选修课	
	理论核心：掌握海洋科学各分支学科的理论基础，了解学科发展历程、应用前景与前沿动态。	"海洋地质学" "物理海洋学" "海洋化学" "海洋生物学" "海岸海洋科学" "极地海洋学" "卫星海洋学" "海洋生态学"	
系统掌握海洋科学特定领域专业知识和专项技能，培养能够在海洋科学及相关领域从事科研、教学、管理及技术研发工作的专门人才	技能核心：掌握海洋调查、观测和分析研究的基本方法，掌握开展海洋科学特定领域工作的一般方法和专门技术，具有数据获取、分析、展示、管理并解决实际问题的能力。	"海洋调查与数据处理" "海洋科学实验方法" "海洋科学实习" "遥感数字图像处理"	
	研究实践：熟悉国际学术前沿和热点问题；具备发现问题和解决问题的能力；具有一定的设计实验方案，创造实验条件，利用观测、模拟、实验、分析等方法进行海洋科学研究的能力，能够科学规范地撰写学术论文、参与学术交流活动。	"海洋沉积动力学" "地球表层系统科学" "海洋生物地球化学"	
	应用实践：熟悉国家海洋科学技术政策和海洋科学国际合作研究管理，能够在知识产权、信息安全、国际合作协议等相关政策、法规、跳跃的框架内参与国内外不同团队在不同海域的海洋调查和研究工作。	"海洋法与海洋管理" "中国区域海洋学" "海岸工程学"	
养成科学思维，塑造科学精神	创新性：具有逻辑思维、辩证思维、批判意识和创新意识，善于观察、联想和迁移，具备良好的创新实践能力。	"科研创新训练" "生产实习" "毕业论文"以及全校创新创业平台课程	

（续表）

培养目标	毕业要求	课程	项目
养成科学思维，塑造科学精神	合作性：具有较强的表达、沟通、协调与适应能力；具有团队精神与协作意识，能够适应团队内部的不同角色并做出贡献。 规范性：熟悉并严格遵守各类学术规范，杜绝一切学术不端现象；具备严谨规范的学术表达能力。 成长性：具有自主学习的能力和持续学习的意愿，具有接受继续教育的良好素质和能力。		大学生创新创业训练项目

4. 课程结构拓扑图

基于课程梯度导向，绘制课程结构拓扑图（图2.7），以明确课程之间的内在逻辑，同时表征出每学年设置的专业课程内容符合学科发展规律、认知发展规律，且在深度或广度上循序渐进、逐步提高。

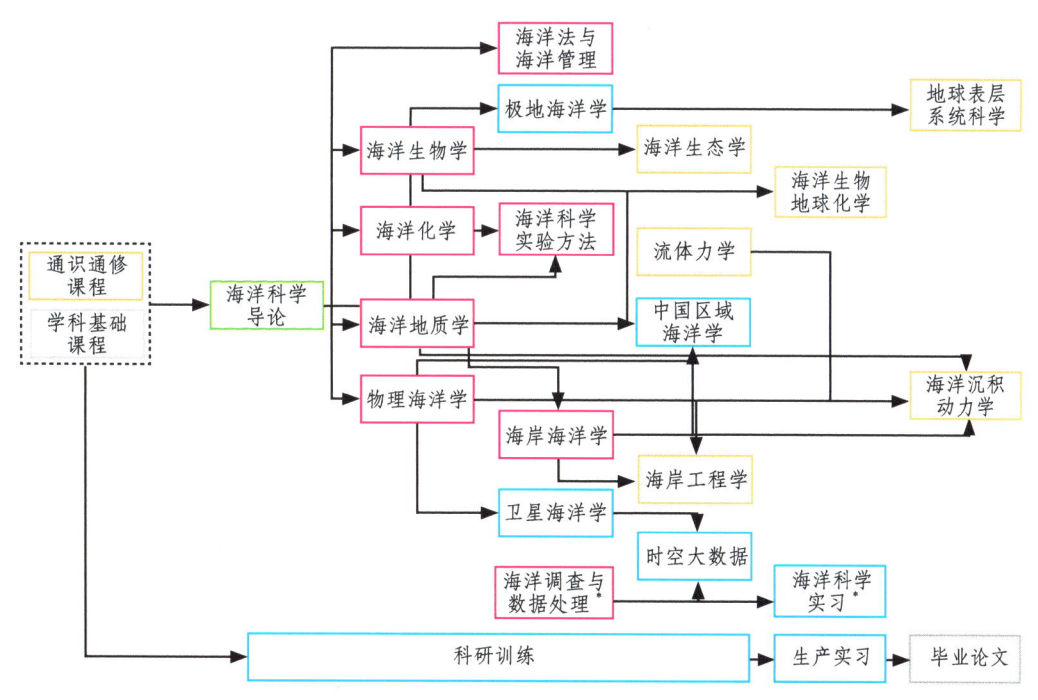

注：基于海洋学多门课程内容的综合实践课

图2.7 海洋科学专业本科课程结构拓扑图

第五节　培养规模与路径

一、培养类型

（1）专业学术类人才：完成必修通识通修课程、全部学科平台课和专业核心课，必选各专业指定专业选修课，提高科研能力的培养，完成生产实习和毕业论文。

（2）交叉复合类人才：完成必修通识通修课程、全部学科平台课和专业核心课，鼓励文理工交叉，建议选修生命科学、环境科学、管理学、计算机技术等学科相关课程，完成毕业论文。

（3）就业创业类人才：完成必修通识通修课程、全部学科平台课和专业核心课，选修各专业技能提高课程，积极参加社会实践，完成生产实习和毕业论文。

二、动态进出

成立拔尖人才培养计划专家组，建立科学化、多阶段的动态进出机制，发现和遴选出志向远大、学术潜力大、综合能力强、心理素质好的优秀学生进入拔尖计划，强化过程管控和动态调整，对进入计划的学生进行综合考查、科学分流。每学年对拔尖计划班的学生进行阶段性考核，根据学生学业表现情况进行动态进出调整。对学业表现不佳、未达到继续在拔尖计划班学习要求的学生，根据学校相关学籍管理办法调入相同专业普通班学习；对普通班学业表现优秀的学生，经学生自愿申请和学校专家组考核通过后选拔进入拔尖计划班学习。

三、本硕衔接

畅通学生成长发展通道，开展本硕衔接的培养模式。按照拔尖计划总体培养目标，科学确定本硕各阶段的培养定位、培养要求和侧重点，形成各阶段有机衔接的整体培养体系。对于选择本硕衔接培养的学生，第三学年通过考核后，在第四学年实施本硕衔接培养。完成本硕衔接培养方案的全部课程与培养环节，达到硕士学位要求，颁发硕士研究生毕业证书，授予硕士学位。

第三章 南京大学地理学人才培养特色——国际化办学

第一节　国内外本科人才培养比较

人才培养、科学研究、社会服务、文化传承与创新是现代大学的基本职能。其中，人才培养是根本任务，是大学的基本价值和存在的最重要理由。教育的本质是促进人的全面可持续发展。本科人才培养目标是大学人才培养的灵魂和核心，围绕立德树人，关键问题是"培养什么人，怎样培养人，为谁培养人"[1]。

教育部在《关于深化教学改革，培养适应世纪需要的高质量人才的意见》文件中定义：人才培养模式指的是学校为学生构建的知识、能力、素质结构，以及实现这种结构的方式。它从根本上规定了人才培养的特征，是教育思想和教育观念的集中体现。本科教学是青年学生世界观、人生观、价值观形成并走向成熟的阶段，是研究生教育和继续教育的基础。

人才培养模式关系到国家经济、文化、科技等各方面发展所需人才的质量，合理、适宜的人才培养模式为国家高质量人才的培养提供有力的指导。由于国情和实际需求不同，世界各国的人才培养模式存在差异，其异同主要体现在各国本科人才培养目标与培养模式、专业设置和培养方式三个方面[2]。

一、培养目标与培养模式

人才的培养目标是指要培养什么样的人，对培养的人要求达到什么样的标准和要求。

创建世界上第一所现代化大学——柏林大学、被誉为"德国教育之父"的威廉·冯·洪堡，提出"教育是个人状况全面和谐的发展，是人的个性、特性的一种整体发展的"教育理念。德国哲学家约翰·戈特利布·费希特也指出"教育必须培养人的自我决定能力，而不是要去培养人们去适应传统的世界"。即，教育是要去"唤醒"学生的力量，培养他们的自我性、主动性、抽象的归纳力和理解力，以便使他们能在目前还无法预

---

[1]《习近平在全国高校思想政治工作会议上讲话》，http://www.moe.gov.cn/jyb_xwfb/gzdt_gzdt/201903/t20190318_373973.html。

[2] 田向红：《高校本科人才培养模式及其影响因素的比较研究》，湖北大学硕士学位论文，2014年。

料的未来局势中自我做出有意义的选择[1]。

美国本科教育实行的是典型的通识教育模式，根据《重建本科教育——美国研究型大学发展蓝图》，美国本科人才培养的目标是要培养学生的口头和文字表达能力，以满足学习和生活的需要；培养学生在艺术、人文科学、自然科学、社会科学等方面的欣赏能力和学习能力，为他们毕业后的工作、学习和生活做好广泛全面的准备；在价值取向上，培养公民教育和道德教育，突出强调学生爱国精神及为国家安全服务的意识和能力的培养。

英国高等教育当前主要的人才培养模式是"面向经济、工商业的自主学习型、能力型的开放式人才培养模式，或者叫以市场为导向的能力型人才培养模式"[2]。其人才培养目标主要要求学生掌握系统的、前沿的专业知识，形成专业的、严谨的思维方式并对所学知识有自己的价值判断，掌握与社会发展相适应的、与学科发展同步的思维技术和方法，具有积极自主地开展学习的能力。

法国高等教育目前实行的是以多面性和多样化为主要特征的人才培养模式，这种模式既考虑市场和企业对人才的需求，又顾及学生的全面发展和技术能力。法国本科人才的培养目标依据高等院校的不同类型而有不同的相关表述。法国的高等本科院校主要包括"大学"和大学校两大类。"大学"的人才培养目标是培养文、理、医、法等专业的教师和科研人员，具有明显的专业性，并重视基础知识和理论知识的学习。大学校的人才培养目标是培养工业、国防等领域的高、精、尖高级技术人才。

德国高等教育人才培养模式特色是重点突出的分类别培养人才模式，各类大学根据学校性质和社会需求培养人才，倾向于专业教育模式。其人才培养目标是具备将理论知识运用到实际工作中的实践能力、自主学习的能力、团体合作能力以及较好的专业领域交流能力。

区别于国外大学的人才培养目标，中国高等教育旨在培养具备扎实的基础、宽广的知识面以及较强的创新能力和实践能力等素质的人才，在满足社会需求、适应社会发展的同时，促进学生素质和能力的全面发展。

1998年教育部发布《关于深化教学改革，培养适应世纪需要的高质量人才的意见》，提出"高等学校要贯彻教育方针，按照培养基础扎实、知识面宽、能力强、素质高的高级专门人才的总体要求，逐步构建起注重素质教育，融传授知识、培养能力与提高

---

[1] 王梦芝、杨章平、王洪荣：《国内外大学本科人才培养模式比较之浅见》，《黑龙江教育学院学报》2013年第12期。
[2] 贺佃奎：《当代英国高校的人才培养模式》，《高等教育研究》2008年第24期。

夯根柢 创新思 毓栋梁
——南京大学地理与海洋科学学院"三三制"下的本科人才培养研究

素质为一体,富有时代特征的多样化的人才培养模式"[1]。而我国在新时期的本科教育是更加注重素质培养的宽口径专业教育。

2018年,教育部就加快建设高水平本科教育、全面提高人才培养能力发布《教育部等部门关于完善人才培养方案的实施意见》,提出建设高等教育强国必须坚持"以本为本",加快建设高水平本科教育,培养大批有理想、有本领、有担当的高素质专门人才。并明确指出建设高水平本科教育的总体目标是"经过5年的努力,'四个回归'全面落实,初步形成高水平的人才培养体系,建成一批立德树人标杆学校,建设一批一流本科专业点,引领带动高校专业建设水平和人才培养能力全面提升,学生学习成效和教师育人能力显著增强;协同育人机制更加健全,现代信息技术与教育教学深度融合,高等学校质量督导评估制度更加完善,大学质量文化建设取得显著成效。到2035年,形成中国特色、世界一流的高水平本科教育,为建设高等教育强国、加快实现教育现代化提供有力支撑"。

至于中国的本科人才培养模式,以往相当长时间,中国高等院校均实行按专业招生和培养的模式,本科人才培养侧重于培养"通才",即兼具基础知识、理论与专业技能的人才[2]。在本科人才培养过程中更注重学生能力、知识和职业方面的基础。

近年来,为顺应时代发展和社会变迁对人才需求的变化,更好地全方位培养适应新时代、新发展、新变革的创新型人才,2019年10月教育部发布《教育部关于深化本科教育教学改革全面提高人才培养质量的意见》,其中指出"积极推动高校建立书院制学生管理模式"。随之,各高校一直进行锲而不舍的改革。现今,国内人才培养模式主要为"书院制+大类招生"模式,即通专结合、全面育才。

国内大学的"书院制",既借鉴了西方一流大学书院的住宿制、导师制、通识教育等主要模式,同时融合了中国古代书院的德业兼修、因材施教、教学相长等优良传统,是近年来中国高校教育改革的一项重要探索。书院制以通识教育为抓手,将不同专业、不同背景的本科生"聚居"在一起,为大学生创造了交流的空间、互相学习的机会。

而大类招生则是一种将相同或相近的学科门类打包,以一个类别进行统一招生,并在1至2年的基础培养之后,再根据学生个人兴趣和意愿进行专业分流的人才培养模式,这种模式重在充分调动学生的主动性,落实大学生专业教育的培养。

大类招生和书院制的双管齐下,于高校而言,是两全其美的事情。一方面,更好

---

[1] 教育部:《关于印发〈关于深化教学改革,培养适应21世纪需要的高质量人才的意见〉等文件的通知》,1998-04-10。http://www.moe.gov.cn/srcsite/A08/s7056/199804/t19980410_162625.html。

[2] 陈倩:《中英本科人才培养影响因素比较研究》,《实验技术与管理》2017年第2期。

地推动了高水平创新人才培养新体系的建立；另一方面，将通识教育和专业教育有机结合，打破了大学生培养模式的院系边界、专业边界，也弥补了现代大学办学模式以学科和专业为中心培养学生的缺陷，一定程度上打通了教学育人的单一途径，做到了满足大学生全面发展和个性化发展的双向需求[1]。

二、专业设置

高等教育的专业设置是指"在高等教育中，根据学科发展和社会职业分工等方面的情况，本着促进社会发展与个体发展相结合的原则，对学生修学的方向进行必要的划分"[2]。它是人才培养的重要缓解，对高等院校办学规模与人才培养的质量起着举足轻重的作用。

美国的学科专业目录（CIP）将学科专业分为三个等级：第一级是学科群，相当于我国的科类级；第二级是学科，相当于我国的一级学科；第三级是专业，相当于我国的二级学科。根据2000年CIP的统计，美国高等教育共设有学科群38个，学科362个，专业约有800个，到2008年，学科群增加到60个，专业增加到2531个。美国高等教育的专业设置呈现如下特点：首先，交叉学科数量大，增长幅度也大，主要包括跨学科群交叉、学科群内部交叉以及学科内交叉。其次，新兴学科发展迅速，满足了社会经济和科学技术发展的需求。再次，与国际化相关的学科专业发展迅速，如与外国语言文学相关的学科以及与区域经济研究相关的学科数量逐年增多，适应了当今世界全球化发展的现状。最后，美国教育部不负责专业设置的审批等工作，很少对高校的专业设置进行干预，其专业设置基本遵循"独立自治"的原则。对美国高校的专业设置不具管理作用，只是通过统计的手段，将专业设置的相关信息传递出去，以便高校对专业设置及时做出调整。

英国高等教育的学科专业设置主要有如下特点：首先，高校主要基于多学科专业进行便利管理的现实需求来对专业进行分类，没有将人类知识发展的逻辑作为分类时必须考虑的依据。其次，英国高校进行专业设置时较多考虑市场的发展需求，注重市场和企业所需的领域的相关学科专业的设置。最后，在专业设置方式上，英国高校带有明显的自下而上的特点，高校拥有许多专业设置自主权，一定程度上也造成英国高校专业设置不够严谨有序和过于细致繁复。

法国高等教育的专业设置以市场需求为主要导向，强调对学生职业技术的培养，

---

[1]《中国大学的人才培养模式，变了！》，https://mp.weixin.qq.com/s/_u48PwVpn2aTqyc4OuI-OA。

[2] 潘懋元：《中国教育百年》，广州：广东高等教育出版社，2003年，第138页。

在传授文化科学知识的同时注重对学生进行各种职业培训,培养学生的专门技能,以便学生毕业后更好地适应社会,满足将来所从事的工作对专业技术、专业技能的需要。

德国的本科专业设置科类较少,某一学科大类涵盖多门学科专业,许多学科被放在同一大类中。因此,德国高校的专业设置具有科类少、综合性强等特点。德国高等教育的学科划分为工程科学,数学及自然学科,农业及林业学科,医学和卫生学科,法律及经济学科,社会科学与社会学及语言、人文学科,艺术和设计学科等大类。

改革开放以来,中国共进行了4次大规模的学科目录和专业设置调整工作。2018年8月,中办、国办联合发布文件,提出发展"新工科""新医科""新农科"和"新文科",即"四新"。2020年2月21日,教育部公布《普通高等学校本科专业目录(2020年版)》[1],2021年2月,教育部又对该目录进行了更新,公布列入普通高等学校本科专业目录的新专业名单(2021年)[2]。最新中国普通高等学校本科专业目录主要分为三个等级:第一级是类,共设哲学、经济学、法学、教育学、文学、历史学、理学、工学、农学、医学、管理学、艺术学12个学科门类;第二级是专业类,共设88个专业种类;第三级是专业,共设740个专业。

为大力推进一流专业建设,教育部提出:实施一流专业建设"双万计划"。以建设面向未来、适应需求、引领发展、理念先进、保障有力的一流专业为目标,建设1万个国家级一流专业点和1万个省级一流专业点,引领支撑高水平本科教育。"双一流"高校要率先建成一流专业,应用型本科高校要结合办学特色努力建设一流专业,提高专业建设质量。适应新时代对人才的多样化需求,推动高校及时调整专业人才培养方案,定期更新教学大纲,适时修订专业教材,科学构建课程体系。适应高考综合改革需求,进一步完善招生选拔机制,推动招生与人才培养的有效衔接。推动高校建立专业办学条件主动公开制度,加强专业质量建设,提高学生和社会的满意度,动态调整专业结构。深化高校本科专业供给侧改革,建立健全专业动态调整机制,做好存量升级、增量优化、余量消减。主动布局集成电路、人工智能、云计算、大数据、网络空间安全、养老护理、儿科等战略性新兴产业发展和民生急需相关学科专业。推动各地、各行业、各部门完善人才需求预测预警机制,推动高校形成就业与招生计划、人才培养的联动机制,优化区域专业布局。围绕落实国家主体功能区规划和区域经济社会发展需求,

---

[1] 教育部:《教育部关于公布2019年度普通高等学校本科专业备案和审批结果的通知》,2020-02-25,http://www.moe.gov.cn/srcsite/A08/moe_1034/s4930/202003/t20200303_426853.html。

[2] 教育部:《教育部关于公布2020年度普通高等学校本科专业备案和审批结果的通知》,2021-02-20,http://www.moe.gov.cn/srcsite/A08/moe_1034/s4930/202103/t20210301_516076.html。

加强省级统筹,建立完善专业区域布局优化机制。结合区域内高校学科专业特色和优势,加强专业布局顶层设计,因地制宜,分类施策,加强指导,及时调整与发展需求不相适应的专业,培育特色优势专业集群,打造专业建设新高地,提升服务区域经济社会发展能力[1]。

为主动迎接新科技革命和产业变革的机遇与挑战,此次专业目录的修订与调整在以往的基础上增强了专业的市场适应性,拓宽了专业口径,并增加了一系列新兴学科专业,使中国高等教育的专业设置趋于科学与合理,更好地促进了人才培养与经济社会发展的紧密结合。

三、培养方式

培养方式即人才培养的途径和方法,主要包括教学方式、实践实习活动等。它是人才培养模式的重要环节,是根据人才培养目标、培养内容等方面来开展培养人才工作的组织形式和运行程序。

美国高校的教学方式比较灵活丰富,讲授法是主要的教学方法,但是,教师也会在课堂上使用诸如答疑、小组讨论、社会调查、实习和实验等教学方法。其中,教师讲授一般只占课堂小部分时间,其他时间为学生自主学习时间。教师在教授知识时,并非按照课本进行详细讲解,而是概括要点,并提供和简要分析相关教学资料等。课堂上,学生可以随时举手提问或发表自己对某一问题的看法。

英国高校主要采用启发式、互动式的教学方法,通常将讲授法、讨论法与教师辅导相结合,学生在课堂上有充分的时间进行自由讨论、疑难解答或是自主探究学习。教师讲课时间少,主要讲解基本理论和知识的内在逻辑,并为学生提供相关的学习指导和参考资料,剩下时间由学生自主学习。在实验课堂中,学生自选课题,自己设计实验方案,教师在旁指导,同时,英国高校重视实习活动,有的实习时间长达一学期。

由于法国和德国高等教育职业导向性的特点,其高校主要采用产学结合的人才培养方式,学生既在课堂学习基础知识和基础理论以及专业理论知识,也到企业中进行职业实训,将课堂讲授、实地实习等教学方式有机结合。

中国本科院校主要采用课堂讲授法的教学方式,整堂课有大部分时间都是教师在讲授课本知识[2],学生很少参与讨论或自由发言,自主学习一般在课堂之外进行。学生的实习和实践机会不多,实习时间较短,通常为一个月;实验课程占全部课时的比

---

[1] 教育部:《教育部关于加快建设高水平本科教育全面提高人才培养能力的意见》,2018-10-08, http://www.moe.gov.cn/srcsite/A08/s7056/201810/t20181017_351887.html。
[2] 陈倩:《中英本科人才培养影响因素比较研究》,《实验技术与管理》2017年第2期。

例较小，并且，学生上实验课时多在机械地模仿或重复教师所做的或书本上规定的实验范例，动手能力和实践操作能力没有得到充分的、真正意义上的锻炼。

2018年6月21日，新时代全国高等学校本科教育工作会议的召开标志着中国本科教育进入新时代。同年8月，教育部发布《教育部关于狠抓新时代全国高等学校本科教育工作会议精神落实的通知》，指出要全面整顿本科教学秩序：淘汰"水课"、打造"金课"、取消清考。同年10月发布的《教育部关于加快建设高水平本科教育全面提高人才培养能力的意见》明确提出要围绕激发学生学习兴趣和潜能深化教学改革："推动课堂教学革命。以学生发展为中心，通过教学改革促进学习革命，积极推广小班化教学、混合式教学、翻转课堂，大力推进智慧教室建设，构建线上线下相结合的教学模式。因课制宜选择课堂教学方式方法，科学设计课程考核内容和方式，不断提高课堂教学质量。积极引导学生自我管理、主动学习，激发求知欲望，提高学习效率，提升自主学习能力。"推进现代信息技术与教育教学深度融合："重塑教育教学形态。加快形成多元协同、内容丰富、应用广泛、服务及时的高等教育云服务体系，打造适应学生自主学习、自主管理、自主服务需求的智慧课堂、智慧实验室、智慧校园；大力推进慕课和虚拟仿真实验建设。发挥慕课在提高质量、促进公平方面的重大作用，制定慕课标准体系，规范慕课建设管理，规划建设一批高质量慕课；共享优质教育资源。大力加强慕课在中西部高校的推广使用，加快提升中西部高校教学水平。建立慕课学分认定制度。以1万门国家级和1万门省级一流线上线下精品课程建设为牵引，推动优质课程资源开放共享，促进慕课等优质资源平台发展，鼓励教师多模式应用，鼓励学生多形式学习。"

第二节　国际双学位交流生项目

一、项目简介

国际双学位交流生项目是南京大学与国外合作高校联合培养学生的国际合作平台。项目自2006年启动招生，首批地理与海洋科学学院资源环境与城乡规划管理和地理信息系统专业参加建设，是南京大学地理与海洋科学学院与加拿大滑铁卢大学（University of Waterloo）联合培养学生的一个国际合作平台。中加学院采用2＋2或3＋X（X≥2）的联合培养模式。

2＋2模式：即学生第一、二学年在南京大学学习，在完成前两年的课程计划、达到相应学习要求后,于第三、四学年赴滑铁卢大学学习,四年本科学习结束后,双方互认学分,达到两校本科阶段学习要求的学生,将被授予双方的学士学位。

3+X(X≥2)模式:即学生第一、二、三学年在南京大学进行本科阶段的学习,在完成前三年的课程计划并符合相应要求后,从第四年起进入滑铁卢大学学习,学习两年或两年以上,全部学业完成后,达到两校相关学习要求的学生,可获得南京大学的学士学位和滑铁卢大学的硕士或博士学位。目前已招收了七届学生。毕业的学生中,有15%在国外高校任职或从事国际合作领域的工作,有85%的学生正在继续读研深造,读研的学校包括哈佛大学等。

南安普顿大学—南京大学国际交流生项目是南京大学与南安普顿大学联合培养学生的一个国际合作项目。项目采用2+2与3+1联合培养模式。

2+2模式:学生在南京大学完成第一、二年的学习后,只要专业课程成绩达到要求,并英语四级达到550分以上,即可进入南安普顿大学继续学习。免去了对托福成绩的要求。在第三和第四学年赴南安普顿大学学习两年,成绩合格,可同时获得南安普顿大学和南京大学理学学士学位。

3+1模式:学生前三年在南京大学学习,如专业课程成绩达到要求,并通过英语六级,第四年即可赴南安普顿大学学习,顺利完成后将获得南京大学学士学位和南安普顿大学的结业证书。学习优良者可留在南安普顿大学继续攻读硕士学位。

二、与滑铁卢大学本科生教学计划比较分析

随着南京大学国际化办学的深入发展,南京大学地理与海洋科学学院国际化办学也随之全面展开,特别是与加拿大滑铁卢大学环境学院的各种深度交流。不仅有学者们的频繁互访、短期交换学生项目,还有两院联合培养学生的国际双学位交流生项目。国际双学位项目中方是由资源环境与城乡规划管理专业对应加方的地理与环境管理专业,因此本书以滑铁卢大学环境学院地理与环境管理专业的教学计划和南京大学地理与海洋科学学院资源环境与城乡规划管理专业的教学计划以及课程设置情况为研究对象,旨在探讨由国情差异而体现出的各校办学特色,为地理学科下资源环境专业的课程建设提供借鉴。

滑铁卢大学地理与环境管理专业的教学计划和南京大学地理学院资源环境与城乡规划管理专业的教学计划是在不同国情、不同教育理念背景下制定出来的,反映了不同的文化、政治和社会需要的差异。主要反映在如下几个方面:

1. 课程设置

（1）通修课程

滑铁卢大学的教学计划中没有国家相关教育部门规定的必修课程，而中国的所有高校本科生都必须完成教育部规定的相关课程，在150个毕业要求学分中有48个左右的学分要求，约占32%，主要体现为大学英语、大学体育、大学数学、计算机和政治类相关课程。教育部规定课程所占比重较大且占据了一年级第一学期90%的课程。

（2）必修课程

两所大学对专业必修课的认定颇不一样，南京大学地理与海洋科学学院的专业必修课由学科平台课和专业核心课组成。学科平台课的定义为修读地理领域的基础课程，是各个专业都必须掌握的基础知识。无论是学科平台课还是专业核心课都是指定修读的。滑铁卢大学地理与环境管理专业给一年级本科生指定了5门必修课程："如何成为一名地理学者""地理和人类居住""地理和我们的地球环境""地理信息系统科学概论""环境研究方法入门"[1]。第二年指定了"高级环境研究方法"[2]。这些课程的性质和南京大学地理学院的学科平台课类似。滑铁卢大学地理与环境管理专业要求学生修读10个学分的地理类必修课程（一般每门课为0.5个学分），除了指定的11门课程外，其余的必修课程学生可以从开课列表中自由选择。即使是指定的必修课程，学生也是可以选择的。例如二年级可以从"地理学学术研究方法"和"自然地理研究方法"中选择一门。同时学生还必须从其他三个地理学领域设置的课程中修读一门课程：在地球科学领域可以从"河流地貌学"和"水文气候学"这两门课中任选一门；在地理信息学领域可以从"地球空间遥感技术分析"和"地理信息系统导论"这两门课中任选一门；发展与环境领域可以从两类课中各必选一门，分别是"地理与经济全球化"或"全球视角下的环境与发展"，与"自然灾害的人类维度"或"全球气候变化的人类维度"[3]。滑铁卢大学的课程设置相对来说比较灵活，学生的选择自由度高，可以根据自身兴趣和需求来选择课程。滑铁卢大学的课程设置分为100、200、300、400四个层次，基本对应4年的大学生涯。每个层次里都会开设很多专业课程供学生选择，几乎每个高阶层次课程都会要求学生先修读相应低阶层次课程。

---

[1] http://ugradcalendar.uwaterloo.ca/page/ENV-Geography-Environmental-Management-4-Yr-Honour。

[2] http://ugradcalendar.uwaterloo.ca/page/ENV-Geography-Environmental-Management-4-Yr-Honour。

[3] http://ugradcalendar.uwaterloo.ca/page/ENV-Geography-Environmental-Management-4-Yr-Honour。

（3）毕业论文

南京大学地理与海洋科学学院对毕业论文是有硬性要求的，每个学生必须完成毕业论文的撰写和答辩，获得相应的学分才能拿到毕业证书。学生的毕业论文一般是根据指导老师的生产实习报告发展而来，针对性和实践性较强。滑铁卢大学对毕业论文的撰写没有硬性要求。相关的课程为"学位论文准备"和"学位论文完成"。如不写论文，只需选上400层次的GEOG课程，选满2.0学分即可毕业。

2. 通识课程

南京大学的学生无论修读哪个专业都必须完成14个学分的通识课程，涉及通识教育课程和新生研讨课。通识教育课程的建设主要围绕"中国历史与民族文化""世界历史与世界文化""价值观与思维方法""科技进步与生命探索""经济发展与社会脉动""文学艺术与美感""跨文化沟通与人际交往"七大类别[1]，现已开设300门左右课程。目的"在于通过重组教学内容，对学生进行多方面能力的训练，发展其思维能力，提高学生表达思想、判断和鉴别价值等方面的能力，并以此促进学生的感情和理智都得到发展，从而造就一个具有完整人格的人"[2]。新生研讨课的目的在于"通过小班化教学，不仅使学生学习专业知识、了解学科的前沿问题和本质问题，更重要的是让新生通过高水平教授的引导，在主动参与和充分交流中启发研究和探索的兴趣，学习科学的思维方式与研究方法，培养创新意识与创新能力"。新生研讨课的侧重点"是注重学生通过团队合作学习，体验到学术活动的一般过程，在实践中形成科学的思维方式，从而提高自身的研究素养和创新意识，顺利完成从高中阶段向大学阶段在学习上和心理上的转换和适应过程"[3]。现已开设课程近200门。

滑铁卢大学对学生取得各专业学位也没有作出全校统一的课程修读要求，也尚未建立学校层面的通识教育课程体系[4]。不过，这并不意味着滑铁卢大学不重视具有通识意义的学生素养的培养。相反，滑铁卢大学非常重视学生的科学素养和人文素养的培养，只不过这种类型的课程分层面体现在课程设置中。例如，滑铁卢大学的人文学院就开设了大量的人文素养课程，各专业学位也对人文素养课程和科学素养课程有一定要求，滑铁卢大学的地理与环境管理专业就要求学生最少要修读除了环境学院以外的4个学分，以平均一门课0.5个学分计算，差不多是8门外院系的课程。

---

[1] 2014年南京大学新生学习指南。
[2] 2014年南京大学新生学习指南。
[3] 2014年南京大学新生学习指南。
[4] 郭葆玲、欧阳：《北美理工科大学人文教育课程比较研究》，《比较教育研究》2012年第11期。

3. 特色办学

（1）南京大学地理与海洋科学学院资源环境与城乡规划管理专业的实习类课程相对滑铁卢大学地理与环境管理专业的实习类课程较多。在一年级末有"地质学教学实习"，二年级末有"地理学教学实习"。这两大实习分别历时2周之久，地质和地理各个领域数十位老师带队为学生实地讲解，让学生在实践中获得真实的体验，将书本知识融入实际。这两大实习是地理与海洋科学学院的特色课程，也是理论与实际联系最为紧密的课程。除此之外，专业老师还会结合所授课程带领学生进行短期的小实习。四年级第一学期南京大学地理与海洋科学学院资源环境与城乡规划管理专业的学生要参加"生产实习"，这门课程主要是学生在学了一定的专业基础课后到实际中去应用相关的理论知识，通过案例的实习巩固专业知识并进一步地培养理论知识的应用能力。在此基础上以理论和实践相结合撰写相关的研究性文章和论文，提高专业知识和研究运作等相结合的能力，使学生成为国家建设需要的多面型人才。除野外实习外，南京大学地理与海洋科学学院同国家及江苏省和南京市的规划局、测绘局、旅游局、国土局、海洋局等单位建立了多个联合学生实习基地。高年级的学生，尤其是毕业班的学生可到这些单位进行生产实习和毕业论文研究的工作，也可以根据需要到这些单位了解学科的社会需求，使学生直接接触社会，锻炼他们的实践能力。

滑铁卢大学地理与环境管理专业仅在三年级专门开设了一门野外实习课程。不过滑铁卢大学地理与环境管理专业也非常重视野外实践，在其主页上就写到"地理并不会发生在书本中""我们的课程很精彩，你同时也有许多到野外实践的机会"。滑铁卢大学地理与环境管理专业在校园内有一个设备齐全的"生态实验室"，在安大略省的亨茨维尔有一个滑铁卢环境会议中心，学生会打趣地称之为"地理学者的夏令营"[1]，这两个地方都为学生提供了所需课程、研究和个人计划的支持。

（2）"合作教育与职业计划"（Co-operative Education & Career Action）是滑铁卢大学的办学特色之一。滑铁卢大学每年分为3个学期，秋季学期（9月到12月）、冬季学期（1月到4月）、春季学期（5月到8月）。滑铁卢大学地理与环境管理专业的合作教育与职业计划要求学生在第一年的秋季和冬季学期上课，春季学期自由安排；第二年要求学生秋季和春季学期上课，冬季学期工作；第三年要求学生冬季学期上课，秋季和春季学期工作；第四年要求学生秋季学期工作，冬季学期上课，春季学期自由安排[2]。滑铁卢大学的职业中心会帮助学生做好工作的准备，例如推荐工作、指导学

---

[1] https：//uwaterloo.ca/environment/future-undergraduate-students/programs/geography-environmental-management。

[2] https：//uwaterloo.ca/environment/future-undergraduate-students/co-op。

生准备面试等等。滑铁卢大学的"合作教育与职业计划"有超过50年的历史，是全球最大，也是加拿大"合作教育与职业计划"的先锋[1]。参加滑铁卢大学地理与环境管理专业的"合作教育与职业计划"的学生除了三年级的野外实习外，必须修读和其他此专业学生一样的学分才能申请学位。其他学生可以在一年级末时视情况申请参加"合作教育与职业计划"。学生需要完成4篇工作报告，每次工作雇主都需要给学生评价。

4. 学位要求

滑铁卢大学地理与环境管理专业规定每学期学生最多选2.5个学分（3—5门课），专业课成绩78分以上，并经教学主任同意方可选2.5学分之外的课程。申请学位的学生必须通过所有课程，平均成绩65＋，其中专业课70＋。另外，通过ELPE考试（英语水平测试）65/90[2]。南京大学地理与海洋科学学院资源环境与城乡规划管理专业除四年级外每学期都有10门左右的课程，课程数量较多。南京大学地理与海洋科学学院的毕业总学分要求是150个，核心课为26门左右。申请学位除完成总学分数和必修课程学分外，还需英语四级425分或者六级400分，如二者均未达到，需通过学位英语考试。之前申请学位对省级计算机等级考试也有要求，从2013年起此要求取消。而滑铁卢大学地理与环境管理专业四年总学分要求为20个，约40门课，其中专业核心课地理类为10个学分，约20门课，其他院系4个学分。

5. 讨论

综上所述，两所学院在课程计划上呈现如下特点：

（1）中方课程，尤其是通修课程，都是指定修读课程，学生选择自由度较低。不过，南京大学现行的"通识教育和个性化培养融通"理念指导下的"三三制"人才培养方案，是更加个性化、多元化的人才培养模式，给学生提供更多自主选择课程、专业的机会以及充分的自主学习空间。在"三三制"培养方案下，课程分为"通识通修类、学科专业类、开放选修类"三类课程模块，设计"大类培养、专业培养、多元培养"三个培养阶段以及"学术专业类、交叉复合类、就业创业类"三条个性化发展路线。教学计划弹性增加，本科生自主学习空间增大[3]。学生有更多的自主选择权：开放各专业课程，扩大转系转专业比例，根据学生个人发展志向及职业规划实施"人才培养分流机制"。对于"专业学术类"人才加强科研训练；对于"跨学科复合类"人才鼓励

---

[1] https://uwaterloo.ca/environment/future-undergraduate-students/co-op。
[2] https://uwaterloo.ca/environment/future-undergraduate-students/programs/geography-environmental-management。
[3] 2014年南京大学新生学习指南。

学生跨专业或跨院系选修课程和完成学位论文；对于"创业就业类"人才增加实习机会，加强就业技能和实践能力方面的培训，为学生日后就业创业做更充分的准备。

加方课程灵活性和学生的自由选择度相对较高。不过，由于加方的大部分高阶课程都需要提前修读相应低阶课程，因此需要有完善的课程指导系统，使学生在安排自己的课程计划前就深入了解自己需要做好的准备。虽然加方每学期要求的课程量看似较少，但几乎每门课的任课老师都会要求完成大量的课外阅读并据此提交课程论文，因此感觉上加方的学生可以自由安排的课余时间很多，其实他们大部分课余时间是要花在课外阅读上的，这样培养和加强了学生自我学习的能力。

（2）加方的"合作教育与职业计划"历史悠久、经验丰富。中方虽然非常重视创业就业类学生的培养，开设了很多相关课程，努力增加此类学生实习实践机会，加强就业技能的培训，特别是地理与海洋科学学院四年级有一整个学期时间可以参加生产实习，不过将教育与职业无缝对接，持完全开放态度，并将多个学期完全变成职业培训，还是有待进一步探讨的。

（3）野外实践教学作为地理学教学的重要组成部分为两所大学所重视。南京大学地理与海洋科学学院有重视实践教学的优良传统，发展、建设了一系列野外和校外学生实习基地，为学生提供了一系列的野外实践学习机会，对提高本科生的教学质量发挥了积极作用。从滑铁卢大学地理与环境管理专业"合作教育与职业计划"的合作单位来看，不少都是与地理学密切相关的单位，相信这些单位除了为"合作教育与职业计划"提供合作外，也一定为这个学院的学生提供了不少实习、实践的机会，让学生有了直接接触社会需求，并在实践中锻炼所学的机会。

第三节　国际化精品课程

一、乌尼曼教授主讲的"985"精品课程

德籍教授乌尼曼主讲的"985"精品课程——"Tracers of Interlinked Environmental Processes"主要针对研究生，同时对本科生开放。

该课程是我院首批获得研究生院资助的三个精品课程之一，面向全校具有地理和地质背景的学生，通过国外专家讲授最新的地球科学知识，为同学们展示对地球环境产生显著影响的地表过程之间的内在联系。课程由四位来自德国的知名专家主讲，包括德国 Freie Universitaet Berlin，Alfred Wegener Institute Potsdam 以及 Potsdam

University。整个课程框架分为五大部分,每部分由 3—5 次课组成(总共 21 次课,42 学时),内容包括中亚地区的高山动力地貌、咸海危机的原因和效应、地质考古学的概念和方法、海底和极地循环、介形虫对水生态系统的恢复及其意义。

课堂上除了教师的讲授以外,还包括教师与学生的讨论、学生的报告和教师的点评以及非常重要的课堂练习和训练。这种以专题讲座形式开设的课程似乎比较受学生的欢迎,学生学到的不仅仅是用英语交流的能力,更重要的是国外专家先进的思维方式和理念,这对于他们未来的学术生涯具有重要意义。每位外国专家在南京大学逗留的时间是非常短暂的,因此他们鼓励中国学生在今后能与他们保持接触,但是这样的研究生不多。另外,仍有部分学生在课堂上表现得比较害羞,需要多在这样的环境里锻炼自己。

表 3-1　Course 2011(Spring term) for Master Degree Students at Nanjing University
　　　　　Title：Interlinked environmental processes

Block1 March 21-22, 2011　　　　　　　　　　　　　　　　4 lessons, 8 hours

Day	Date	Time	Title	L-Type	Teacher
Mon.	21, Mar.	16-18 h	High mountain morphodynamics in Central Asia: Himalaya	Lecture, Discussion	Prof. Bernd Wünnemann Nanjing University, Freie Universitaet Berlin
Mon.	21, Mar.	19-21 h	Exercise on identifying geomorphological features from topographic maps, Test	Lecture, Discussion	
Fri.	25, Mar.	14-16 h	High mountain morphodynamics in Central Asia: Tibetan Plateau	Lecture, Discussion	

Block2 March29-30, 2011　　　　　　　　　　　　　　　　4 lessons, 8 hours

Day	Date	Time	Title	L-Type	Teacher
Wed.	30, Mar.	16-18 h	The Aral Sea disaster: Causes and effects	Lecture	Prof. Bernd Wünnemann Nanjing University, Freie Universitaet Berlin
Wed.	30, Mar.	19-21 h	Discussion forum on water resources management	Discussion	
Fri.	1, Apr.	14-16 h	Revised Aral Sea history: Latest research results from various perspectives	Lecture Discussion	

Block 3 April 4–6, 2011　　　　　　　　　　　　　　　　　　　5 lessons, 10 hours

Day	Date	Time	Title	L-Type	Teacher
Wed.	6, Apr.	16–18 h	Geoarchaeology: TOPOI project Middle and Near East	Lecture	
Wed.	6, Apr.	19–21 h	Geoarchaeology: TOPOI project Middle and Near East	Lecture	Prof. Brigitta Schuett Freie Universitaet Berlin Vice President
Thu.	7.Apr.	14–16 h	Geoarchaeology: TOPOI project Middle and Near East	Lecture	
Thu.	7, Apr.	16–18 h	Geoarchaeology: TOPOI project Middle and Near East	Exercise	
Thu.	7, Apr.	19–21 h	Discussion forum and test	Discussion Test	
Wed.	13, Apr.	19–21 h	Catchment dynamics(mass movement)in the Nam Co region, SE Tibetan Plateau	Public Lecture	

Block 4 April 18–20, 2011　　　　　　　　　　　　　　　　　　5 lessons, 10 hours

Day	Date	Time	Title	L-Type	Teacher
Mon	18, Apr.	16–18 h	Marine Geology: Sea Floor and Ocean Circulation: Latest knowledge	Lecture Discussion	
Mon	18, Apr.	19–21 h	Environmental Signals in Marine Sediments	Lecture Discussion	Prof.Bernhard Diekmann Alfred Wegener Institute for Polar and Marine Research, Potsdam
Tue.	19, Apr.	16–18 h	Ocean History: From Warm Pools to Icy Seas	Lecture Discussion	
Tue	19, Apr.	19–21 h	Microscopy of Marine Sediments	Exercise	
Wed.	20, Apr.	16–18 h	Ocean Drilling in the adjacent Pacific Ocean(Cruise Report and Discussion)	Lecture Test	

Block 5　May 23–25，2011　　　　　　　　　　　　5 lessons，10 hours

Day	Date	Time	Title	L–Type	Teacher
Wed.	23, May	16–18h	Aquatic ecosystems and climate, evidenced by ostracods	Lecture	Prof. Steffen Mischke Postdam University
Wed.	23, May	19–21h	Training in identifying ostracods, preparation techniques	Training	
Thu.	24, May	16–18h	Transfer functions based on ostracods	Lecture	
Thu.	24, May	19–21h	Training in identifying ostracods by microscope	Training	
Fri.	25, May	16–18h	Discussion forum on the relevance of aquatic organisms as climate tracers, test	Discussion Test	

Additionally：

Ca.10 days field training within projects；

A）Tibetan Plateau

B）Northwestern China(Desert)

C）Jiangsu coast and Changjiang river

Summer

limited participants：8–10

二、海洋科学精品课程

2012年5月，由王颖院士领衔主讲，加拿大Bedford海洋研究所David Piper教授、Saint Mary大学Georgia Pe-Piper教授、德国自由大学—南京大学Bernd Wünnemann教授加盟的南京大学研究生院"海洋科学"精品课程圆满完成教学任务，深受同学的欢迎。

本课程主要针对研究生，海洋专业本科生可自由选听。该课程利用世界范围内的实例讲解从陆地到海岸带、陆架、陆坡和深海平原区沉积物的搬运和沉积作用。既有基础理论，又有实例研究、应用和实验。以讲座形式进行，共分10讲。包括：泥质沉积物在陆架、陆坡、海底峡谷和等深流体系中的搬运；浊流的促发机制及流动；浊流沉积物的结构；沉积物的垮塌和块体搬运；河海相互作用及海岸平原演化。沉积物来源：追踪沉积物源和扩散的现代方法；深水沉积物的演化和海平面变化扮演的角色；湖沼学／古湖沼学基本原理；水文平衡与湖泊形成（带课堂实习）；沙漠，古海洋—追溯塔克拉玛干沙漠沙源。

四位教授均是相关领域学术造诣很深的顶尖级人物，通过各自研究成果和心得向同学们传达先进的理念、思维方式。王颖院士是海岸海洋地貌与沉积学方面的专家，她结合渤海湾、苏北南黄海淤泥质平原海岸的实例研究，讲述了海陆相互作用与海岸平原的演化。结合塔克拉玛干沙漠砂石英表面特征研究，认为沙漠起源于新生代中新世时的特提斯海。塔克拉玛干沙漠沧海变桑田的故事给同学们留下了深刻印象。David Piper 教授是研究深海重力流和浊流方面的专家，他通过大量的海底取样和海底地震展示了海底峡谷的起源、浊积岩等深积岩的沉积作用，以及海平面变化对沉积物向深海搬运的效应，内容丰富多彩，同学们目不暇接。Bernd Wünnemann 教授是湖泊沉积、湖泊水文和湖泊古气候研究方面的专家，他的讲课内容从湖泊水、湖泊沉积物、湖泊生物、流域—湖泊相互作用，到盆地地貌和沉积结构以及湖泊水平衡的计算。教授们渊博的知识、深邃的思想、敏锐的洞察力对同学们起到了很好的引领作用，相信将使他们终身受益。

三、学院开设的国际化课程

学院积极响应南京大学全球开放发展战略，开设了一批高水平国际课程，对于推动与境外高校的学分互认和学位互授联授、落实新时代人才培养任务、提升国际化办学水平具有重要意义，是实施"全球融合学习行动计划"长期性和基础性工作。

表 3-2 在授国际化课程

课程名称	授课教师
自然地理学导论	鹿化煜
陆地遥感	陈镜明　居为民
地貌过程	王先彦
海洋地质学	刘绍文
人文地理学	张　捷
遥感概论	徐于月
地理信息系统原理	马劲松
气候变化科学	史江峰

第四章

南京大学地理学人才培养特色——复合创新型野外实践

第一节 "学科融合—知识创新"野外实践教学模式

新的发展形势下地理学焕发出勃勃生机,被赋予全新的内涵。现代地理学的学科发展具有越来越明显的综合性和定量化的学科融合特征,这一特征对复合型创新地理学人才的培养提出了迫切要求。改革教学与人才培养方式,构建地理学全学科深度融合的教学模式是顺应学科发展新趋势和人才培养新要求的必然之举。

一、模式构建缘由

现代地理学涵盖自然地理学、人文地理学和地理信息科学三大主干学科。在新的发展形势下,地理学被赋予全新的内涵。面向全球变化研究与服务国家战略等重大选题,积极应对复杂、综合和多元的资源环境与人类可持续发展等重要科学问题,相邻学科的交叉、渗透与融合日益加强,地理学内部的综合研究进一步深化,强调运用综合与多维视角来系统研究地表人地相互作用的格局、过程与机理,研究方法和手段已经全面融合对地观测、室内外模拟、空间统计、GIS 分析、空间建模与决策系统等现代科学技术体系。因此,现代地理学的学科发展显示其综合性、定量化与学科融合特征越来越明显,这对于高等学校复合型创新地理学人才的培养提出了迫切要求。因此,如何坚持发展的观念[1]改革教学与人才培养方式,构建起行之有效并具有推广应用前景的地理学全学科参与并深度融合的教学模式,以适应地理学学科发展新趋势和人才培养新要求成为新时期培养复合创新型地理学人才的重点。与按照专业分门别类设置的课堂教学相比,地理学野外实践教学在构建全学科融合教学模式改革方面具有得天独厚的优势和条件,理应成为创新地理人才培养的突破口。

如何以问题为导向[2],野外实践内容不但体现地质、地貌、土壤、植被、水文的高度综合,更体现在自然地理与人文地理领域的综合,将人文地理调查与自然地理考察相结合,训练学生综合理解地理环境中人地关系问题,突出地理科学研究的核心问

---

[1] 卢德馨:《关于提高教学质量的思考》,《中国大学教学》2003 年第 10 期。
[2] 王建、白世彪、赵业思等:《以问题为导向的野外实践教学——以中奥地理学联合实习为例》,《中国大学教学》2014 年第 3 期。

题[1]。坚持知识传授、能力培养和素质提高贯穿于实践教学全过程[2]。让学生从学科的整体性和开放性上理解地理学，培养学生的科学精神和人文情怀[3]，是值得我们深入探索的。

二、模式的构建与实施

南京大学地理与海洋科学学院（以下简称地理学院）自20世纪50年代开创庐山地理学野外实践教学，经过六十多年的传承与发展，已积累了丰富的经验和教学资源。2009年，国家自然科学基金委员会把庐山作为地理学国家理科人才培养野外实践基地进行建设，在基地建设过程中，南京大学逐步明确综合创新地理学人才培养目标，指出该类人才应具备"跨学科视野、批判性思维、协作精神"三元结构特征；与此对应，提出三项能力培养，即知识整合能力、自主创新能力、沟通协作能力。

针对以上思考，地理学院的教学团队为解决以下关键教学问题进行了深入思考：

（1）面向国家建设对地理学人才的新需求，如何发展以综合创新地理学人才培养为目标的野外实践教学理论？

（2）在学科交叉融合的发展趋势下，如何构建以学科交叉、知识整合为特征的野外实践教学内容体系？

（3）针对地理学实践性强的特点，围绕学生从课堂理论到野外实践的综合创新能力培养，如何改革野外实践教学方法？

在此基础上，地理学院通过持续建设和深化改革，以"注重基础、加强综合、引导创新、坚持共享"为指导思想，构建并实施了以"全学科深度融合"为特色，以"培养综合专业素养、激励知识创新能力、加强教学共享辐射"为主要任务，以"培养复合型创新人才"为目标的地理学综合训练与知识创新野外实践教学新模式。该模式：

（1）打破专业壁垒、学科界限，改革教学内容，重构教学体系，实现了教学功能、师资队伍、实习内容地理学全学科覆盖的综合交叉和深度融合。

● 改革教学内容，以人地关系为主线组织教学素材，构建"大地理"无边界教学内容体系；将地理学的自然地理学、人文地理学和地理信息科学三大主干学科深度融合，

---

[1] 郑祥民、周立旻、王辉等：《试行高校联合野外实践教学，探索地理学人才培养新模式》，《中国大学教学》2013年第5期。
[2] 赖绍聪：《改革实践教学体系创新人才培养模式——以西北大学地质学国家级实验教学示范中心为例》，《中国大学教学》2014年第8期。
[3] 高翔、高超、王腊春：《在自然地理实践教学中实施通识教育》，《中国大学教学》2014年第1期。

强化全学科共同参与的"大地理"教学。

● 加强顶层设计，组建跨学科教学团队，配备骨干教师近20名，专业涵盖三大分支学科，全程参加野外教学。

● 融合GIS技术，增加地理信息采集和GIS空间分析技能训练等内容，建设了南京大学"数字庐山"虚拟教学系统和教学资源库，实现实习区自然和人文要素的数据查询、三维显示和空间分析。在强调"点""线"实习的基础上，强化了"面"（区域、案例）上的综合和交叉，着重培养学生的"综合"观念和"区域"意识。

（2）强化"创新思维训练＋创新能力提升"的人才培养目标，更新实习模式、转变教学方法、改进考评体系，构建了立体化的创新人才培养途径。

● 建设野外"流动实验室"，配备100多台（套）实验设备，强化定量观测和数据采集能力，实行"基础认知＋科研训练"双元实践模式。

● 结合野外实践教学的特点，在设定教学目标与学习场景下，引导学生主动学习、自主探索，进而完成知识学习、知识发现与创新的教学过程，发展了面向野外地理学实践的体验式教学理论。学生在教学中主体性实现，是教育的目的，也是教育成功的条件[1]；以跨专业混编研究小组形式，变个体学习为团队跨界合作，激发探究精神和自主创新意识。

● 建立创新激励考评机制，改变单一化知识性考核模式，构建了"基础知识＋专业技能＋综合应用＋创新能力"模块化考评体系，引导创新人才培育。

● 强化后续跟进机制，以野外实习创新培育为切入点，无缝衔接后续多层次创新研究实践活动，提供个性化指导，助推创新能力可持续提升。

（3）遵循"开放、共享、协作"原则，强化课程品牌建设，构建多种形式的开放交流平台，实现优质资源的开放共享及教与学横向交流。

● 以"特邀专家报告"与"实地示范教学"的形式，实地举办面向全国高校的庐山实习骨干教师培训班。

● 开放师资和实习课堂，分批接待全国（含港澳台）二十余所高校师生参加庐山联合实习。

● 加强与兄弟院校的教学研讨与交流：与华东师范大学富春江实习基地开展联动建设；邀请南京师范大学百余名师生来南京大学共同举办庐山实习成果汇报与交流研讨会。

● 加强教材、网站建设，开展教学研究和实习区域的科学研究，分享研究成果。

● 依托南京大学地球科学国家级虚拟仿真实验教学中心，开展"虚拟庐山地理环境"

---

[1] 张大均：《教育心理学》，北京：人民出版社，2004年，第146—148页。

平台建设，以信息化促进教学资源的开放共享与融合发展。

三、模式的特点与创新

（1）提出了"全学科深度融合"的教学理念，形成了以主干学科深度融合为特征的大地理野外实践教学内容体系。

充分认识到"综合性"是地理学的灵魂，倡导运用综合性的视角来系统认识地球表层人地相互作用的格局、过程与机理。全学科参与的"大地理"无边界教学内容体系的构建，合理利用了野外实践教学的时空优势，有效实现地理学分支学科的交叉融合和不同专业背景学生的跨界合作，使地理学的综合性特征和集成应用优势得以充分展示，为自主创新奠定重要的基础，有利于推动交叉复合型地理人才的培养。

（2）发展了一套在野外实践教学中以学生地理学创新能力培育为核心目标的立体化教学手段。

充分尊重学生的主体地位，改变以知识为中心的灌输式教学，通过双元实习模式和探究式教学方法的改革，辅以考评引导，激发学生的探索欲和创造力，培养学生发现问题和解决问题的能力，激发学生的自主性、团队性和创新性。

（3）建立了多种形式的地理学野外实践教学资源共享以及教与学横向交流的开放平台。

通过开放平台的建立，实现了野外实践教学优势资源的共享利用，也有效地推广了"全学科深度融合"的教学理念以及创新能力培育的教学方法，充分发挥课程建设与教学成果的辐射示范和带动作用。

四、模式的成效与推广

1. 学科魅力显著增强，专业兴趣与日俱增

将地理学分支学科融会贯通是复合型地理人才应该具备的能力，但地理学的专业分化让很多学生"只见树木不见森林"，对地理学的定位与重要性并没有切身体验，导致对地理学缺乏热情和认同感。野外实践教学新模式则提供了一个宽阔的舞台，自然地理学、人文地理学和地理信息科学三大分支学科深度融合，课堂知识和野外实践有机结合，学生在实践中感知地理、领悟地理，充分体验到地理学的"综合性"魅力。通过实践，学生体会到地理学的三大分支学科之间存在着必然的联系，尽管分支学科的功能与定位不同，但将分支学科融合后，地理学的优势与潜能才能真正实现，并且可以解决很多分支学科无法回答的问题，产生1＋1＋1远大于3的效果。

2. 创新潜能逐步释放，发展后劲开始显现

三大分支专业深度融合的实践既开阔了学生的专业视野，也改变了学生的专业视角，使之可以从更高、更深的层次上发现并思考地理问题。学生成为新的实践教学模式的最大受益者，其创新潜能被有效激发，逐步成长为具有竞争力的地理人才。学生在诸如"挑战杯""GIS 应用技能大赛"等全国性的奖项中均有斩获，本科生第一作者发表论文数稳定增长。本科生继续攻读研究生的比例逐年增高，一大批学生进入哥伦比亚大学、约翰—霍普金斯大学、加州理工大学、杜克大学、北京大学、清华大学、中国人民大学和南京大学等海内外名校继续深造。

3. 开放促进了教学交流，共享强化了示范带动

南大开创并持续建设的庐山地理野外实践教学有着较好的辐射效应，近 30 所兄弟院校参加或观摩实习。尤其是近年来在"综合性、创新型、开放式"教学改革过程中，在人才输出、师资培训、课程开放、教材建设、资料共享等方面与兄弟院校进行了全面交流。来自全国 28 所高校的 32 位教师参加了南京大学举办的庐山实习骨干师资培训；前后多次累计接待来自大陆、港澳台地区 20 多所高校 200 余位本科生来庐山参加地理学野外实践教学；《科学庐山》《庐山地区地理学野外实习指南》等著作和教材被近 30 所高校采用，在推广南京大学地理野外实践的教学理念、教学内容体系、人才培养模式、实习方法手段等方面具有一定借鉴作用和示范意义。

第二节 地理学虚拟野外实习教学辅助系统建设的构想

一、虚拟庐山野外实习教学辅助系统建设的缘由

地理学是研究地表地理环境中自然要素和人文要素的成因与演变以及它们相互关系的科学。地理学是一门实践性很强的科学。由于地理学的教学内容（从自然到社会领域）和教学对象（从抽象到具体）变化的复杂性，以及年轻人受他们认知能力以及传统教学方法的局限，仅仅依靠课堂教学很难让学生理解地理现象背后的道理[1]。地理学野外实践教学是一项独特而有趣的学习过程，它为学生提供了一个近距离观察自

---

[1] Downs R M, Liben L S. "The development of expertise in geography: a cognitive-development approach to geographic education", *Annals of the Association of American Geographers*, 1991, 81(2), pp. 304–327.

然和地理现象的机会[1]。地理学野外实习是训练地理研究能力和促进地理科学发展的关键[2]。

早期的地理野外实践采用传统的地质锤、罗盘、地图、实习指导书作为教学辅助工具，之后出现了相关内容的PPT、视频和标本等等。为了克服传统野外实践教学面临的困难，学者们不断使用新技术来提高野外实践效果。计算机模型的广泛应用正改变着这一学科[3]。20世纪60年代，计算机辅助教学（CAI）首次运用于地理教学[4]，之后在地理教学的各个领域被广泛运用。随着计算机技术和地理信息相关技术的发展，各高校争相开发和应用相关教学辅助系统来提高野外实习的效率和效果。地理信息系统是一种工具、工程手段和一个交叉学科方法[5]。GIS区别于其他空间数据处理行为的关键和目的是分析能力[6]，它可以完善人类对静态布局的理解能力，但是依旧无法满足人类对于动态过程探索的需求。现有的地理信息系统还缺乏对动态地理现象和过程的模拟与解释能力[7][8]。而构建虚拟空间这一新的领域非常适合科学研究，在科学研究上具有无限可能[9]。虚拟现实技术逐渐向人们展示了其辅助野外实践教学的优势。

今天南京大学地理与海洋科学学院正在努力构建虚拟野外实习教学辅助系统，以顺应时代的发展和教学的需求。该系统的设计与实现围绕地理学院的地理学综合实习

---

［1］Kent M, Gilbertson D D, Hunt C O. "Fieldwork in geography teaching: a critical review of the literature and approaches", *Journal of Geography in Higher Education*, 1997, 21(3), pp.313–332.

［2］Scott I, Fuller I, Gaskin S. "Life without fieldwork: some lecturers' perceptions of geography and environmental science fieldwork", *Journal of Geography in Higher Education*, 2006, 30(1), pp. 161–171.

［3］Dobson J E. "Automated geography", *The Professional Geographer*, 1983, 35, pp. 135–143.

［4］Fielding G J. "Computer-assisted instruction in geography". *Journal of Geography*, 1968, 67(8), pp. 474–483.

［5］Cheng L, Zhang W, Wang J C, et al. "Small core, big network: a comprehensive approach to GIS teaching practice based on digital three-dimensional campus reconstruction", *Journal of Geography in Higher Education*, 2014, 38(1), pp. 119–135.

［6］Goodchild M F. "A spatial analytical perspective on geographical information systems", *International Journal of GeographicalInformation Science*, 1987, 1(4), pp. 327–334.

［7］Yuan M, Stewart K. *Computation and Visualization for the Understanding of Dynamics in Geographic Domains: A Research Agenda*. C R C/Taylor and Francis, 2008.

［8］林珲、胡明远、陈旻：《虚拟地理环境研究与展望》，《测绘科学技术学报》2013年第4期。

［9］Bainbrideg W S. "The scientific research potential of virtual worlds", *Science*, 2007, 317, pp. 472–475.

基地——庐山，服务于师生的野外教学实习与研究的实际。通过科学计算和可视化模拟庐山地理现象发生的全过程，再现地质、地貌、植被等发生的时间和形态等。这一系统不仅可以广泛应用于传统地理实习聚焦的庐山自然地理研究领域，也可用于庐山经济地理和人文地理学的研究领域。通过系统，学生和老师可以"身临其境"地分析其中所模拟与表达的现实地理环境中的地理现象和过程，进行地理学的研究和交流。

二、庐山野外实践面临的困难

虽然在长期教学实践过程中地理学院积累了丰富的经验和教学资源，为建设好庐山野外实习基地和提高学生地理学综合素质、野外实践能力奠定了坚实的基础，在其他高校同行中起到了典型示范作用。但是因野外实践教学自身的特点，仍然面临许多难题，在新形势下，传统的庐山地理学实习所采用的教学方法和手段都面临挑战：

1. 地质构造演变和地貌形成是个相当漫长的过程。植物生长的不同阶段、一些地质灾害现象的发生等，难以在短期内观测到或根本无法观测到。晚白垩纪，在古鄱阳湖形成的同时，庐山断块山雏形形成。这种时间上的大尺度跨度使得在实习时只能观察地质地貌演变的结果，无法还原和展示庐山地质地貌形成的过程。

2. 宋代诗人苏轼的名句"不识庐山真面目，只缘身在此山中"，充满哲理地道出了庐山实习期间容易受空间上的限制，观察到的地理现象带有片面性、局部性，无法认清现象的全貌。"geographical or large-scale spaces are generally too large to be perceived all at once"[1]，这种空间上的大尺度也使得野外实践在一定时间内到达多个点成为困难。

3. 综合性是地理学的灵魂[2]。经过多年摸索，地理学院的庐山野外实践已由原来单一的纯"自然地理实习"逐步过渡到多学科交叉融合的"地理学综合实习"，实习内容涵盖了自然地理、人文地理和地理信息科学三大地理学骨干学科，但目前交叉深度和综合深度尚不足，"综合性"特点还处于较低层次。

4. 学生在实习前准备和实习后研习仅仅限于文字的描述和图片，缺乏真实情景再现，比较枯燥。实习中也以看和描述地理现象为主，缺乏创新性。而基于传统教学的地理空间关系分析仍然以定性描述为主，不能满足当前学科发展的定量化和数字化要求，不利于"创新型"人才培养目标的实现。

---

[1] Downs R M, Stea D. *Maps in Minds: Re-ections on Cognitive Mapping*. New York: Harper and Row, 1977, p.197.

[2] 李徐生、韩志勇、王腊春：《以"综合性、创新性、开放性"为目标导向的地理学野外实习基地建设》，《高教论坛》2014年第4期。

5. 由于经费问题和时间问题，庐山野外实习已由原来的 20 多天压缩为 2 周时间，必然带来原有实习点的压缩以及每个点上实习时间的压缩，影响了学生的深入学习和理解。庐山野外实习跟所有的野外实践一样容易受外界环境的影响，如天气等原因，山间的大雨不仅会中断实习，还存在一定的安全隐患。噪音也是野外实习要克服的影响因素之一，每年学生人数众多（近百人）而教师数量不足，野外环境嘈杂往往也会影响实习效果。

6. 随着地理学院与其他高校跨区域联合实习的深入开展，庐山地理实习基地的开放共享虽然较之前有了很大的提升，但传统教学手段决定了教学素材不易记录和积累的特点，难以形成高精度地理数据库，不利于教学资源的深度开发和建设成果的高层次开放共享。

三、虚拟庐山野外实习教学辅助系统建设的构想

1. 总体框架

地理学院正努力应用新的工具技术来应对在长期的庐山野外教学实践中所出现的困难。构建虚拟庐山野外实习教学辅助系统成为解决这些难题最为理想的方法。利用虚拟现实技术真实地展现庐山地理空间的多维特性，集成庐山地质、地貌、水文、土壤、植被、气象等自然地理和庐山地区相关人文地理信息，模拟野外实习环境，提高学生实习过程中对实习区域自然地理环境和人文地理环境的宏观把握及细节认知，辅助完成学习内容的预习、复习（图 4.1）。

图 4.1 南京大学数字庐山虚拟教学系统

2. 系统的主要功能

（1）庐山真实感三维立体（3D Stereoscope）

利用大比例尺地形图、高分辨率遥感卫星影像、高分辨率激光 LIDAR 数据建立庐山高精度三维数字地形模型、鄱阳湖动态数字水面模型、庐山别墅的代表性结构的 3D 数字模型等（图 4.2）。再运用 3D 立体显示技术真实地显示在计算机屏幕或投影屏幕上，呈现出逼真的现场效果。可以让学生全面真实地了解庐山的全貌和细节（图 4.3）。

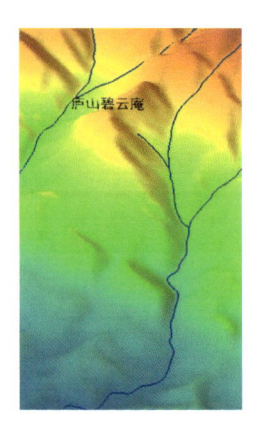

a. 左眼立体影像　　　　b. 右眼立体影像

图 4.2　庐山碧云庵立体三维数字地形模型

a. 左眼立体影像　　　　b. 右眼立体影像

图 4.3　庐山如琴湖饭店后西洋别墅三维数字模型

（2）庐山自然地理各要素的三维叠盖（3D Draping）

精确地建立庐山自然地理各要素的空间数据库，包括地质、地貌、水文、土壤、植被、气象、人文等信息的空间分布数据库，还包括典型地理现象的照片及岩石、化石、植物、土壤标本的图片等。运用 3D 叠盖技术和融合技术，把庐山的这些要素数据精确地定位显示在三维地形模型上（图 4.4）。可以让学生形象地了解并分析各自然和社会现象的空间分布规律和相互关系。

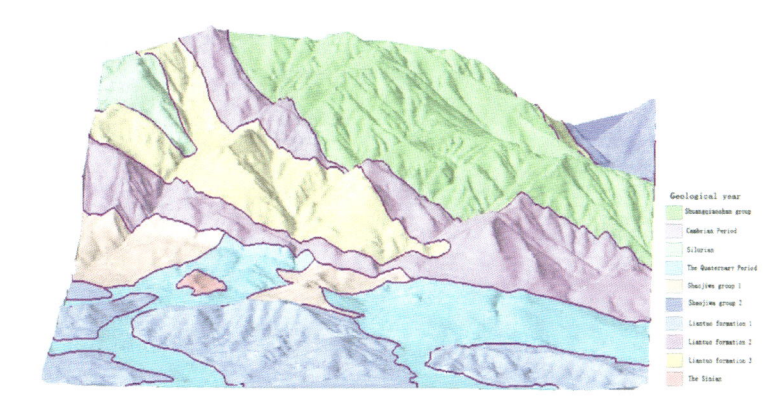

图 4.4　庐山地质年代分布三维模型

（3）自然地理过程的三维动态模拟（3D Simulation）

用户可以通过操纵某些参数变量，观察这些变量对相应"地理事实"的影响程度结果（如模拟地表水文过程）。一些比较抽象的或者不易观测的地理现象的原理、规律、演变过程，可以用3D动画技术做成模型来演示，以增强直观效果（如地形雨、地质裂点的形成及演变过程）。这些演示所表现的内容在真实的野外实习中通常无法直接观测。还可以人为地缩小或放大时间尺度，以便使地理现象的整个演变过程更好地展现在学习者的眼前。如庐山地貌在地质历史时期演变规律、庐山地区史前火山活动情况等（因地理事象本身的空间尺度或其运动的范围过大或过小而不易观察的内容，如整个庐山地区土壤植被分布情况、地质岩层分布情况）。目前这一功能还在建设中。

（4）系统三维空间交互操作（3D Interoperation）

使用者可以利用三维立体眼镜、三维鼠标等工具自由地操作该系统。从各个方向、不同的远近距离，按不同的详细程度，以不同的自然地理要素的组合形式来观察。并能够查询到所有自然地理要素相关的资料和信息。

（5）主辅助学习功能

使用者可以在该系统中选择不同实习线路上的不同实习点，通过音频、视频、图像、文字等类型的表现形式了解各实习点自然地理和人文地理要素状况及相互关系（图4.5）。

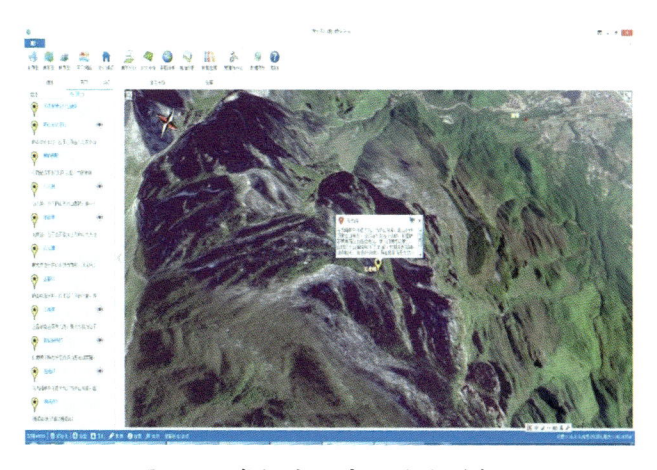

图 4.5　虚拟庐山实习地点讲解图

（6）实习信息管理和成果自动制图（3D Auto-mapping）

可以查询实习路线及各个观察点的信息，可以实现野外实习区域数据的录入、查询、检错及数据的计算和统计，形成实习观察点属性数据与图形数据的同步变更。使用者可以将自己的实习成果或研究结果输入系统，系统自动生成3D或2D的地图，方便学生和教师展现成果（图4.6）。

图4.6 虚拟庐山实习路线图（局部）

虚拟庐山野外实习教学辅助系统以地理要素的数字化、模型化为基础，即通过庐山综合地理数据建库、GPS野外定位与数据采集、专题数字制图等手段，形成地质、地貌、植被、土壤、水文、气象气候等自然地理专题图层和庐山人文地理（包括旅游地理、文化地理、城市地理和经济地理）专题图层，在此基础上，实现地理要素的提取、绘制、测量、叠加等分析，并使得结果可视化。空间数据库系统设置主要包括：实习地区区位图、遥感影像图、大比例尺航片、等高线地形图、气象图、水文水资源分布图、水系图、地质图、地貌图、剖面图、植被分布图、土壤分布图、实习点的土壤剖面图，野外填图、野外照片（植物、地质构造点、别墅）、实习路线图，以及在考察中对各种地形要素、第四纪地质剖面、标志性植物、建筑物形态特征的摄影照片（图4.7）。

学生的学习和使用过程：

面向学生的虚拟庐山野外实习教学辅助系统平台主要具备以下功能：自主辅助学习、多图层数据浏览查询、三维可视化、空间分析（包括实习区的数字地形分析、遥感分析、水文分析、叠加分析等）。一方面，将虚拟庐山野外实习教学辅助系统的建

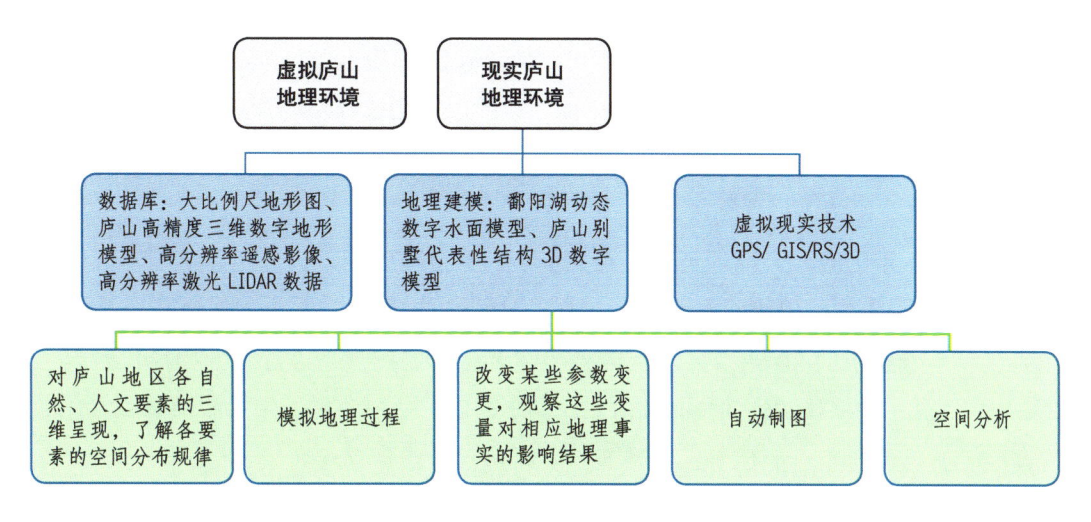

图 4.7　虚拟庐山构建图

设作为学生实习内容的一部分，由实习学生采集相关地理数据并更新系统数据库，完善虚拟平台；另一方面，利用虚拟庐山野外实习教学辅助系统的空间分析功能，使实习学生基于地理问题完成规定和自选的空间分析任务，并在线输出并存储分析成果，计入实习成绩。

学生可以在实习前或者实习的任何阶段进入系统进行基础数据查询，了解庐山整个或者指定地区地形地貌等基本地理信息。还可以点击系统里的实习线路，了解相关实习点的空间和属性信息，以及实习点关于驻地、地貌、水文、土壤、人文的内容讲解和实习点的景点介绍。学生可以选择系统里的空间分析功能进行等值线分析、剖面分析、坡度分析、阴影分析、视域分析、水文分析、遥感分析。例如选择剖面分析模块，在目标区域选取两个点，就可以得到两点之间的剖面分析图（图 4.8）。

图 4.8　虚拟庐山空间分析图

学生在目标区域的地貌地图上新建四旁林、柏、黄山松、杉木、柳杉、常绿阔叶林、落叶阔叶林、针叶林等要素的 shapefile（点），根据等高线以及地势来确定植物的分布状况。修改点状要素的形状、颜色和大小，绘制出目标区域的植被分布图（图4.9），并最终在系统中使结果可视化。

庐山具有丰富的人文地理资源，大大小小六百余座各国风情的老建筑散落其间。给庐山的老建筑进行 3D 建模是每年庐山实习的必修项目。学生会分为几个小组合作完成一个老建筑的 3D 建模。学生首先会在老建筑四周进行 360 度的拍摄，然后在 sketchup 软件中依据建筑物的尺寸画出相应的平面图，然后将平面图与所拍摄的照片进行匹配。通过调整原点的位置，以及两组平行线，使得地平线水平。同时可以对画好的平面图进行缩放，使得底边与照片的边相重合，将所拍摄照片上的纹理投影到所画的墙体上。选择不同角度的照片重复上述步骤直至建筑物整体完成。再运用 3D 立体显示技术真实地显示在计算机屏幕或投影屏幕上，呈现出逼真的现场效果。几年下来已经累计构建了 50 余座庐山老建筑的 3D 模型（图4.3）。

随着上述任务的完成，学生数据采集、数据分析、结果展示能力得到了训练，科研能力得到初步的锻炼，为其今后的科研打下了基础。

图 4.9 学生所做庐山地区植被分布图

四、思考

自然地理野外实习内容的调整应该紧紧围绕专业培养目标和人才培养方案进行，结合自然地理学科特点，在深入学习相关基础知识的基础上，紧跟科学前沿，注重实践技能的全面培养，使学生具有初步科研训练能力。数字庐山虚拟教学系统的构建能够全方位立体化教学，使得学生由观察者变为参与者，能更加生动地体会各种地理现象的成因、发展规律和演化机制。可以采用专题引导和操作系统实验环境内对象的交互式和探究式教学模式，以启发、讨论为主，既可以小组合作，也可以个人独立研究。有利于基础知识和科学研究的有机结合，提高学生主动学习、研究性学习的能力和创新能力，提高学生综合分析和独立思考的能力。形成以教师指导为辅、学生动手操作为主的实习方法，使学生由被动学习变为主动学习，相应的实习内容以综合分析和解决地理问题能力培养为主，渗入研究性内容。这种研究型实践教学，促使学生独立思考，培养了其野外工作和科研工作能力，提高了其想象性、开创精神和辩证思维能力。

该系统可以打破传统野外实习的时空局限，使学生在短时间内掌握庐山自然地理和人文地理各要素的全貌与细节。使学生可以观测任意一个实习点的学习内容，并可迅速跳跃至相距遥远的另一个实习点，使短期内完成多个实习点的学习成为可能。此系统使得学生可以如亲临现场一般提前预习特定研究区域，提前熟悉庐山的地形、地貌、植被、土壤等自然地理要素。有助于前期规划，提高野外实习作业效率。也使得野外作业后可重复模拟实践和实验成为可能，并且还可通过多次实验来验证结果。该系统是对传统野外实习进行的有益补充，通过对实习过程的模拟和大范围的空间观察，不断提高地理实践教学的科技水平，培养学生更高层次的空间地理素质。将虚拟地理实践环境与现实地理实践环境相结合，可不受时间和空间的制约，不仅能有效解决以往地理实践教学受距离、天气、交通、复杂地形、经费等因素制约的问题，更能为学生提供全新的地理视角，开拓视野，激发创新。

虚拟庐山野外实习教学系统的建设，使庐山不仅仅局限为地理学的一个野外实习区域和实习对象，更重要的是把庐山打造成为一个综合平台，通过"虚拟庐山"实验项目的功能，在庐山这个平台上实现了自然地理、人文地理和地理信息系统这三大地理学学科内容的深度融合，真正达到了综合地理实习的目的，从而培养学生最为缺乏的地理学"综合"意识和"区域"概念。

虚拟庐山野外实习教学辅助系统的建设，改变了传统地理学野外教学以定性描述和认知实习为主的落后手段。学生在实习过程中通过虚拟庐山系统日渐完善的专题地理数据库和强大的内嵌空间分析功能，联系区域实际，以解决地理问题为目标，掌握了地理要素空间关系的定量分析与数字化表达，为在实践教学过程中培养创新地理人才提供了技术保障。该系统的使用，也促进了学生学习的积极性和主动性，并提高了实习效率，切实提升了实习效果。

第三节 "全球视野"地理学国际科考与科研训练项目

南京大学在构建高水平创新人才培养体系的"三三制"2.0新阶段，为强化南京大学本科生以创新能力为导向的创新实践能力、专业实践能力、跨界实践能力和综合实践能力的培养，积极拓展本科生国际学术视野，设立了"本科生国际科考与科研训练项目"。项目旨在通过跨学科研究议题设置与综合性训练内容设计，依托中外高水平教师联合指导，以多学科交叉点为主题开展综合性、跨学科、研究性学习实践活动，为本科生开展研究性学习、进行早期科研训练搭建平台，激发学生学术研究志趣，促进学生获得学术"顶峰体验"。

为深度融入学校人才培养体系，积极响应学科交叉、扩大认知、激励探索的教学方针，助力培养具有国际视野、国家情怀、南大气魄的地理学优秀人才，南京大学地理与海洋科学学院于2006年开始积极响应并组织各类国际科考与科研训练项目。2019年学院共主持"中俄贝加尔大地学""中美'人类活动—全球变化'交叉学科""非洲发展与文明冲突跨学科"3个国际科考与科研训练项目。同时，选拔优秀本科生参加了"中法阿尔卑斯大地学""中加落基山大地学""中希爱琴海大地学""俄罗斯阿尔泰山脉考古学""中芬赫尔辛基大气与地球系统""莱茵河流域生态环境"6个国际科考与科研训练项目。

在不断组织学生走出去的同时，国际科研训练项目同样积极探索与国外大学合作开展国内联合实习，展示中国科学家的成果与风采。2018—2019年，地理与海洋科学学院成功组织了两届"南京大学—瑞典哥德堡大学气候变化与社会"联合实习。2019年，与俄罗斯伊尔库茨克国立理工大学合作成功开展"中俄南京周边及长江三角洲地学科考"项目。

一、国际科考与科研训练项目的必要性

经过几年的努力与实践，国际科考与科研训练项目已逐步发展成为类型丰富、惠及面广的学习平台，是本科生学业生涯难忘的第二课堂。我们也在不断对此进行积极

思考和探索。

1. 多学科深度融合的学科特色要求

新形势下，地理学面向国家重大战略需求和全球变化等科学前沿问题，分支学科交叉融合发展的趋势越来越明显。面向全球变化研究与服务国家战略等重大选题，积极应对复杂、综合和多元的资源环境与人类可持续发展等重要科学问题，相邻学科的交叉、渗透与融合日益加强，地理学综合研究进一步深化，强调运用综合与多维视角来系统研究地表人地相互作用的格局、过程与机理。地理学科发展的综合性、定量化与学科融合特征越来越明显，这对于高等学校复合型创新地理学人才的培养提出了迫切要求。

国际科考与科研训练项目在构建以学科交叉、知识整合为特征的全学科深度融合教学模式改革方面具有得天独厚的优势和条件，是培养复合创新地理学人才的突破口。所有南京大学地理与海洋科学学院主持和参与的国际科考与科研训练项目都注重学科交叉，从多学科、多角度理解人地关系，注重有机整合地貌、土壤、气象、水文、植被等自然地理要素和人口、经济、区域、文化等人文要素，构建"大地理"无边界教学内容体系。每队队员主要来自地理与海洋科学学院、地球科学与工程学院、大气科学学院和环境学院，并面向全校从其他专业选拔优秀学生组队，他们有的来自考古专业，有的来自生命科学学院，有的来自社会学院，有的来自外国语学院。

2. 世界著名典型实习场所的实习区域选择

国际科考与科研训练项目选择的实习区域都是世界著名且典型的场所，在全球都享有盛誉。中法项目的阿尔卑斯不仅是世界著名旅游胜地，更以地球科学的创新理念研究闻名于世。很多地球科学的基本概念、基本理论均创立于阿尔卑斯山，每年吸引了众多世界各地的地球科学家到此工作，是教学和开展创新研究的天然实验室。中非项目的摩洛哥自然景观多样，海岸地貌、山川地貌、沙漠地貌独具特色，城市和农业发展的基础与地域差异明显，是优良的野外综合考察地。中加项目的落基山脉地质地貌现象丰富，自然景观独特，很多经典地质构造和地貌理论均建立于对该山脉的野外考察，是大自然中立体的地学教科书。中美项目的西雅图地区拥有优质丰富的生态系统类型，包括雪山、海洋、冰川、温带雨林、草甸等，如此综合、复杂和典型的生态系统可以在5小时车程范围内被全部覆盖。贝加尔湖地处欧亚大陆腹地正在张裂的贝加尔裂谷的核心区，这里是大陆向海洋转化的初始阶段，地学现象鲜活而丰富，组成了一本在世界上其他地区难以见到的生动的地质地理教科书。

3. 科考主题的选择与聚焦的科学问题

"读万卷书、行万里路"是地理学的治学特点，也是人才培养的内在要求。国际科考项目所聚焦的主题都是视角有光度、内容有深度和温度的科学问题。中美项目的主题是"人类活动与全球变化"，西雅图地区具有外来族裔与印第安土著居民共存的特点，在文化碰撞的同时，古老与现代邂逅，发达的现代科技与优秀的传统文化又呈现出共同发展的和谐局面，为研究人类活动与全球变化提供了良好的人文基础。中非项目的主题是"文明与发展"，摩洛哥是非洲大陆发展与多文明交融的独特国家，非洲文明、阿拉伯文明、柏柏尔文明和古罗马文明在这里碰撞并留下了印记。在多文明包容互鉴的文化背景下，摩洛哥地区不同制度、不同宗教、不同文化在此得到调和、融合，并在保持社会稳定和促进经济发展中发挥积极作用。贝加尔湖项目的主题是"大地学综合实习"，由于地学现象空间分布的异质性和独特性，地学现场教学实践基地内容的典型性和丰富度是决定野外教学效果的重要因素。受活跃的新构造运动控制，贝加尔湖地区多种地貌反馈与响应敏感，地表外动力作用过程活跃，地貌类型丰富而生动。鲜活而丰富的地学现象，大量的特有物种与独特的生态系统，构成了一本在世界上其他地区难以见到的生动的地学教科书，亦是天然的地学实验室。当地的布里亚特人（蒙古族的一支）与俄罗斯文化亦构成鲜明的人文特色。师生在此展开多学科交叉、跨学科、综合型、研究性地学科考，认知不同时间尺度上内外动力作用过程及其关系。

国际科考与科研训练项目在生态系统典型性和综合性、地质构造独特性和唯一性、水气交换复杂性和区域性、植被覆盖地带性和异质性、生物物种丰富性和多样性、科技文明对比性和时代性以及基地条件先进性和便捷性方面，是很多其他实习在单一一次实习实践中很难全部包容和综合的。

二、国际科考与科研训练项目的科学性

1. 线路设计与行程安排的科学合理性

国际科考与科研训练项目的线路设计和行程安排都是中外合作大学结合科考主题精心设计的最具代表性的经典路线。中美项目在11天时间内，累计行程约1600公里，体验高差近4000米，充分利用华盛顿大学的3个野外实验基地，足迹踏遍4条经典考察路线，组织了6次学术讲座，开展了8次野外数据观测和采集实验。贝加尔湖项目包括湖上与陆上8条考察路线，在20多个观察点进行为期16天的地质学、地理学、生物学、气象学、环境科学、商学等多学科交叉的综合考察，解读贝加尔湖的前世今生，并配套讲座、参观交流与科考汇报活动等。中非项目团队追踪摩洛哥文明发展足

迹，深入沃罗比利斯、非斯、丹吉尔和卡萨布兰卡，探寻非洲地区文明融合的"密码"与解锁未来发展的"钥匙"。中国驻摩洛哥王国大使李立会见了非洲项目团队师生，并为学员上了难忘的一课。

2. 科考组织的科学严谨性

所有科考团队均采取学生自由报名、院系公开选拔公示来确定队员人选。队员确定后，各科考团在带队老师的带领下旋即开展各项紧锣密鼓却又有条不紊的准备工作。中美项目的学生按人文、地质、生态分成3个小组进行课题研究，并从地质、海洋、生态和人文4个角度多方面学习，进行科研训练准备。项目启动会当天科考团全体成员与美方指导老师进行了首次越洋视频通话，美方的三位老师介绍了此次科考的行程安排、研究内容和行程必备物品等事项，同学们也依次进行了简短的自我介绍。此外，科考团还邀请了澳大利亚联邦科学与工业研究组织海洋科学博士后吕柯伟和丹麦奥尔胡斯大学（Aarhus Universitet）博士马子驭分别在线上和线下给科考团做了精彩的报告。使得同学们对海平面上升与全球气候变化以及华盛顿州的地理、气候、动植物等科考相关内容有了初步了解。学校还组织了南京大学2019年国际科考与科研训练项目联合出征仪式并给每个科考队授旗。每个科考团都是带着问题出发，在野外的实地考察中，在外方教授的全程讲解、各位带队老师的指导下，学生不断提问、讨论，由点到面、抽丝剥茧，全方位感受地学的无穷魅力和博大精深。科考活动尾声，中美项目华盛顿大学环境与森林科学学院的Brown院长给每位成员颁发了结业证书。每个科考团各小组用全英文汇报实习成果，得到了外方教授的高度评价，评选了一、二、三等奖，并选出了最佳贡献奖、最佳Blog、最佳表现奖和明日科学之星。回国并不是国际科研训练项目的结束，而是一个全新的开始。学员们基于辛勤获取的科考成果，开展深入研究，取得了丰硕成果。中美项目师生连续发表9篇英文博客，字斟句酌，对考察地区进行系统介绍，用严谨的态度展现出学术风采。贝加尔湖项目学员在中俄双方导师的指导下完成了9篇学术论文，并在俄方组织的国际会议中进行了专题展示，取得显著合作成效。贝加尔湖和阿尔卑斯等项目的同学写了上万字中文或英文的实习报告并汇编成集。

3. 顶尖学府合作与有力的实践指导团队

贝加尔湖项目境外合作院校为俄罗斯伊尔库茨克国立理工大学（Irkutsk National Research Technical University），是俄罗斯著名的16所高校之一，是俄罗斯远东及中部地区规模最大、实力最强的高校。俄方派出了由俄罗斯自然科学院院士、国际信息工程科学院院士、宝石专业教研室主任R.Lobatskaya教授领队的5位水文学、构造地质学、矿业工程专业、植物学、动物学教授全程参与整个科考活动。中美项目合作的华盛顿大学始建于 1861 年，是著名的世界顶尖研究型大学，美国 AAU 和环太平洋大学联盟成员。此次科考中，美方派出了由森林与环境学院副院长 L.MonikaMoskal 教授领队的 3 人团队全程指导，并在科考的不同环节邀请各个领域的教授进行专题讲解。中法阿尔卑斯项目合作的法国国立奥尔良大学由皇家 CLEMENT 五世于 1306 年创立，为著名高等学府。法方带队的 Michel Faure 教授为法国知名构造地质学家，奥尔良大学法国国家特级教授，长期致力于造山带的动力学演化研究。陈岩教授也是奥尔良大学法国国家特级教授。在中法联合人才培养等方面作出了突出贡献，获得了江苏省人民政府颁发的"江苏省友谊奖"，两次获得法国教育类棕榈骑士勋章。

三、科考过程的学科交叉与研究型教学

国际科考与科研训练项目的主旨就是引导不同专业、不同年级、不同学科背景的本科生结合自身专业开展以多学科交叉点为主题，跨学科、综合性、研究性学习和早期科研训练。学科交叉与研究型教学是组织国际科考与科学训练项目最为重要的目标和宗旨。不同学科背景的学生以科研小组为单位，以问题为导向，通过中外指导教授的引导和诱发，采用综合的学习手段，调动学生自主学习和认知的潜力，激发学生的兴趣和参与意识，在科考过程中学生接受自然环境、生活习惯和社会秩序的冲击，体验国内外教学模式与思想观念的差异，破除语言障碍，学会使用交叉学科的视角进行全方位思考，综合能力得到进一步提升。以贝加尔湖项目为例，科考队伍在出发前根据自由组合与教师建议相结合的方式组成不同的科研小组，研究主题也是教师推荐和学生自选相结合。学生根据前期的资料收集、文献调研、各类相关讲座和授课学习，形成初步科学问题进行初步立项，并在科考活动中通过细致观察、教师讲解、采集数据、分析数据等科研活动不断理解、完善、印证和修改这些问题。科考结束回国前对自己的科学问题进行评估和调整，不仅对科考活动进行总结汇报，并对后续科研训练项目做了开题报告。在此基础上，回国后进一步优化，进行大学生创新训练项目的申报，最终提出的问题得到一个较为科学的解释。这种多学科交叉、深度融合的研究性实践教学建设，使得学生对贝加尔地区地质地理现象、大气现象、环境现象、生命科学现象以及社会现象有了更为深入的探索，更是现代地理学本科人才培养的有力支撑和重要突破口。

四、国际科考与科研训练项目野外实践教学成效

1. 师生全情投入，宣传的名片

从短期来看，所有科考团队师生分工明确、全情投入，不仅组建了相关的科研学术小组，并且组建了宣传、技术支持、后勤保障等功能小组。同学们的科研能力和其他各项能力都得到了较好的锻炼。国际科考与科研训练项目也是一张亮丽的名片。所有科考感想和科考记录已在各自科考项目的微信公众号推出。贝加尔湖科考纪实"贝加尔湖畔的赞歌"、中美项目的"遇见西雅图，探索地理奥秘"等在南大官微"我的大学之国际科考"系列陆续推出。中美项目科考视频"Good morning China, Good morning Nanjing University"在南大官微头条"看我们·看祖国·看世界"推出。"视界：南京大学'人类活动—全球变化'国际科考全记录"在北京地理所—自然资源学报微信公众号"晓说地理人生"发布。"学无涯，行无疆，思无界——南京大学地理与海洋科学学院国际科研训练项目掠影"，阿尔卑斯科考实习宣传视频，中俄贝加尔湖国际科考与科研训练项目视频，项目全体师生倾情演绎"我和我的祖国"贝湖版视频等国际科考视频已全部制作完成。在2019年的全国地理科学展示大赛中，学院国际科考项目掠影视频以及所有国际科考项目联合展板给与会参赛的选手和院校同行留下了深刻的印象，发挥了重要的宣传作用。基于野外科考成果，各项目阶段研究报告都进行了最后的完善，以编制科考报告集。

2. 学生科研创新能力提升，科研持续发力

从中期来看，国际科考与科研训练项目有利于激发学生科学研究热情，提升学术思维水平，增强科研实践能力。在基于国际科考辛勤耕耘的基础上，近三年里，参加国际科考项目的学生申请了数个国家大学生创新训练项目，例如"基于地貌指数的贝加尔湖周边水系演化与新构造活动探究""新石器时期以来阿尔泰地区人类活动与环境变化之间的关系"等等，努力深化自己的认识，将科研成果显化。贝加尔湖项目团队学生在中俄双方教师指导下完成了多篇学术论文，其中9篇详细英文论文摘要（2019年度7篇，2018年度2篇）参加了俄罗斯伊尔库茨克国立理工大学组织的"第19届科学与应用国际学术会议——Igoshin Readings 2019：采矿与冶金行业的发展前景"，组成"'2019贝加尔湖——世界的宝石'国际联合科考成果"板块，以展板形式进行交流。此外，这9篇论文俄方都给出了修改意见，并会在最终稿中选出合适的论文在其学校主办的学术期刊 *The Earth Sciences and Subsoil Use* 上以"Results of expedition investigations"专门版块正式发表。中美项目也已完成英文论文的撰写工作，并准备投

稿到国际高水平期刊。

3. 学校美誉度提升，中外教学交流深化

从长期来看，国际科考与科研训练项目提高了南京大学的美誉度和国际声誉，并且加强了国际校级之间的深度合作与交流。中美项目实习过程中在华盛顿大学官网和华盛顿大学环境与森林科学学院的 Facebook 上连续发表 9 篇英文博客，对此次科考进行系统介绍和报道，用严谨的科学态度展示南大学子的风采。中加落基山大地学项目阿尔伯塔大学地质学主任 Stephen T.Johnston 教授对同学们在科考过程中的表现给予了很高的评价。学生们扎实的知识储备、认真求学和踏实苦干的态度、不怕吃苦勇往直前的精神，赢得了加方教授一致的赞赏。贝加尔湖项目，学生用流利的英文汇报，自信地回答老师们的提问，有效地讨论，给科考活动交上了一份满意的答卷，赢得了中俄双方指导老师的褒奖。俄方指导老师洛芭茨卡娅院士勉励同学们认真开展后续科学研究，积极总结成果，欢迎大家投稿到她担任编委的《地学前缘》学术期刊。同时，俄方期待项目团同学积极参加 2020 年春天在俄罗斯伊尔库茨克国立理工大学召开的青年国际学术研讨会。基于中方师生优异的表现，中俄两校之间的交流更为深入。2018 年俄罗斯伊尔库茨克国立理工大学柯尔尼科夫校长率团访问南京大学，与吕建校长商定进一步加强和深化两校教学与科研合作的战略伙伴关系，继续推进贝加尔湖大地学科考项目，着力培养更多高水平国际化地学人才，同时加强双创领域的合作。2019 年 9 月伊尔库茨克国立理工大学派出本科生科考团队，来访我校并开展"中俄南京周边及长江三角洲地学科考"项目。团队中 3 名俄方学生计划申请到南京大学留学，攻读硕士学位。

国际科考与科研训练项目是培养学生实践能力、拓展学生学术视野的实践教学重要环节，是新时代打造最完备实践环节的重要载体。当前，学院半数以上的本科生拥有国际项目经历，国际科研训练项目也已成为学院人才培养的特色环节。

南京大学地理与海洋科学学院秉持"全球视野、家国情怀、经世致用、笃行致远"的理念，以丰富的国际科研训练项目为载体，推进人才培养从"有涯"的知识学习走向"无涯"的思维训练，从"有疆"的校园课堂走向"无疆"的广阔天地，从"有界"的专业领域走向"无界"的交叉融合。

第五章

南京大学地理学人才培养成果

夯根柢　创新思　毓栋梁
——南京大学地理与海洋科学学院"三三制"下的本科人才培养研究

面向学术前沿和国家需求,把传统的地理学教学"知识传授"型转变为探究性教学的"知识发现"型,构建师生学术共同体,吸收学生参与科研项目,向学生开放相关科研平台,使之成为培养学生创新精神与实践能力的舞台,通过科教融合实现学术育人。立足于地理学的整体性与系统性,引入地理信息与虚拟仿真技术,提出"野外实习—数据分析—仿真建模—虚仿实验—实地验证"的实践训练过程。鼓励学生积累观测数据,开展虚拟仿真实验和实地观测验证。依托南京大学"地球系统、陆海统筹"的地理学学科发展特色,挖掘开展课程思政建设的内在优势,形成了"全国高校黄大年式教师团队"等专业与思政相融合的优秀教学团队,开展了地理国情、资源国情、土地国情、海洋知识等专业竞赛,在实践教学中有机融入"五育"内涵,努力培养具有"地理情愫、中国灵魂、世界胸怀"的新时代地理学拔尖创新人才。

第一节　自主创新能力显著增强

自 2008 年伊始,在大学生创新训练计划项目的建立和推进方面南京大学就进行了大量的工作,并于目前取得了一系列显著的成果。据统计,近年来,地理与海洋科学学院每年级近 80% 学生申请大学生科研训练项目,获评国家级和省级项目立项数量占比超过 70%。截至 2018 年,仅地理与海洋科学学院的大学生创新训练计划项目共计 190 个,其中国家级项目 44 个、省级项目 32 个、校级项目 114 个。除此之外,在资源环境遥感、水土资源过程等领域,特别是碳循环、碳达峰、碳中和等方面取得了令人瞩目的成绩,王松寒同学以第一作者身份在 Science 上发表论文。此外,诸多同学在 Nature 子刊、Science 子刊、自然指数刊物上发表论文 25 篇。"全国黄大年式教师团队"指导多名学生参与、自主研发完成的南海综合决策支持分析平台被国家采用,为南海问题科学定策、综合决策、精准施策作出了重大贡献,得到中央领导高度肯定。

一、第十三届"挑战杯"全国总决赛交叉创新一等奖

掌上三维游:移动终端上精细重建真实景观世界

地理信息产业是当今国际公认的高新技术产业,具有广阔的市场需求和发展前景。近年来,我国地理信息产业快速发展,前景广阔,在国土资源管理、城市管理、电力

资源输送等领域发挥了举足轻重的作用。如今,地理信息产业的应用与发展正从"平面走向三维","从静态走向动态","从应用走向决策",尤其是可以给人"身临其境"感受的三维场景将在现代社会扮演越来越重要的角色。

平板电脑以其重量轻、体积小、便携、触控或声控交互方式等特性,已经给人们的生活方式带来了巨大的变化。在便携设备上如何进行精细三维重建,实现更好的用户体验,是未来各家高新技术公司的发展方向。

将真实景观世界"搬"进平板电脑,使三维展示的真实性、动态性与平板电脑的便携性、易操作性相结合,具有广阔的市场前景和推广价值:在城市规划方面可以构建三维城市,开发城市智能交通系统;在动漫游戏方面,可以用于三维动画、真人模拟游戏等;在文物保护方面,可以进行文物等遗产数字化存档、古建保护;此外,在虚拟旅游景观、虚拟驾驶、楼盘展示等方面也都能实现广泛应用。

(一)研究目标

获取真实景观世界的高精细数据,对其进行高保真的精细三维重建,将重建的数字三维场景放入平板电脑,进行流畅表达和动态交互。

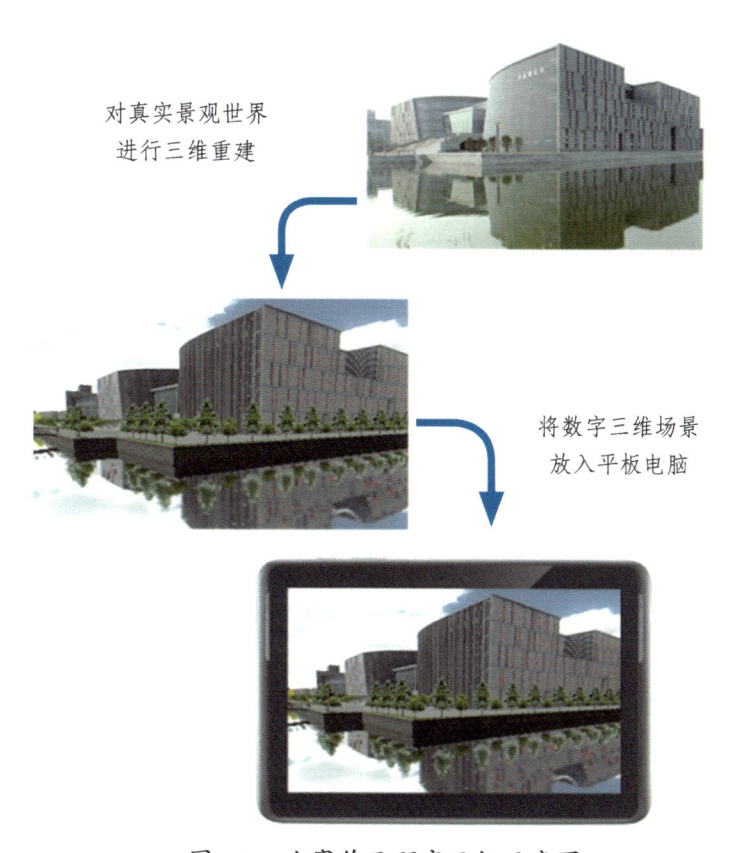

图 5.1　比赛作品研究目标示意图

（二）技术路线

本作品技术路线为：数据获取—数据处理—三维建模—软件开发。获取能够刻画真实场景的多源地理空间数据；提取出地形、建筑物等场景要素的位置、大小、形态、结构和纹理等信息；对地形、建筑物、小品、植被分类进行三维重建；开发平板电脑支持的软件系统。

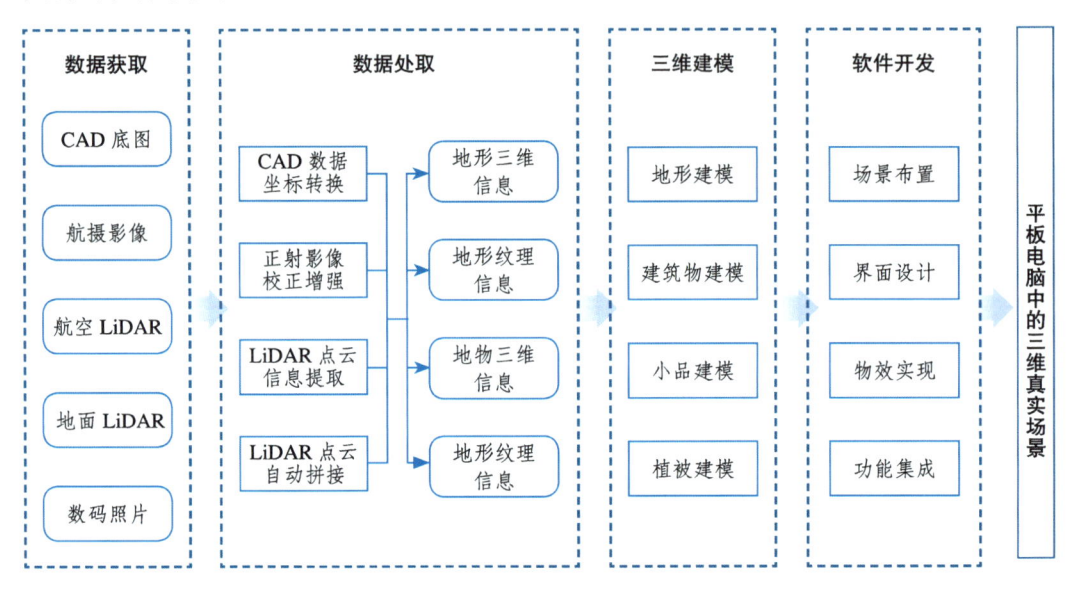

图 5.2　技术路线图

（三）关键技术

1. 航空与地面三维激光点云集成技术

航空 LiDAR 具有较大的扫描范围，能够获取物体顶部信息，然而点云条带现象明显，地物侧面信息缺失；地面 LiDAR 能够获取地物详尽的侧面信息，扫描精度也极高，然而扫描范围有限，顶部信息也难以获得。两者的集成能够全面地反映地物各个尺度、各个方向的信息。但由于航空 LiDAR 与地面 LiDAR 数据获取平台、获取视角、空间分辨率、覆盖范围等差异，且数据为三维离散点，两者之间的配准十分困难。

本作品研制过程中，研发了一种基于建筑物轮廓约束的航空与地面 LiDAR 数据自动配准方法（流程如图 5.3），详细步骤如下：

第一步：提取建筑物轮廓——使用格网最大高差法从航空 LiDAR 数据中提取建筑物轮廓，简称航空轮廓；使用层次格网密度法从地面 LiDAR 数据中提取建筑物轮廓，简称地面轮廓。

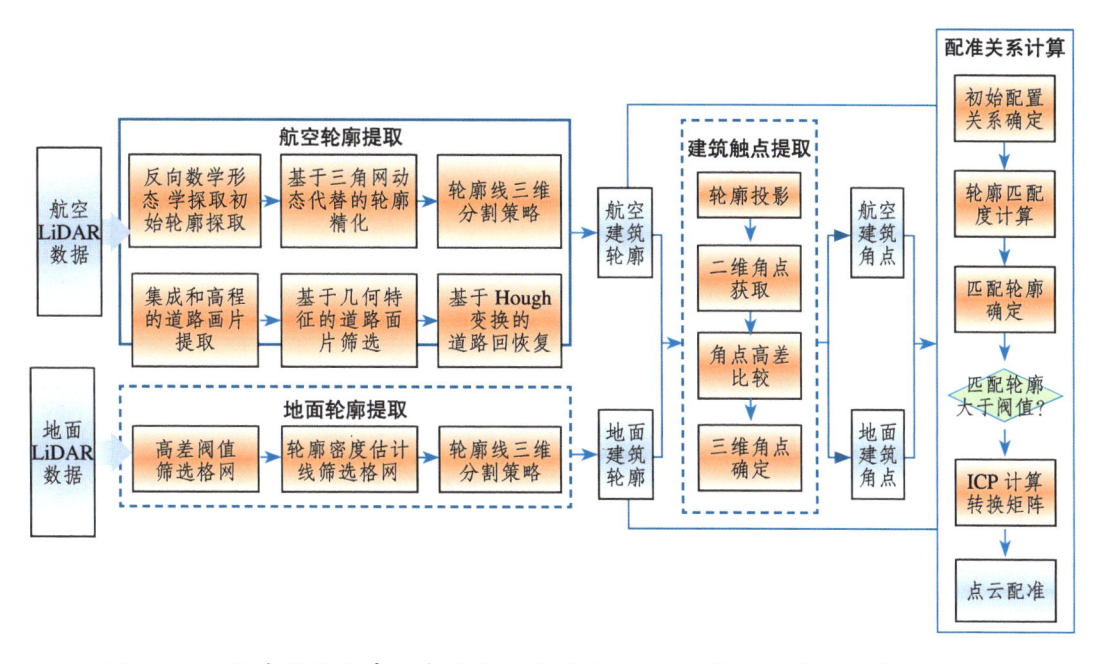

图 5.3 一种建筑物轮廓约束的航空与地面 LiDAR 数据自动配准技术流程图

第二步：提取建筑物角点——从航空轮廓中提取建筑物角点，称为航空角点；从地面轮廓中提取建筑物角点，称为地面角点。

a. 航空 LiDAR 点云数据

b. 地面 LiDAR 点云数据

c. 航空轮廓与航空角点

d. 地面轮廓与地面角点

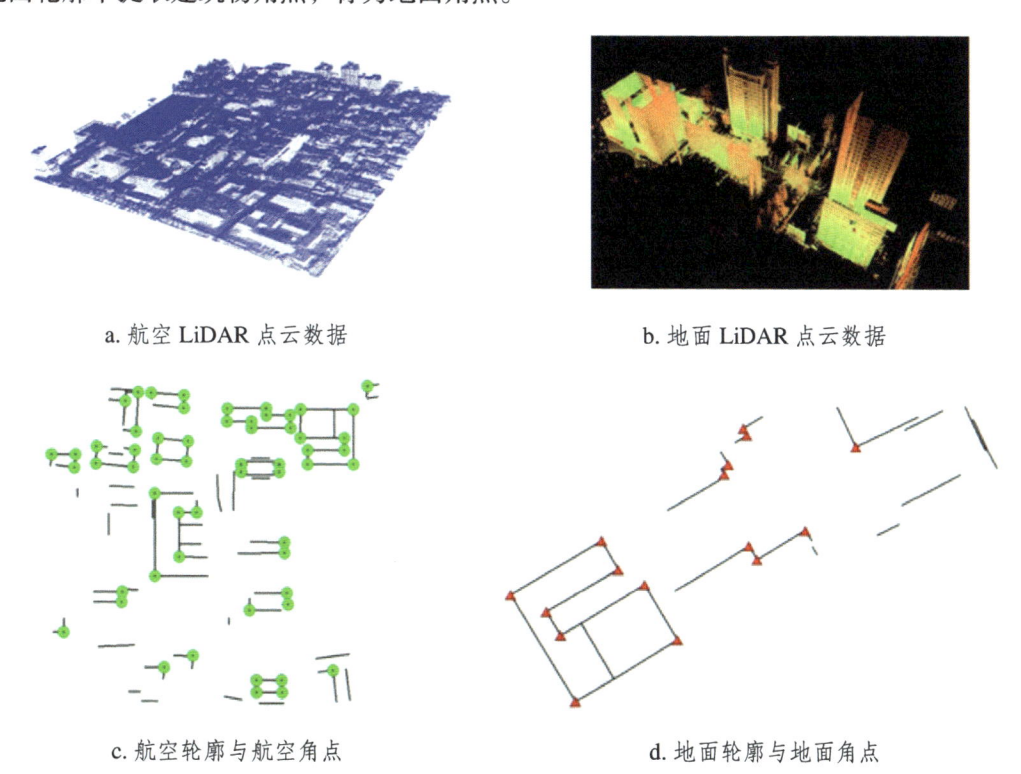

图 5.4 点云数据及提取得到的建筑物轮廓与角点

第三步：配准关系计算——使用航空角点与地面角点迭代计算转换矩阵，用该转换矩阵对地面轮廓进行转换，并使用航空轮廓与转换后地面轮廓的匹配度作为控制约束条件，当航空轮廓与转换后地面轮廓之间成功匹配的线段对数满足给定阈值时停止迭代。最后使用ICP算法对匹配的角点计算点云配准转换关系。

第四步：LiDAR数据配准——使用配准转换关系对地面LiDAR数据进行转换，得到最终配准结果。

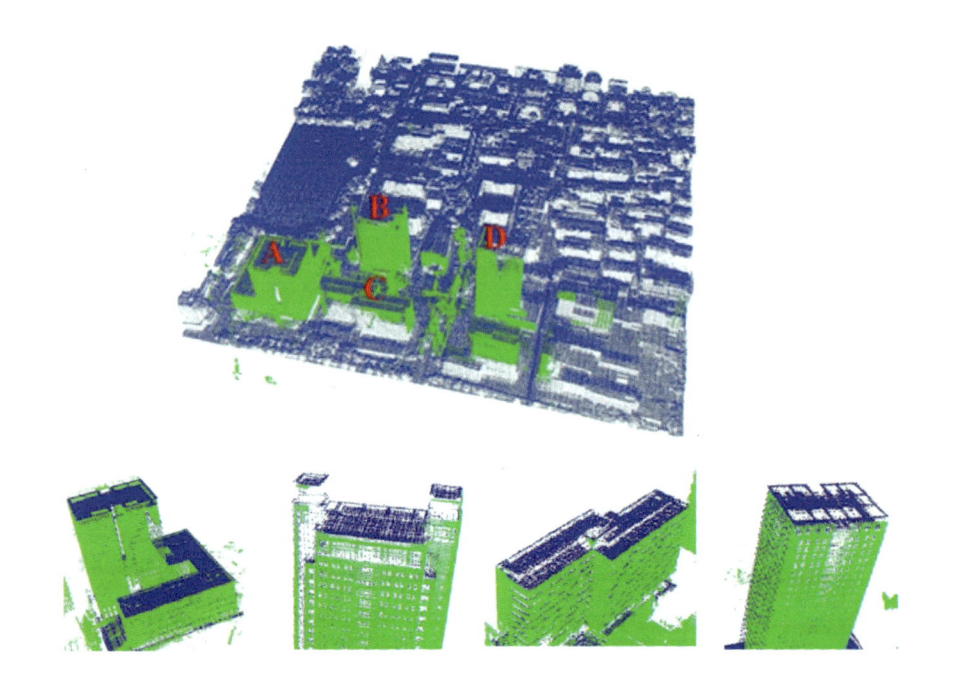

图5.5 算法配准结果展示

2. 联合多平台多源遥感数据的三维建模技术

单纯地以影像数据或者是LiDAR数据进行建筑物的自动重建都存在一定的问题，本作品在研制过程中，有效挖掘影像高分辨率特性和LiDAR数据高程点云特性的互补优势，研发了一种联合多平台多源遥感数据的三维建模技术，集成了激光点云与多视航空影像数据进行三维重建（流程如图5.6），包括以下步骤：

第一步：屋顶面片提取。使用了一种三角形簇和三角形动态传播相结合的屋顶面片提取策略，包括初始面片检测、面片区域收缩、屋顶面片精化等步骤，得到屋顶面片。

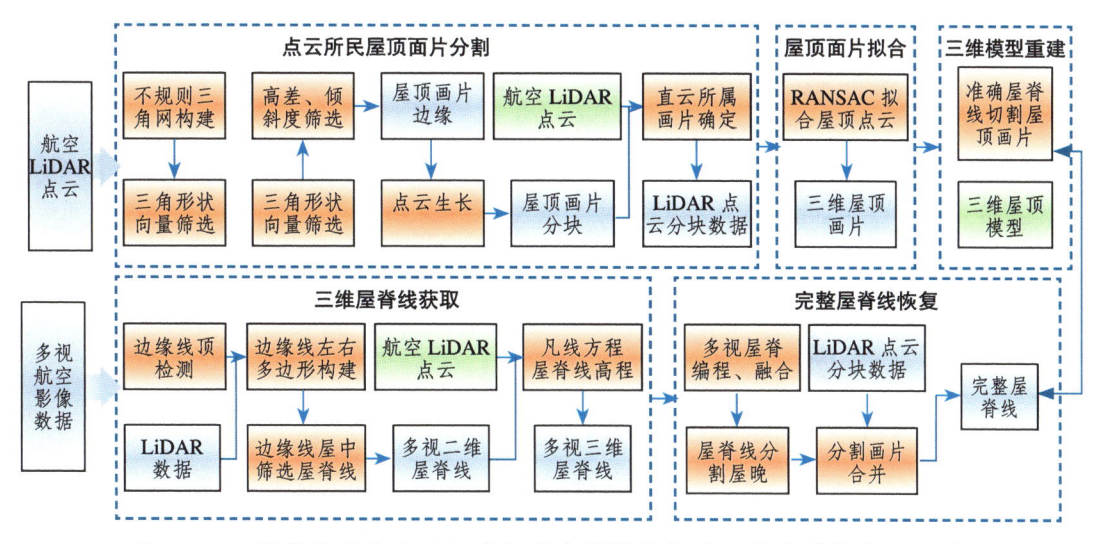

图 5.6　一种集成激光点云与多视航空影像数据的三维建模技术流程图

第二步：屋脊线生成。对于人字形屋顶，采用屋顶面片相交方法获取准确屋脊线；对于阶跃式屋顶，使用了一种基于 LiDAR 数据和影像的屋脊线精确提取算法，包括影像线段提取、屋脊线筛选、屋脊线融合、完整屋脊线恢复等步骤，得到了精确的屋脊线。

第三步：三维屋顶重建。综合屋脊线与建筑物外缘轮廓线得到屋顶面片区域，根据落在区域内的 LiDAR 点，利用 RANSAC 算法进行屋顶面片拟合，完成三维屋顶模型重建。

3. 预加载与多阶调度复合的地理数据实时渲染技术

在硬件资源有限的平板上，表达大数据量三维真实场景技术，需要攻克许多技术难题，突破显存和内存的限制，具有较大的挑战性。本作品研制过程中，研发了一种预加载与多阶调度复合的地理数据实时渲染技术。

（1）地理加权预加载

在视口中的物体，若等到物体进入视口再进行加载，可能导致加载过程中有一定的空白时间段，这个时间段内模型是不可见的，导致显示误差。为了避免这种情况，对视口锥体进行一定范围的待加载区域扩充，在模型即将进入视口的时候提前进行判断并加载（图 5.7）。

本作品采用地理加权预加载的方法（公式1，公式2）进行缓冲区的分配，A、B、C、D 为调节参数，z 为物体在三维空间水平面的纵坐标，F 为摄像机的远剪裁面，X_r 为右视边界，X_l 为左视边界，Y_t 为上视边界，Y_b 为下视边界，可以根据需要调节成各种缓冲预调度区域。A、B、C、D 取同一个值，得到的调度区域如图 5.8。

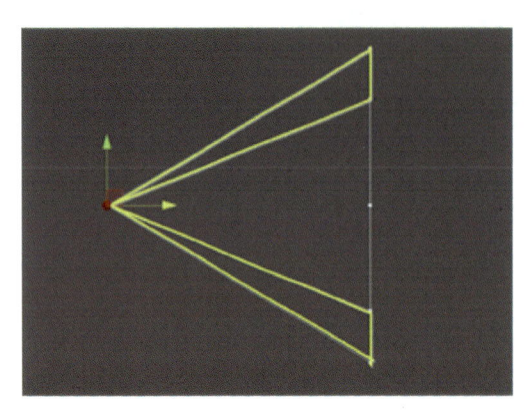

a. 俯视图 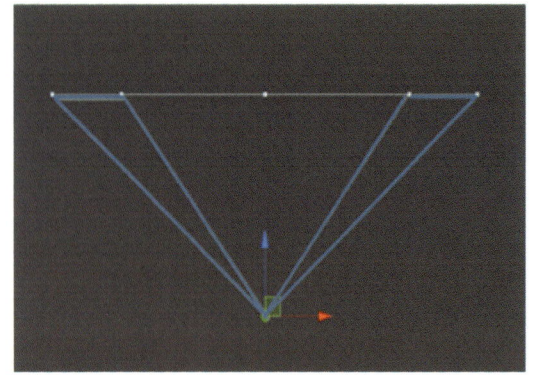　　　　　　　　　　　　　　b. 右视图

图 5.7　动态预加载范围

$$X_r = A + \left(1 - \frac{z}{F}\right), \quad X_l = -B + \left(\frac{z}{F}\right) \qquad （公式1）$$

$$Y_t = C + \left(1 - \frac{z}{F}\right), \quad Y_b = -D + \left(\frac{z}{F}\right) \qquad （公式2）$$

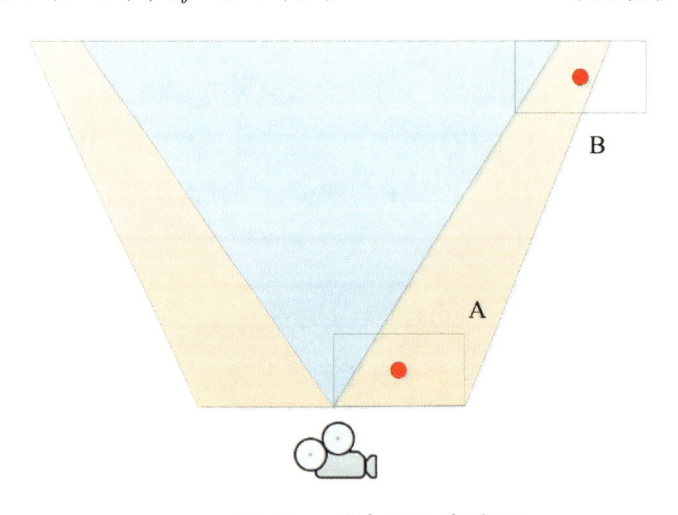

图 5.8　动态预加载范围

（2）模型多阶调度

打包的模型有几个存在方式，首先存放到设备中相应的存储区，加载时先加载到缓存区，由缓存区载入内存。在内存中，模型包首先以内存镜像形式存在，资源并未解包；资源解包后，生成资源内存镜像，但模型还未加到场景中；通过实例化，将这一部分模型加载到场景中。

与此对应，当模型远离可视区域，需要进行卸载，释放内存。如果模型包比较大，一次性卸载会导致程序卡顿，可以根据模型包的加载机制，进行多层次卸载。远离视口的物体进行完全卸载，脱离视口一定时间的物体销毁它的资源内存镜像，刚脱离视

口的物体，只销毁实例化对象。

4. 作品应用

本作品在高保真精细表达真实景观世界的同时，实现在移动终端上流畅表达，其技术大幅领先于国内外同类产品。该技术适用于下列领域，具有良好的推广前景，并已成功应用于实际。

（1）虚拟旅游：南京市中山陵、夫子庙、总统府的虚拟旅游。

南京市中山陵　　　　南京市夫子庙　　　　南京市总统府

图 5.9　虚拟旅游技术应用

（2）文物宣传与保护：常州市天宁寺、南通市光孝塔的文物宣传与保护。

南通市光孝塔　　　　　　　常州市天宁寺

图 5.10　文物宣传与保护技术应用

（3）数字三维城市：南京市、淮安市、南通市、新沂市的三维城市建设。

数字淮安

图 5.11　数字三维城市技术应用

（4）大型赛事宣传：第二届国际青奥会主赛场——南京市奥体中心的三维表达与虚拟体验。

南京市奥体新城

图 5.12　大型赛事宣传技术应用

二、第二届全国大学生自然资源科技作品大赛一等奖

I. 比赛作品

街区尺度下的低效建设用地识别分析
——以江苏省无锡市为例

改革开放以来，我国工业化和城镇化快速发展，传统的城市发展过度依赖资源消耗，导致建设用地盲目扩张，生态环境日益恶化，这成为影响中国可持续发展主要问题之一。土地是城市发展的空间载体，土地利用效率与经济发展密切相关。1986年到2018年间，我国城市建设用地面积由 6720 平方公里迅速增长至 56076 平方公里，平均增速为 9.98%，远高于 4.42% 的城镇人口增速。建设用地扩张带来的是耕地的快速减少，1996年至 2005 年间，我国耕地共计减少 1.3 亿亩，人均耕地由 1.6 亩 / 人减少为 1.4 亩 / 人。2006 年，国家"18 亿亩耕地红线"政策出台，耕地面积减少的状况有所好转。但是，从 2009—2016 年耕地变化状况可见，虽然耕地面积减少速度下降，但耕地面积仍然呈不断减少的趋势，人地矛盾逐渐突出，土地资源对城市经济增长的约束开始显现，与此同时，城市土地低效利用的问题也愈发明显。根据自然资源部《关于城镇低效用地再开发工作推进情况的通报》，截至 2017 年年底，上海、江苏、浙江、湖北、辽宁、陕西、广东等 7 省（市）共认定低效用地 4133 平方公里。在高质量发展的时代背景下，提高土地利用效率，推进低效用地再开发是实现国土空间合理利用的必然选择。

国内外学者对低效用地的研究主要集中在低效用地的内涵与定义、低效用地的识别与评价、低效用地的形成原因以及低效用地的再开发利用等方面。学术界对低效用地定义的标准尚不统一，但国外学者普遍认为低效用地可分为未开发的土地与未被充分开发的土地两种类型，国内学者在定义低效用地时，常从土地综合容积率、建设密度、投资强度、人均用地、产出效益等多方面综合考虑。2016年，国土资源部印发的指导意见将"城镇低效用地"定义为"第二次全国土地调查已确定为建设用地中的布局散乱、利用粗放、用途不合理、建筑危旧的城镇存量建设用地，权属清晰，不存在争议"。在低效用地的识别与评价方面，学术界常用熵值法、层次分析法、复合指数法等方法进行低效用地评价，但是这些评价方法大多在评价指标权重的确定上具有较强的主观性。更多的学者运用数据包络分析法（DEA）测算城市的土地利用效率，DEA通过最优化方法内生确定各个要素的权重，避免了指标权重确定的主观性。但是指标评价法的方法仍然存在数据收集处理成本高、难获取的问题，统计数据缺乏空间信息并存在统计口径不一致的问题，对研究结果也会产生影响。也有部分学者通过责任定位法或Bayes数学模型对土地集约利用程度进行判别，但是鲜少有研究将多源地理大数据与低效用地监测相结合，进而完成对低效用地的识别与提取。

地理大数据相较于统计数据具有成本低、时效强的优点，夜间灯光数据能够探测到夜间城市活跃度，包括居民区、商业中心、车流等，并使之明显区别于黑暗的背景。目前国内外研究者利用夜间灯光数据对城市建成区的提取、城市空间结构扩展、人口密度变化等城市化过程进行研究，但鲜少有研究深入城市内部，实现街区层面低效建设用地的精细识别与评估。这种深入城市内部的微观尺度的研究有利于发现微观主体的行为及其原因，揭示城市低效建设用地的微观机理。另外，使用POI数据研究城市空间结构，可以根据POI聚散行为甚至细微的街角POI分布特征来表现城市形态表征能力，此外，本研究综合运用高分遥感影像、夜间灯光影像、开放道路数据、百度兴趣点（POI）、人口数据等多源地理大数据对城市街区层面低效建设用地识别与分析，挖掘土地利用潜力，促进土地节约集约利用，促进高品质空间的形成和区域的可持续发展。

1. 数据与方法

1.1 研究区域概况

无锡市位于江苏省东南部，长江三角洲腹地，南濒太湖，北邻长江，是长三角地区的中心城市之一，也是中国历史文化名城、华东地区主要的交通枢纽。2018年，无锡市GDP达到11438.62亿元，居江苏省第三、全国第十四，经济发展中高速增长。

2018年无锡市年建设用地面积1518.34平方公里，占无锡市土地总面积高达32.81%，远高于其他相关城市；而耕地面积则由2001年的1725.55平方公里减少到了2018年的1139.63平方公里，共减少585.92平方公里。此外，无锡依然存在着一定数量的低效建设用地，如2013年无锡市国土资源局发布的《无锡市国土资源概况》显示，无锡市低效建设用地面积约为126.78平方公里，约占建设用地的8%。因此，以无锡市为案例研究，可以探索在人地矛盾高度紧张的经济发达区域推进存量建设用地再开发的新路径。

表5-1 2018年无锡市各区与其他城市土地开发强度对比

地区	总面积（km²）	建设用地面积（km²）	开发强度（%）	常住人口（万人）	人均建设用地面积（km²/人）	GDP（亿元）	人均GDP（万元/人）	单位建设用地GDP（亿元/km²）
无锡	4627.46	1518.34	32.81	657.45	230.94	11438.62	17.40	7.53
苏州	8657.32	2586.00	29.87	1072.17	241.19	18263.00	17.03	7.06
南京	6587.00	1935.92	29.39	843.62	229.48	13009.17	15.42	6.72
上海	8370.00	3083.33	36.84	2423.78	127.21	32678.87	13.48	10.60
深圳	1997.47	1118.36	55.99	1302.66	85.85	24221.98	18.59	21.66
珠海	1736.46	479.56	27.62	189.11	253.59	2974.14	15.73	6.20

1.2 数据来源

本研究主要是利用夜间灯光遥感与POI数据。其中，夜间灯光数据使用珞珈一号夜间灯光数据，其分辨率为130 m，成像时间为2018年10月29日，是高分辨率的夜间灯光遥感。而网络地图POI数据，则是通过Python语言编程，开发社会经济指标POI数据抓取程序，获取高德地图信息，整理获取的数据，筛选、清洗数据，根据本研究合并、分类，得到交通站点、餐饮服务、医疗保健、商务住宅、科教文化等16类、超过17万条地名地址POI。在此基础上，采用无锡市的开放道路数据将全市切割成若干街区。

人口和社会经济数据则采用国家统计局《中国统计年鉴2019年》中的相关数据，主要用于确定POI权重和分析研究区域的社会经济状况。此外，本研究还使用Landsat-8多光谱数据和谷歌地球高分辨率遥感影像反映无锡市地表真实建设用地，用于初步精度评价。

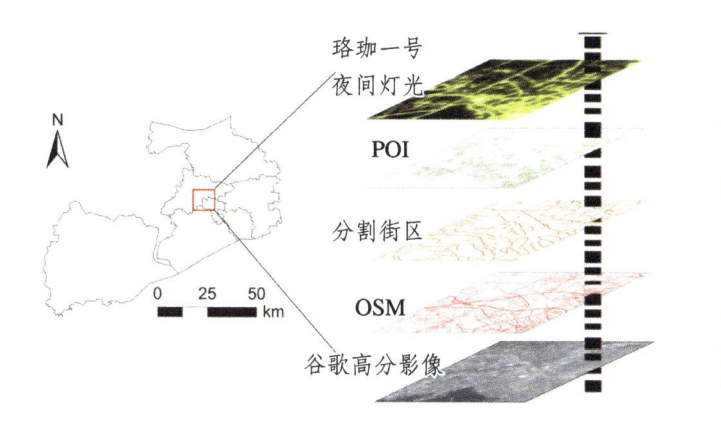

图 5.13 无锡市部分地区数据来源叠加示意图

1.3 研究方法

为达到较准确识别低效建设用地的目的，本文采用如下的研究方法：（1）利用无锡开放道路数据，修正拓扑误差，将无锡市切割成大小不一的街区；（2）基于空间分析，统计无锡市各街区夜间灯光强度；（3）基于线性回归统计，建立 POI 指示低效用地指标模型；（4）根据上述夜间灯光强度和 POI 指示低效用地指标这两个与低效用地识别相关的因子，将夜间灯光强度从弱到强赋值（本文分 4 级，赋值 1—4）得到分级结果，将 POI 指示低效用地指标从弱到强赋值（本文分 4 级，赋值 1—4），通过对两种因子的联合分级分类，最终实现无锡市低效建设用地识别，如图 5.14。

1.3.1 街区切割

路网能够很好地划分城市基本街区，本研究无锡道路数据中，道路之间存在悬挂点或存在独立道路（拓扑错误），无法直接用来分割格网，故需要修正拓扑错误，形成封闭单元。主要采用以下方法：利用 ArcGIS 的延伸线工具，将悬线延伸，形成封闭单位；利用 ArcGIS 修剪线工具，将剩余悬线删除。修正拓扑错误后，利用线转面工具生成街区，随后设置合适阈值合并极小街区，按照谷歌高分影像，补充分割大街区，使其被分为大小不一的街区。

1.3.2 基于线性回归统计的 POI 指示低效用地指标模型建立

利用与人口数量相关性较高的 POI 可有效提高低效建设用地的识别的准确度，为此本研究采用分析原始 POI（本文为 16 类）和常住人口之间相关性的强弱，筛选出相关系数大于一定值（本文为 0.8）的强相关 POI 类型。再对满足条件的 POI 以其个数为 X 自变量，常住人口数为 Y 因变量作散点图，观察其变化趋势，作线性拟合，得到趋势线的公式和回归系数。

夯根柢　创新思　毓栋梁
——南京大学地理与海洋科学学院"三三制"下的本科人才培养研究

空庭户：街区尺度下低效用地识别研究

```
无锡市建设用地开发利用现状调研        低效用地识别相关研究资料文献调研
            │                                   │
    研究资源和研究区选取            确定客观反演指标数据集           低效用地识别建模方案
       ┌────┴────┐                  ┌──────────┐
    数据整合  数据获取处理            过程数据：2项      →输入
       └────┬────┘                  指示数据：2项
            │                       验证数据：2项      →输出
    土地划分方法和多重识别指标        识别结果：低效建设用地
```

输入
过程数据：
无锡市开放道路数据

无锡市及下属区划常住人口统计数据

指示数据：
珞珈一号夜间灯光数据

无锡市地图 PCI 数据

输出
无锡市建设用地低效程度

无锡市低效建设用地面积大小及空间分布

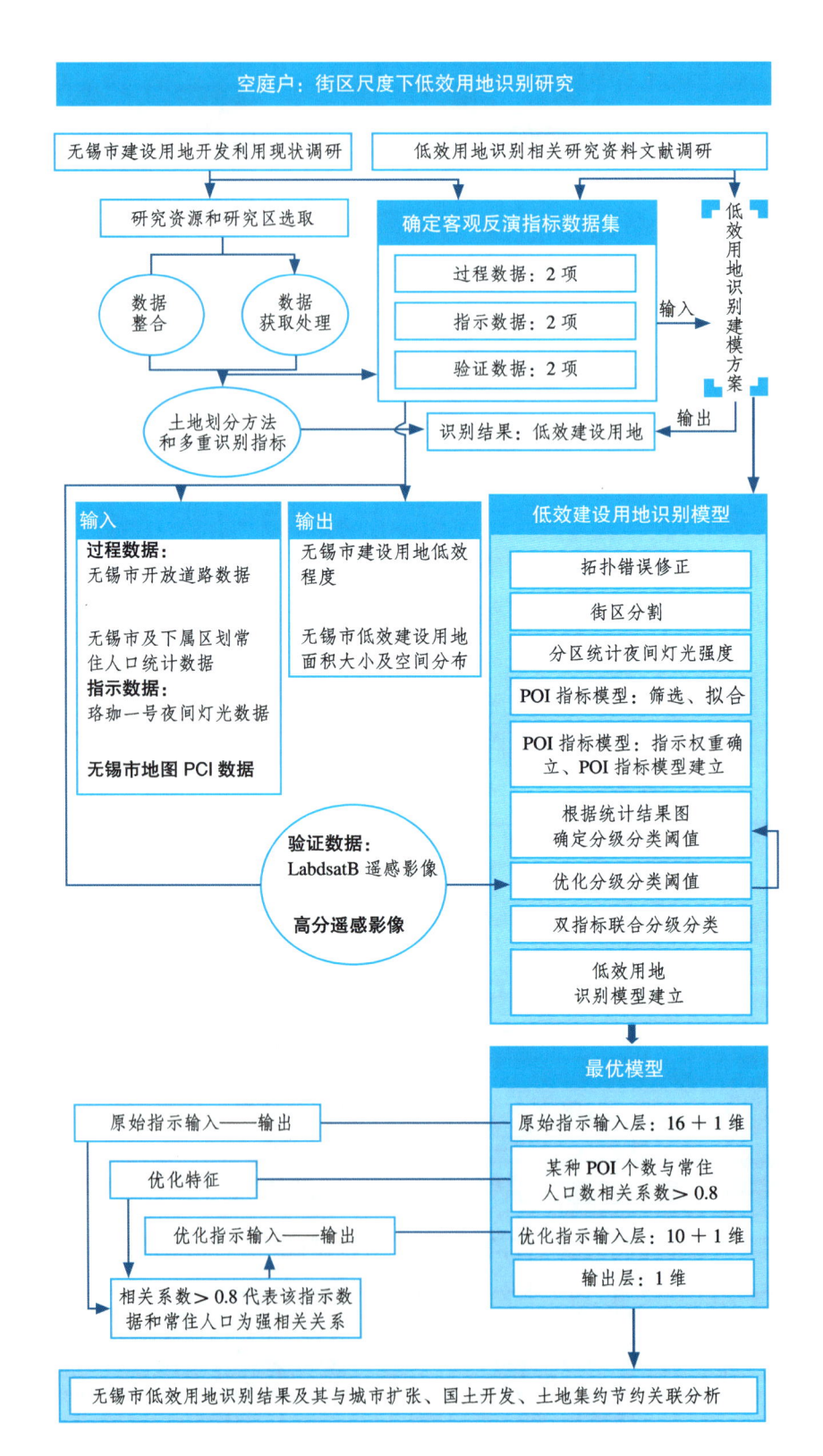

验证数据：
LabdsatB 遥感影像

高分遥感影像

低效建设用地识别模型
- 拓扑错误修正
- 街区分割
- 分区统计夜间灯光强度
- POI 指标模型：筛选、拟合
- POI 指标模型：指示权重确立、POI 指标模型建立
- 根据统计结果图确定分级分类阈值
- 优化分级分类阈值
- 双指标联合分级分类
- 低效用地识别模型建立

最优模型
- 原始指示输入——输出
- 优化特征
- 优化指示输入——输出
- 相关系数 > 0.8 代表该指示数据和常住人口为强相关关系

- 原始指示输入层：16 + 1 维
- 某种 POI 个数与常住人口数相关系数 > 0.8
- 优化指示输入层：10 + 1 维
- 输出层：1 维

无锡市低效用地识别结果及其与城市扩张、国土开发、土地集约节约关联分析

图 5.14　技术路线图

92

（1）POI 数据与人口数据的相关分析

POI 是指具有地理标识的空间特征物，包括名称、类别、经纬度等信息，可以直观有效地反映城市要素间的空间分布状况，其与人类活动密切相关，相应地也与人口分布紧密联系。在统计学中，常使用 Spearman 相关系数度量两个变量间的相关程度。

$$r_j = \frac{\sum_{i=1}^{n}(POP_i - \overline{POP})(POI_{ij} - \overline{(POI_j)})}{\sqrt{\sum_{i=1}^{n}(POP_i - \overline{POP})^2 (POI_{ij} - \overline{(POI_j)})^2}} \qquad 公式（1）$$

式（1）中：POP_i 为第 i 个区划的人口统计值；$\overline{POP}$ 为所有区划的平均常住人口值；POI_{ij} 为第 i 个区划第 j 类 POI 的个数；$\overline{(POI_j)}$ 为整个城市第 j 类 POI 的平均个数；r_j 为第 j 类 POI 个数与区划常住人口统计值之间的相关系数。通过式（1）可计算每一类 POI 与区划常住人口数之间的相关性，并选取相关性最高的 POI 类型作为识别低效用地的指标。

（2）最小二乘法拟合趋势线

最小二乘法是一种数学优化技术。它通过最小化误差的平方和寻找数据的最佳函数匹配。利用最小二乘法可以简便地求得未知的数据，并使得这些求得的数据与实际数据之间误差的平方和为最小。一般来说，线性回归都可以通过最小二乘法求出其方程，可以计算出对于趋势线的直线斜率，即回归系数。不同 POI 类型求出的方程不同，回归系数不同，由此转化出不同的指标模型计算权重。

（3）归一化处理和指标模型建立

经过对式（1）中筛选出的同常住人口回归方程回归系数的归一化处理，得到 10 类 POI 的指标模型计算权重。

最后，应用回归分析得出的计算权重，建立 POI 指标 $Apoi$ 模型，如下：

$$Apoi = \sum (POI_i \times W_i) \qquad 公式（2）$$

式（2）中，POI_i 是街区内第 i 类 POI 的个数，W_i 是第 i 类 POI 的归一化指标计算权重，乘积 $Apoi$ 是最终得出的每个街区的指示低效用地的指标。

2. 结果与分析

2.1 无锡低效建设用地空间分布特征

本研究首先利用 1.3.1 所得街区图（图 5.15），分区统计可以统计各街区内夜间灯光强度，求取平均值、最大值、最小值等。所以，本研究切割无锡市夜间灯光遥感数据，根据夜间灯光的强弱分布情况，结合实地考察结果，将街区分级分类分为四类，分别是：0—18000（弱）、18000—25000（较弱）、25000—32000（较强）、大于 32000（强）

四类，所得结果如图 5.16。

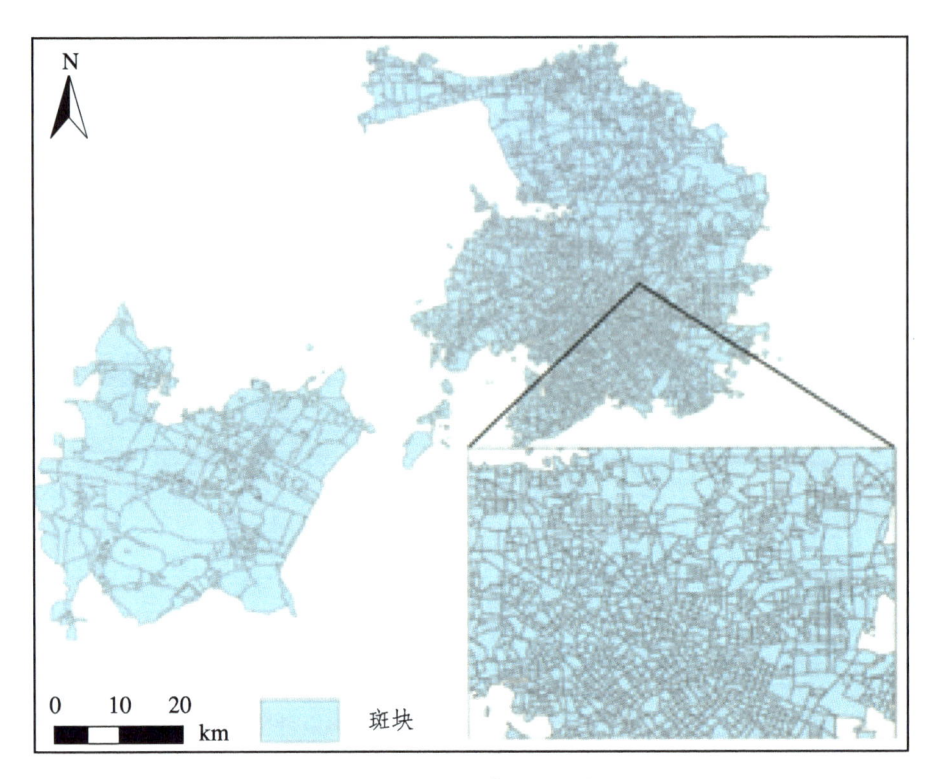

图 5.15　无锡街区切割图

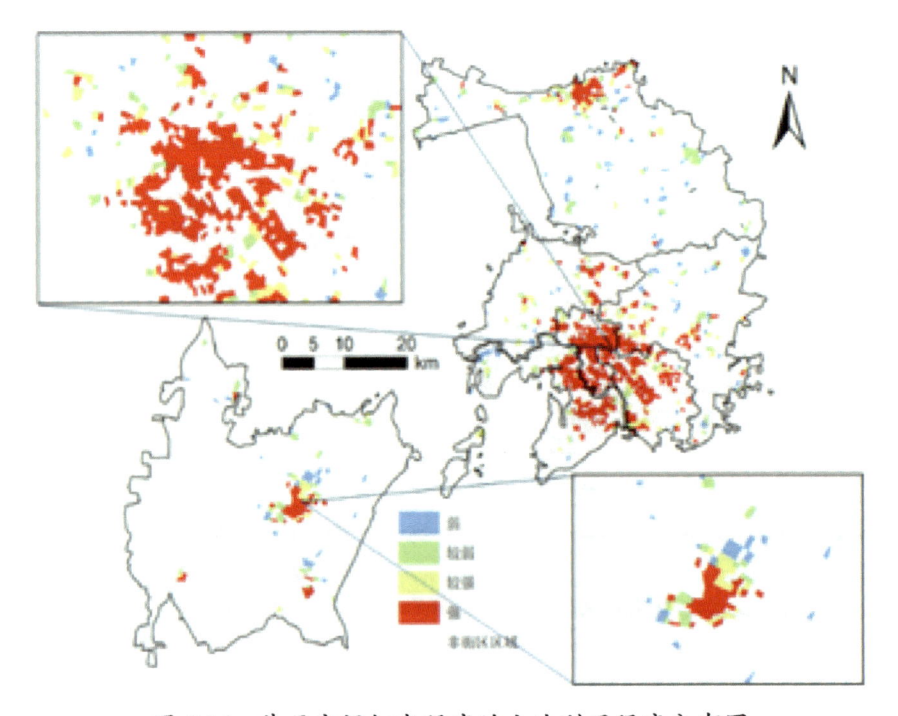

图 5.16　基于夜间灯光强度的土地利用强度分布图

而后利用 1.3.2 中的 POI 数据与人口数据的相关分析方法得到各类型 POI 个数和常住人口数的相关系数的大小，从中容易得出，药店诊所、大型商场、加油站、小型商店、交通站点、学校、银行、公园广场、医院和餐饮服务共 10 类 POI 和常住人口是强相关的。故确定以这 10 类 POI 为模型建立对象，进一步分析其个数和常住人口数的具体定量关系，得出不同 POI 类型的指标模型计算权重。利用 1.3.2 中最小二乘法算出拟合后直线方程的回归系数，经过对 10 类 POI 同常住人口回归方程回归系数的归一化处理，得到 10 类 POI 的指标模型计算权重（如表 5-2 所示）。根据 1.3.2 中的 POI 指标 Apoi 模型，将街区分级分类分为四类，分别是：0—22（弱）、22—38（较弱）、38—54（较强）、大于 54（强），得到基于 POI 的无锡市建设用地利用强度分布图（如图 5.17）。最后结合两种指标的四种程度的综合结果进行夜间灯光与 POI 的联合分级，得到最终结果分布图（如图 5.18）。

表 5-2　各 POI 类型及权重

POI 类型	公园广场	学校	银行	加油站	医院	药店诊所	交通站点	大型商场	餐饮服务	小型商店
回归系数	1.2997	0.7696	0.3729	0.2509	0.1385	0.1354	0.0736	0.0135	0.0131	0.0116
权重 W	0.422	0.250	0.121	0.082	0.045	0.043	0.025	0.005	0.004	0.003

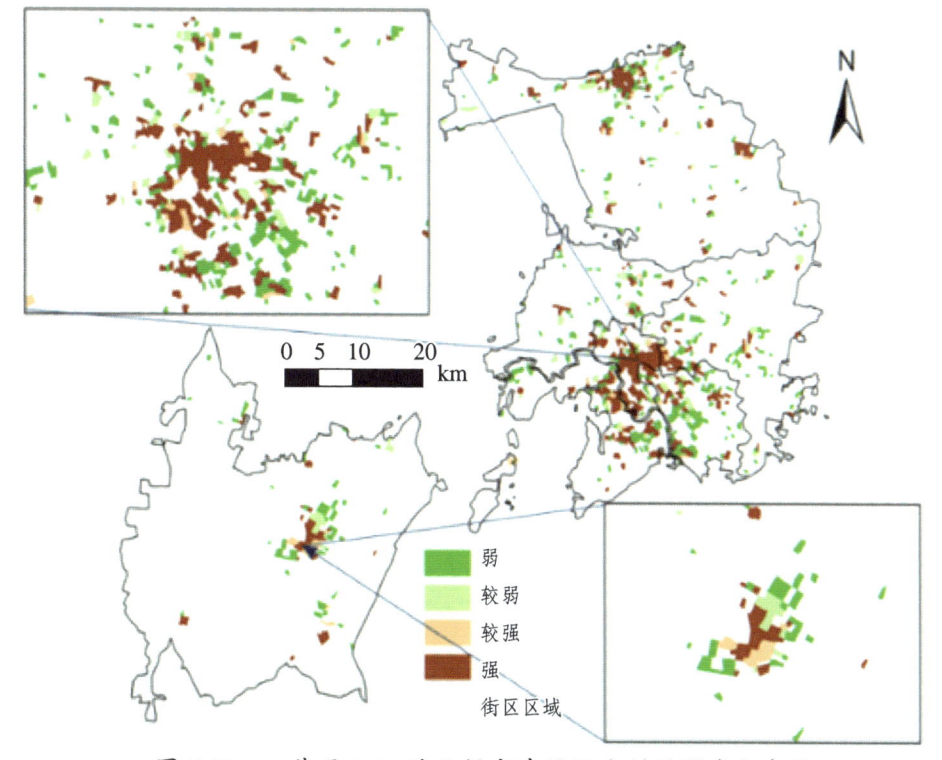

图 5.17　基于 POI 的无锡市建设用地利用强度分布图

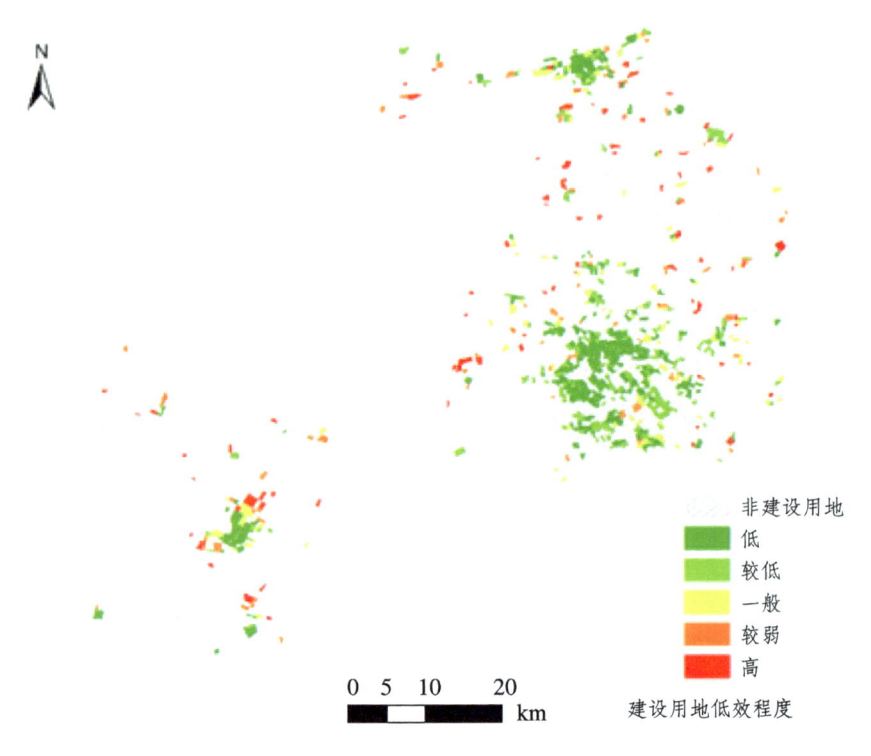

图 5.18　基于夜间灯光和 POI 级联下的无锡市建设用地低效程度分布图

2.2　无锡低效建设用地空间分布特征

通过上述分析，共计确定了无锡整个城市地区的 93 个低效建设用地街区，总面积约为 32 平方公里，占无锡市国土总面积的 0.7%，占无锡市建设用地的 2.1%。其中 33 个低效建设用地街区位于市辖区，面积约为 10 平方公里，占总低效建设用地的 31%；60 个低效建设用地街区位于县级市，覆盖面积约为 22 平方公里，占总低效建设用地的 69%，低效建设用地分布如图 5.19 所示。

为了尽量消除不同年份时期的建筑对建设用地利用的影响，本研究通过 Google Earth 历史图片进一步分析了低效建设用地大概的建造时间。具体来看，低效建设用地中的建筑物近 50% 是在 2010 年之前完成的，其余大部分也是在 2011 年到 2015 年这段时间内完成的，2015 年以来新建的建筑物占比很少，这可以进一步验证无锡市的低效建设用地的现实情况，说明了低效建设用地的问题可能持续存在，并且规模有扩大的趋势。

基于上述面积统计的结果详细分析无锡低效建设用地的空间分布，如表 5-3 所示。从面积统计来看，江阴市、宜兴市、锡山区、惠山区较高，分别有 12 平方公里、10 平

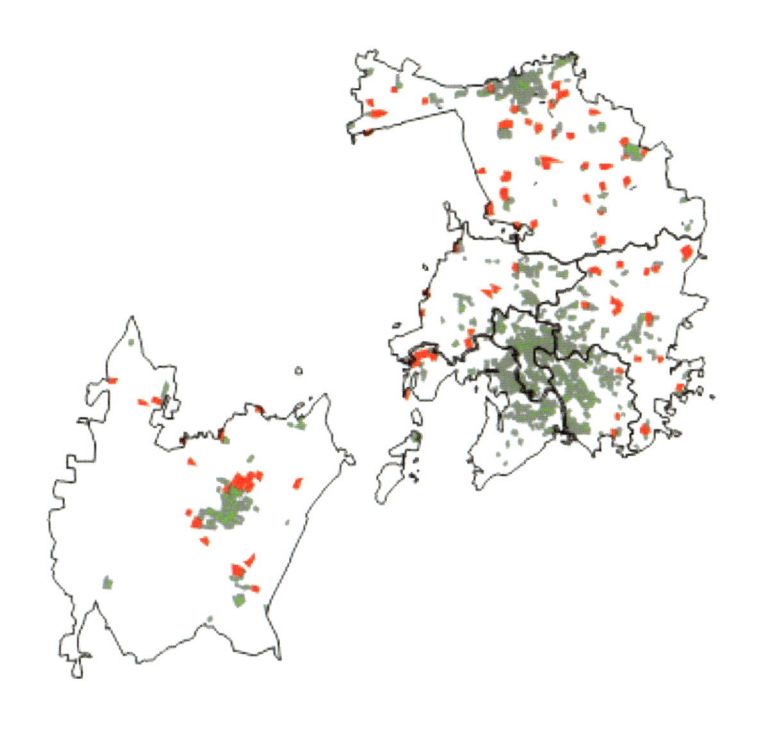

图 5.19　无锡市土地低效建设用地分布图

方公里、5 平方公里、2 平方公里，但是从低效建设用地面积占国土总面积的比例来看，江阴市、锡山区、惠山区、宜兴市较高，分别是 1.3%、1.3%、0.7%、0.5%。

表 5-3　无锡市各区市低效建设用地面积排名

序号	区域	国土面积（平方公里）	低效用地面积（平方公里）	低效用地面积占国土总面积比例（%）
1	江阴市	986.970	12	1.3%
2	宜兴市	399.110	10	0.5%
3	锡山区	325.120	5	1.3%
4	惠山区	1996.610	2	0.7%
5	滨湖区	628.150	2	0.3%
6	新吴区	220.010	1	0.2%
7	梁溪区	71.500	0	0%

进一步分析无锡市低效建设用地的空间分布特征。从局部上看，主要分布在无锡市的偏北部，尤其是惠山区和锡山区的城郊接合部以及江阴市等。其中，江阴市的低效建设用地主要分布于西北边缘近省道的乡镇、北部多产业园区的城乡交界处等地。惠山区和锡山区低效建设用地主要分布于北部近省道和国道的老旧住宅或配套设施不佳的较新的中高层商品房。低效用地所处地段，交通较不通达，远离交通枢纽、路网密集区域；附近教育场所、餐饮设施、购物设施和医疗设施也比较稀疏。

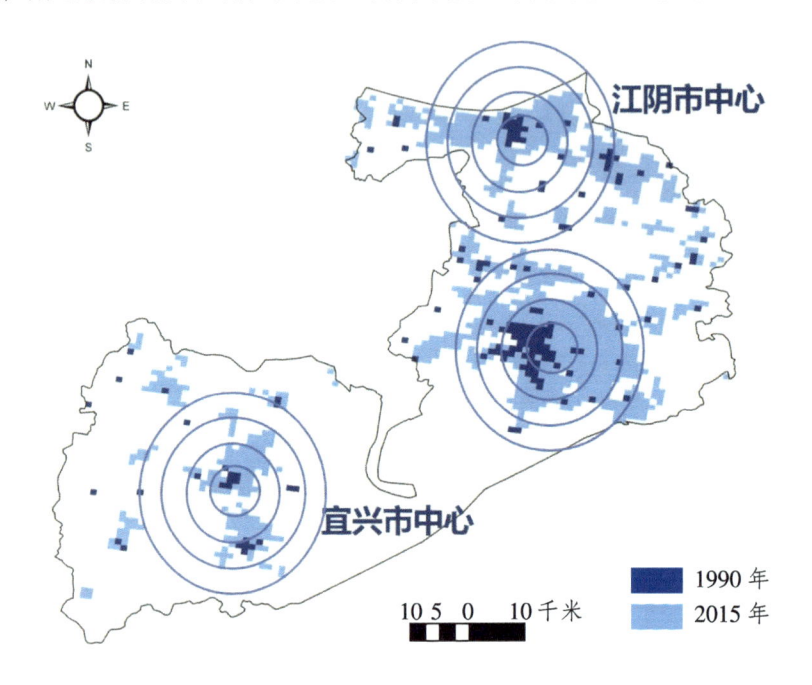

图 5.20　无锡市城镇用地扩张示意图

无锡市城市规划的变化表明，机场等交通枢纽规划南移、"工业北移、城市南进"战略以及滨湖区城镇发展的工程项目，都在一定程度上影响了江阴市、惠山区和锡山区已开发土地的建设利用。另外，据实地调研得到信息，东部新吴区、锡山区开发的房地产，因较东临的苏州更低的房价和适应"长三角一体化"的南进城市发展策略，吸引部分苏州等外来人口投资买房，日常却鲜少入住，一定程度上造成土地利用的低效情况。

进一步分析三个图表的普遍规律：离市中心距离越远，低效用地面积越大，而宜兴市的波形不同，是由于宜兴是双中心城市结构。

据统计，2018 年中国城镇居民人均居住面积为 39 m^2。参照这一标准，理论上无锡市低效建设用地可以容纳 82 万人，平均每个街区容纳 251 人。也就是说，无锡市低效建设用地的合理利用将可以帮助城市获得容纳 82 万人居住生活的潜力。

2.3 无锡市低效建设用地实地案例分析

为了进一步验证研究结果，本研究通过记录水电表单、注意基础设施分布情况、观察夜间灯光、于小区门口观察人流车流特征、访问保安等方法进行了实地调研。这里以新吴区的锦硕苑和惠山区的金惠苑两个典型识别结果为例进行说明。锦硕苑（图5.21）建成于2010—2011年间，位于无锡市新吴区硕放国际机场附近，占地约为7公顷，灯光指标为13937，POI指标为21，根据表5-3识别结果为低效程度高。2020年11月15日中午12时左右锦硕苑实地调研结果表明，其南区许多住房无装修痕迹，整体较空，附近超市、餐馆等配套设施也较少，符合识别结果。金惠苑（图5.22）建成于2008年，位于无锡市惠山区，靠近江苏省锡山高级中学，临近沪蓉高速，小区规模大，分4期建成，楼层低，每栋楼有6层高，共约400栋楼，占地约36公顷，在识别结果中，其灯光指标为17977，POI指标为37，被认定为低效程度较高的建设用地。2020年11月15日20时左右于金惠苑进行了调研，均匀选取了多栋居民楼对其亮灯状况进行统计后得出其亮灯率大约为50%，符合结果中对其灯光指标的识别。

图 5.21　锦硕苑谷歌地球历年影像及实地照片

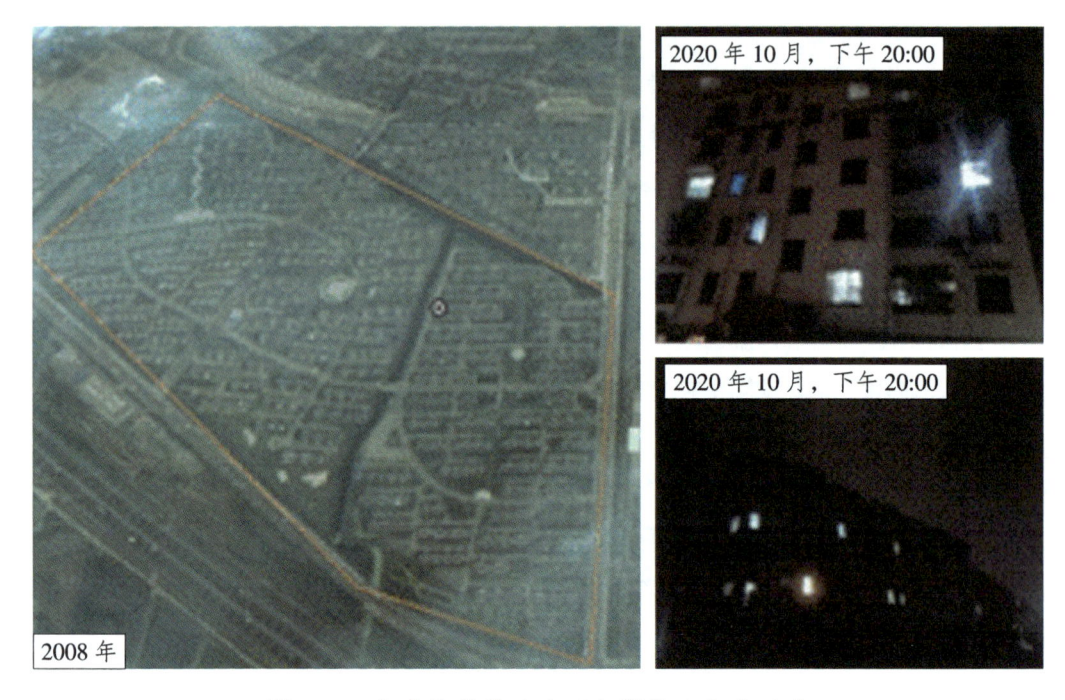

图 5.22　金惠苑谷歌地球历年影像及实地照片

3. 结论与讨论

3.1　主要结论

（1）无锡市低效建设用地总面积约 32 平方公里，低效建设用地街区总计为 93 个。其面积占城市总面积的 0.7%，市辖区中占比为 31%，县级市中占比为 69%。且大部分低效建设用地中的建筑物并非最近建成，说明低效利用存在一定的时间，并且规模还有增长趋势。

（2）无锡市土地集约节约利用空间布局为多组团共同发展模式，土地集约节约利用的空间差异凸显，主城区土地集约节约利用更显著。

3.2　讨论

低效存量建设用地是我国目前土地集约节约利用中面临的主要问题之一，也是国土空间优化调整的重点区域。传统城镇化路径中，以占用耕地、征用非建设用地为主的外延拓展方式造成了大量土地的低效粗放利用，一方面浪费了大量的耕地资源，威胁国家粮食安全和生态安全，同时过度依赖土地出让收入以及土地抵押融资推进城镇化建设的方法也加大了地方政府债务等财政金融风险。另一方面，大量农业转移人口难以融入城市社会，市民化进程滞后，教育、医疗、养老、保障住房等基本公共服务未能到位，不仅影响了美好生活的实现，也给经济社会发展带来诸多风险隐患，并产生例如环境污染、交通拥堵等一系列城市病问题，严重影响人民生活质量，同时也使城镇后续发展面临诸多阻碍，成为实现新型城镇化的最大阻碍。

为提高土地利用效率，盘活存量建设用地，可以从以下几个方面进行考虑：（1）以国土空间规划为契机，将低效用地再开发与建设用地扩张管控，探索城市更新新机制；（2）实施土地全生命周期管理，将项目建设投入、产出、节能、环保、本地就业等经济、社会、环境各要素纳入合同管理，强化对土地出让之后的使用监管；（3）推动城乡融合发展，加强城郊接合部改造，创新土地利用政策，鼓励城中村、城边村、村级工业园等可连片开发区域土地依法合规整治入市。

本文利用夜间灯光数据与 POI 完成了无锡市低效建设用地的识别，但同时也存在一些不足之处：（1）夜间灯光数据只能反映部分建设用地的利用效率，而工厂、写字楼等建设用地无法单纯从夜间灯光判断其利用效率，故暂不在本研究的研究范围之内，这造成和部分传统建设用地定义范围上的偏差；（2）实地调研匆忙，未对同一个小区进行白天与黑夜的对比，同时所考察夜间灯光取样时间较早，存在误差；（3）街区划分较粗糙，且存在一些绿地、河流的影响导致一定误差。未来可以就如何利用遥感数据评价工厂等建设用地的利用效率进行进一步讨论。

Ⅱ. 比赛过程

2020 年 9 月初，开始组队，找导师。为了更好地进行科研训练，王璇、王桐和我（潘慧君）组队，形成"觅灯火阑珊"队。而后在咨询辅导员和往年参赛队伍后，先后找了几位老师，在考虑到大赛主题与指导老师研究方向是否契合后，最后由陈逸老师、施利锋老师担任指导老师，再根据大赛主题确定了我们的研究题目。

2020 年 9 月中旬至 2020 年 11 月中旬，进行项目研究、数据分析并撰写初赛提交的论文。由于缺乏前期项目基础，所以是在两个月内速成结果的，中间有很多不严谨的地方，时间也十分紧张。幸而初赛只是提交论文即可，没有更多要求。初赛共有 232 个队伍参加，决赛约有 40 个队伍。

2020 年 11 月中旬至 2020 年 12 月下旬，准备决赛、答辩。地点：江苏省徐州市，时间：12 月 20 日左右。该竞赛复赛要求有三个：第一，准备最终版论文；第二，准备答辩 PPT（5—8 min）；第三，准备易拉宝海报。其中第一点，可以在初赛的基础上对论文进行修改，得到最终版，并打印成册，供决赛专家浏览。第二点，需要精心准备 PPT 并进行答辩，要求现场表现力好，PPT 多图少字、结构精美，有条件的可以准备一分多钟的视频提升观感。另外，当时毛熙彦老师、陈志刚老师为我们的 PPT 提出很多很棒的想法，使得我们的 PPT 更上一层楼。还有同学张藜萱，为我们写了一首

夯根柢　创新思　毓栋梁
——南京大学地理与海洋科学学院"三三制"下的本科人才培养研究

诗放在PPT开头（如图5.24底部）。第三点，在海报方面，因为时间紧凑，我们是有偿邀请了韩一帆学姐为我们制作海报（如图5.24），如果时间来得及，可以自己制作。另外，根据研究需要，我们还到无锡市当地实地调查了一天。

图5.23　第二届全国大学生自然资源科技作品大赛集体合影

Ⅲ. 比赛感悟

回顾这四个月的比赛历程，我们三个人是幸运的。当我们想进行科研训练时，正好自然资源科技作品大赛在筹划初赛，才得以有充足的时间顺利地进行下去。我们是幸运的，当我们还不清楚能找谁指导，陈逸老师和施利锋老师愿意来支持我们。我们是幸运的，刚进大三，但由于课程设置原因，我们尚未有什么专业技能可谈，但我们三个互帮互助，走到了最后。我们是幸运的，从PPT菜鸟，到经过毛熙彦老师、陈志刚老师的磨炼，最终也修炼了一定的PPT技能。我们是幸运的，有韩一帆学姐两天为我们出海报，有姐妹张藜萱为我们作诗。一路走来，我们尽最大的努力完成了最后的答卷。

图 5.24 决赛海报

第二节　实践创业能力不断提升

学生创新思维突出，促进了创业和持续发展能力不断增强。2013年以来，学院学生团队3次获得"挑战杯"全国一等奖，并荣获"互联网＋"创新创业大赛全国金奖、全国地理信息技术创新创业大赛一等奖、全国地理科学展示大赛一等奖等国家级竞赛奖励30余项。学生积极走入社会、服务社会，大学生社会实践团队获全国大学生社会实践优秀实践成果奖一等奖、江苏省社会实践优秀团队，相关实践成果被"中国青年网""新浪江苏"等媒体报道。毕业生在地理信息技术、国土资源规划、人力资源开发等多个领域自主创业，获评行业优秀创业项目，为国家和区域经济社会高质量发展持续作出新的贡献。

一、第九届全国大学生GIS应用技能大赛一等奖

Ⅰ．比赛作品

从信息流的视角，GIS是指利用计算机软硬件系统，对整个或部分地球表层的有关地理空间数据进行采集、储存、管理、分析和输出的计算机应用系统。因此，GIS应用技能大赛重在了解我国高校GIS学子对GIS基本应用技能的掌握程度，推动高水平GIS应用型人才的培养。

第九届GIS应用技能大赛采用网络比赛模式，分上午赛题和下午赛题。上午赛题主要考察空间数据的采集编辑与集成处理，对数据预处理（例如地理配准、空间校正、投影变换等）要求较高，需要格外注意。下午赛题考察空间分析技术的应用，主要测试学生能否灵活应用多种空间分析技术，完成选址分析、工程规划、规划分析、地理现象模拟分析、地理信息提取分析及专题图制图等应用。

最终呈现方式是提交一份实验报告，比赛过程中需要对整个操作做出归纳总结，并撰写文档材料。由于评委老师评分的标准就是每一小组的实验报告，因此报告的内容、格式等至关重要，不仅要求逻辑严密、语言严谨，还要整体美观大方，给阅卷老师良好的第一印象。

本次比赛，上午赛题是三维模型制作，具体考察扫描图有正确的坐标值和坐标系，绘制冰川区域、等高线、高程点和河流数据，创建DEM数据并制作地形图，以及创建该地区三维模型。下午赛题是江苏省地级市/县级市城市分析，需要创建三甲医院20分钟、45分钟服务区，制作各地级市/县级市城市联系强度图和江苏省地级市/县级市

城市中心度专题地图。

Ⅱ．比赛过程

2020年11月21日至22日，由中国地理信息产业协会、中国地理学会、华中师范大学和南京师范大学主办的第九届全国大学生GIS应用技能大赛在华中师范大学举行。本届大赛是历届规模最大、参赛人数最多、影响范围最广的一次赛事。来自全国高校的151支代表队、604名参赛选手、284名指导教师参赛。大赛分为"空间数据的采集编辑与集成处理"和"空间分析技术的应用"两个赛段展开角逐，综合考查参赛选手针对现实需要对GIS方法、技术和常用相关软件的掌握程度等能力。

在地理与海洋科学学院张学良和佘江峰老师的带领下，2017级和2018级地理科学专业的黄宜楚、桂镜玄、余治欣、樊星辰四位同学组成的代表队斩获大赛一等奖，实现新的突破。

（一）基础梳理阶段

受到新冠疫情影响，本届比赛成员采用线上问卷筛选，由张学良老师和具有参赛经历的学长实施。自2020年7月份正式组队以来，小组成员利用暑假各自系统学习ArcGIS基础操作，主要结合课堂知识和课后补充。其中，大二下学期开设的GIS原理与方法帮助我们从宏观上认识ArcGIS各种操作。此外，课后重点学习牟乃夏主编的《ArcGIS10地理信息系统教程：从初学到精通》以及汤国安主编的《ArcGIS地理信息系统空间分析实验教程》，由于目的是参加比赛，必须从头到尾认真研读每一个模块，不能遗漏任何细节。

图 5.25　团队合照

（二）模赛阶段

自 2020 年 9 月，组长制订训练计划、分配任务后，每周至少安排 3—4 个小时进行模赛，一般上午赛题、下午赛题交替进行。模赛不仅巩固同学们的 ArcGIS 操作，达到查漏补缺的目的，更是对小组分工合作的考验。比赛时间限定在 3 个小时内，实验报告的撰写尤为重要，不仅要在规定时间内按时完成，还要保质保量，因此最好提前 15 分钟写完，留下充足的时间检查。此外，由于之前上课的实验数据都是经过处理的，比赛过程中需格外关注数据的预处理。相比较往届比赛，本次比赛取消了二次开发，因此还需提高下午分析题的难度。最后一共完成 14 份完整的模赛练习报告，给下一届参赛队伍提供了宝贵的参考资料。

训练结束后小组内部讨论实验报告格式、框架、内容等，并提交报告给张学良老师过目，最终由老师提出修改意见，从而在下次模赛中不断完善。由于参赛成员中大三学生较多、课程繁忙，无法抽出一整天时间完整模拟比赛，因此另找时间一起专门讨论赛题、答疑解惑，其中组长需要花费更多时间熟悉操作。

（三）冲刺阶段

本届 GIS 大赛前所未有地采取线上模式，相比较往年，各参赛单位需要自备场地、电脑等基础设备，还要提前调试好监考用的摄像头、参赛软件等。比赛前一个月，张学良老师友情提供地海楼会议室作为比赛场地，供小组成员最后冲刺比赛，并保证了摄像头、无线网络等设备的架设。

冲刺阶段主要回顾模赛、进行综合分析练习（如选址分析、地理现象模拟分析等等），尽量做到全方面回顾所有考点，查漏补缺，并适当结合时事分析可能出现的题目。最主要的还是保证比赛所需软件、设备准备到位，赛前心态平和。

Ⅲ. 比赛感悟

今年的 GIS 应用技能大赛共有来自全国高校的 154 支参赛队伍、608 名学生、284 名指导教师报名参加，很多学校非常重视，甚至早在校内就经过了层层筛选，想必平时训练也下了更多的工夫。在这种情况下，南京大学存在劣势，也具备优势，因为取消了软件操作，而且我们的优势在于对 GIS 应用原理的理解以及对问题的深入分析。因此在撰写文档时，花费更多功夫在每个步骤中加入自己的理解、分析操作结果、补充说明等。毕竟比赛直接考验的是技能，更深层次考察的是 GIS 专业的学生如何利用综合能力感知身边的人地关系。

第二个很深的感悟在于基础知识。有时候过于关注高层次的分析，往往忽视了最基础的操作。去年比赛我们已经吸取了深刻教训，在矢量数据空间分析前一定要设置投影，今年虽然没有直接考察投影知识，但在下午赛题中仍然出现了。但近年来上午赛题难度保持稳定，下午赛题难度不断增加，今年出现了城市联系强度图的绘制，教科书和课堂上并未提及，因此未来准备比赛的过程中需格外关注GIS的高级、前沿应用，不可局限于课本。

总结下来，今年的比赛提醒我们要从身边一点一滴的学习中积累，不求甚解可以是学习的一种态度，但如果为了更高的目标，还是应该追根溯源。此外，综合能力的培养不容忽视，在科研中也是如此。仅仅将视野聚焦在本专业的学习太过肤浅，学业繁忙之余，可以通过阅读、听学术汇报等途径发散思维，在多学科交叉中找到灵感。

二、全国大学生暑期社会实践专项行动优秀实践成果一等奖

Ⅰ．比赛作品

参与村土地规划，建设中国新农村
——基于常州市武进区的村土地利用规划调研

党的十八大明确提出"加快编制村级土地利用规划"的要求，为深入贯彻党的十八大精神，响应国土资源部和共青团中央的号召，南京大学地理与海洋科学学院的同学与老师组建了"宜居乡村"团队，积极投身村土地规划志愿服务，为新农村建设贡献力量。本文运用调查法和政策研究法，梳理中国农村土地制度的发展，解读村土地利用规划最新政策，界定村级土地利用规划的内涵、定位等内容，明确武进区村土地利用规划的基本状况和改革基础。以武进区湟里镇西墅村和嘉泽镇跃进村为重点调研村庄，对新形势下的村土地利用规划进行了实证研究，通过政府座谈、问卷调查、深度访谈、基础资料调查、GIS的空间分析等方法分析其土地利用现状，为村级土地利用规划建言献策，对西墅村则进一步制作了规划图件。通过村级土地利用规划编制的实例研究，解决实际问题的同时，为其他村级土地利用规划提供相关的借鉴和参考。

（一）项目背景及意义

1. 社会背景

我国自古就有"仁政必自经界始，经界正，则庶民兴"的说法。20世纪50年代初，因国有农场的建设需要，土地利用规划开始兴起，开展了田块划分、居民点布局和道路建设等规划工作。1958年，国家有关部门在全国范围内对土地利用规划工作进行部署，并在有关农业院校开设了土地利用规划专业，这个时期的规划以耕地保护为重点，以田块设计为主要内容。"文革"期间，土地利用规划工作陷入低谷。这段时期土地利用规划相对落后，没有形成完整的规划体系，各地基于农村土地管理的需要，自发开展了一些探索。

改革开放以来，我国农村土地产权制度发生系列重大变化，同时随着国民经济迅速恢复和发展，建设占用耕地特别是农村占地建房问题日益突出，耕地面积持续大量减少和粮食生产停滞不前的状况引起了中央高度重视。为了加强土地统一管理，1986年中央决定成立国家土地管理局，同时将"十分珍惜和合理利用每一寸土地，切实保护耕地"提升为基本国策并且建立全国土地、城乡地政统一管理的体制机制。1987年，国家部署开展了第一轮土地利用规划编制工作，掀起了编制土地利用规划的高潮。历经三轮规划探索实践，逐渐形成了国家、省、市、县、乡五级规划体系。

近年来，我国通过实行土地用途管制制度，稳定了耕地和基本农田保护面积，优化了国土空间开发格局，维护了国家粮食安全，支撑了经济社会持续健康发展。

虽然目前我国已经是五级规划体系，规划管控手段不断加强，但是广大农村地区依然是土地管理的短板，农村用地布局散乱、粗放利用比较普遍，宅基地违法问题大量存在。导致这些问题的一个重要原因是乡（镇）土地利用规划没有延伸到村这一级。

2. 政府背景

党的十八大以来，党中央、国务院对做好新时期农业农村工作高度重视，作出深入推进农业供给侧结构性改革、深化农村土地制度改革、推动社会主义新农村建设和城乡统筹发展等一系列重大决策部署，并明确了"加快编制村级土地利用规划"的要求。

今年2月，国土资源部印发《关于有序开展村土地利用规划编制工作的指导意见》，提出各地区要充分认识编制村土地利用规划的重要意义，在有条件的地区开展村土地利用规划编制工作，加强农村土地利用供给的精细化管理，促进农业农村发展由过度依赖资源消耗、主要满足量的需求向追求绿色生态可持续、更加注重满足质的需求转变，为农村地区同步实现全面建成小康社会目标做好服务和保障。扎实有效做好村土地利用规划编制工作并规范土地利用规划成果，要以乡（镇）土地利用总体规划为依据，进一步细化和落实；要按照"望得见青山绿水，记得住乡愁"的要求，统筹考虑村庄建设、产业发展、基础设施建设、生态保护等用地需求；要把加强组织领导作为编制村土地利用规划的关键保障；始终把科学性、前瞻性和实用性作为编制村土地利用规划的重要原则；要坚持村民主体地位，充分听取村民意见建议，使村土地利用规划成为实现村民意愿的载体和平台；要严格村土地利用规划实施管理。

5月，全国村土地利用规划现场会在天津召开，国土资源部赵龙副部长与全国各省、自治区、直辖市国土资源部门负责同志、志愿者代表总结交流村土地利用规划工作经验，全面部署开展村土地利用规划编制工作。同时，在国土资源部和共青团中央的大力支持下，2017年专项行动正式启动。

3. 研究意义与目的

"村土地利用规划志愿服务全国大学生暑期社会实践"可以引导青年大学生弘扬"奉献、友爱、互助、进步"的志愿者精神，认识农村、服务社会；可以鼓励青年学生学以致用，发挥专长，参与部分村土地利用规划编制工作；可以提高村土地利用规划工作的社会影响力，增进社会各界对村土地利用规划的关注、认知和理解。

南京大学地理与海洋科学学院的老师与同学们响应团中央的号召，组建了"宜居乡村"村土地规划社会实践团队，旨在弘扬志愿者精神，将专业所学付诸实践，积极投身村土地利用规划志愿服务，为新农村建设贡献力量！

（二）政策调研

1. 村土地利用规划

（1）定位与内涵

村土地利用规划是乡（镇）土地利用总体规划的重要组成部分。村级土地利用规划作为一个详细型和实施性的规划，是现行土地利用总体规划体系的延伸和完善，是具有微观指导性、具体操作性的基层规划。村规划以乡级规划为依据，充分结合村级治理结构的特点，充分考虑用地政策的落地举措，坚持问题导向、目标导向、成效导向，在村域空间内统筹安排经济发展、耕地保护、村庄建设、环境整治、生态保护、文化传承、基础设施建设与社会事业发展等各项用地。

（2）指导思想与规划原则

以党的十八大精神为指导，深入落实"科学发展观"，贯彻"五个统筹"的要求，坚持"十分珍惜、合理利用土地和切实保护耕地"的基本国策，坚持最严格的耕地保护制度，以节约集约用地为重点，将统筹兼顾、保障发展、节约集约、用途管制、公众参与、因地制宜、简便易行这七项作为规划原则，创建经济高效、资源集约、环境友好的土地利用前景。

（3）规划任务

根据乡级规划要求、村域自然社会经济条件和村民意愿，综合研究确定村土地利用目标，重点解决的是"用地结构"和"用地布局"两大规划的核心问题。

① 确定村庄土地利用结构调整和布局优化方案，保障经济社会发展合理用地需求，提高土地节约集约利用水平，促进经济社会协调、持续发展。

② 落实乡级规划确定的耕地和基本农田保护任务，明确基本农田保护面积和地块，加强耕地和基本农田保护。

③ 确定生态用地布局和规模，加强生态用地保护，维持良好的自然人文景观和生态环境。

④ 确定宅基地、集体经营性用地布局和规模，加强公共服务设施用地、基础设施用地配置。

⑤ 划定土地用途分区、建设用地空间管制分区，制定分区管制措施。

⑥ 制定规划实施保障措施，确保规划目标的顺利实现。

2. 农业供给侧结构性改革

村土地利用规划，是深入推进农业供给侧结构性改革、增强农业农村发展动能的重要基础。农业供给侧结构性改革是指通过自身的努力调整，让农民生产出的产品，包括质量和数量，符合消费者的需求，实现产地与消费地的无缝对接。该概念的首次提出是 2015 年 12 月在北京召开的中国中央农村工作会议。

改革的过程就是农民要把控好自己的生产质量和规模，这个事情核心的操作主体是农民，毕竟种子是农民种的、管理是农民管的，要是有些人为了自身的利益，投机取巧，生产品质一般甚至假冒伪劣产品，改革也就无法完成。而农业的发展方式需要转变，要从供给入手，改善供给结构，这才有了农产品供给侧改革。同时，供给侧改革，要想得到有效的推进，除了国家的宏观调控之外，农民也得转变发展观念。施化肥、打农药、单纯追求产量增长的生产方式，已经不符合时代的潮流，农民还得要调整种植结构，多生产绿色有机食品，满足消费者的需求，从而提升经济效益。

3. 农村土地制度改革

适应新时期农业农村发展和农村土地制度改革的需要，各地在村土地利用规划方面开展了丰富的实践探索。农村土地制度改革三项试点包括农村土地征收、集体经营性建设用地入市、宅基地制度改革三个方面的工作。

（1）完善土地征收制度，针对征地范围过大、程序不够规范、被征地农民保障机制不完善等问题，要缩小土地征收范围，探索制定土地征收目录，严格界定公共利益用地范围；规范土地征收程序，建立社会稳定风险评估制度，健全矛盾纠纷调处机制，全面公开土地征收信息；完善对被征地农民合理、规范、多元保障机制。

（2）建立农村集体经营性建设用地入市制度，针对农村集体经营性建设用地权能不完整，不能同等入市、同权同价和交易规则亟待健全等问题，要完善农村集体经营性建设用地产权制度，赋予农村集体经营性建设用地出让、租赁、入股权能；明确农村集体经营性建设用地入市范围和途径；建立健全市场交易规则和服务监管制度。

（3）改革完善农村宅基地制度，针对农户宅基地取得困难、利用粗放、退出不畅等问题，要完善宅基地权益保障和取得方式，探索农民住房保障在不同区域户有所居的多种实现形式；对因历史原因形成超标准占用宅基地和一户多宅等情况，探索实行有偿使用；探索进城落户农民在本集体经济组织内部自愿有偿退出或转让宅基地；改革宅基地审批制度，发挥村民自治组织的民主管理作用。

4. 城乡统筹发展

土地利用规划编制，需要将城市和农村的发展紧密结合起来，统一协调，全面考虑，以发展的眼光、统筹的思路，科学做好国家空间发展的规划。习近平总书记指出，"规划科学是最大效益，规划失误是最大浪费，规划折腾是最大忌讳"。土地利用规划，必须与城乡的发展相协调，科学布局，统一规划。

5. 多规合一

推进"经济社会发展规划、城乡规划、土地利用规划、生态环境保护规划等相协调"的"多规合一"，实现农村发展"一本规划、一张蓝图"，并以此为基础，把一张蓝图干到底，是国家空间规划发展的必然趋势。土地利用规划，要以主体功能区规划为基础，科学划定城镇、农业、生态空间及生态保护红线、永久基本农田、城镇开发边界，注重开发强度管控和主要控制线落地，统筹各类空间性规划，编制统一的空间规划，实现"多规合一"。

（三）研究区概况

1. 武进区

（1）自然与社会概况

武进区是常州市的一个下辖区，地处江苏省南部，地势低平，河网稠密，区域总面积1066平方公里，下辖11个镇、5个街道、200多个行政村，1个国家级高新区、1个综合保税区、1个省级高新区、2个省级经济开发区、1个省级旅游度假区和1个省级现代农业产业园区。户籍人口近100万，常住人口近150万。

（2）经济概况

武进区经济发展水平较高，是"苏南模式"的发源地之一。2016年，完成地区生产总值1969亿元，一般公共预算收入147.5亿元，规模以上工业总产值4672亿元。并已连续四年荣获中国中小城市综合实力百强区第三名，蝉联中国最具投资潜力中小城市百强区第一名。

（3）土地利用概况

在土地利用的规划编制方面，武进区也走在了全国前列。2015年3月，武进区作为全国33个农村土地制度改革试点地区之一，承担农村土地制度改革试点任务，也是江苏省唯一的试点区。通过借力南京大学、江苏省土地开发整理中心等单位的智库优势，武进区召集成立了由多名专家学者组成的规划编制技术团队，为村土地利用规划的编制打下了良好的基础。

2. 湟里镇

（1）自然与社会概况

湟里镇位于常州市武进区西南部，东濒西太湖（滆湖），北临长江，并有孟津河贯穿其间。全镇总面积87.56平方公里，辖3个社区居委会、16个行政村，常住人口7.7万人。湟里镇生态环境优良，并在2015年成功创建成国家级生态示范镇。

（2）经济概况

该镇工业较为发达，规划有工业集中区773万平方米，工业企业500余家，形成了以钢铁、机械、冶金、化纤等为主的骨干产业。在发展工业的同时，湟里镇还形成了以草皮种植为主要特色的花木产业，草皮种植面积超过2万亩，该镇也由此成为土地面积最大的草皮种植基地之一，单草皮种植一项就使该镇每年人均增收上千元。2016年，在武进规划分局出台的《洛阳镇、湟里镇、礼嘉镇、雪堰镇总体规划》文件中，将湟里镇定位为机械制造、特色生态农业为主的综合型城镇。

3. 嘉泽镇

（1）自然与社会概况

闻名全国的"花木之乡"嘉泽镇位于常州市武进区西部，东邻西太湖（滆湖）、孟津河、239省道、金武路、长虹西路、延政西路贯穿全境，沿江高速公路在嘉泽辟有两个道口，沪宁铁路和京杭大运河毗邻而过，距国家一类口岸——常州港仅20多公里，区位优势显著。

（2）经济概况

花木产业是该镇经济产业的核心，《常州市武进区嘉泽镇总体规划（2016—2020）》提出，嘉泽镇要以花木产业及生态环境发展优势为基础，紧紧围绕建设"经济强、百姓富、环境美、社会文明程度高"新武进的发展目标，建设中国花木特色名镇。

（3）土地利用概况

在土地利用方面，至2020年，嘉泽镇常住人口规模约14万人，城镇人口约9万人，城镇化水平约为64%。规划至2020年，嘉泽镇域建设用地总量为26.46平方公里，其中，城乡居民点建设用地面积为21.46平方公里，区域交通设施用地4.78平方公里，区域性重大设施用地约0.22平方公里。规划至2020年，嘉泽镇域城镇建设用地为14.39平方公里。

（四）调研过程及方法

1. 调研范围

江苏省常州市武进区，以嘉泽镇跃进村和湟里镇西墅村两地为调研重点村。

2. 调研方法

政府座谈、问卷调查、深度访谈、基础资料调查、空间分析等。

3. 调研思路与实际过程

（1）前期学习阶段

参与了中国土地协会的线上培训，并学习了相关法律法规、政府文件，确保此行的专业性和规范性。同时针对土地利用规划编制技术和ArcGIS在土地规划利用中的应用进行学习，以便能够更加完备地展示实践成果。

（2）调研准备阶段

完成了与有关政府部门提前接洽、整理访谈提纲和问卷、准备实践物资等一系列工作，以便实践工作的顺利开展。

调研思路

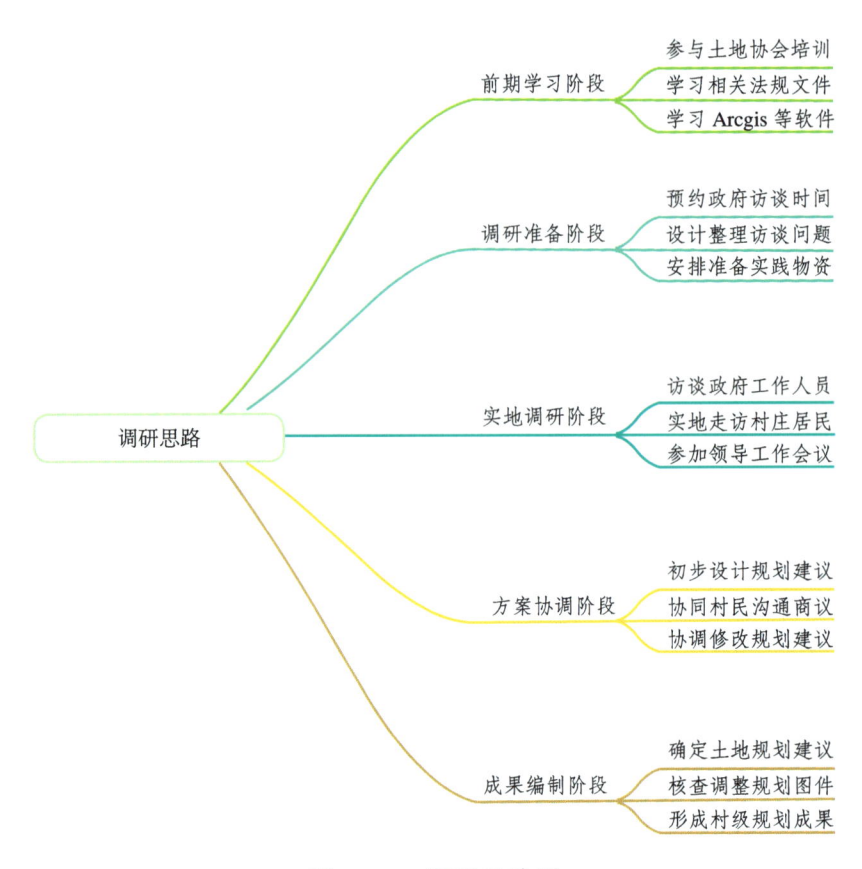

- **前期学习阶段**
  - 参与土地协会培训
  - 学习相关法规文件
  - 学习 Arcgis 等软件
- **调研准备阶段**
  - 预约政府访谈时间
  - 设计整理访谈问题
  - 安排准备实践物资
- **实地调研阶段**
  - 访谈政府工作人员
  - 实地走访村庄居民
  - 参加领导工作会议
- **方案协调阶段**
  - 初步设计规划建议
  - 协同村民沟通商议
  - 协调修改规划建议
- **成果编制阶段**
  - 确定土地规划建议
  - 核查调整规划图件
  - 形成村级规划成果

图 5.26　调研思路图

（3）实地调研阶段

首先前往武进区农村土地制度改革办公室，了解武进区土地改革的基本状况和改革基础。在武进国土分局团委书记王铁成的引荐之下，同武进团区委副书记赵书记进行了交流，收获了许多宝贵的建议。

"宜居乡村"团队与嘉泽镇镇团委书记朱凌云、常州市国土资源局武进分局团委书记王铁成、武进区农村土地制度改革试点办公室的王烨科长等进行座谈，就嘉泽镇整体建设、村土地利用规划情况，从产业发展、生态文明、基础设施、乡村旅游等方面进行详谈。

在朱书记的带领下，团队成员前往嘉泽村对农户、商户进行走访。实践第二周，又前往嘉泽镇跃进村花都馨苑，这是为安置嘉泽花博会期间被拆迁的村民而建的安置房小区。通过参观与入户访谈，从安置方式、人口结构、居住环境、花木产业等方面深入了解跃进村现状。

在湟里镇人民政府，团队成员与镇团委书记蒋俊舟等进行座谈，以西墅村为代表探讨在村土地利用规划编制过程中已解决的问题、现阶段工作重心和未来发展期望等。

在蒋俊舟书记的带领下，团队成员前往西墅村参观保留村和整体搬迁村。走村入户过程中，"宜居乡村"团队的同学们与村民深入交谈，详细交流了宅基地分配情况与环境满意度等问题。

团队7名学生与指导老师一同参加了在常州市国土资源局武进分局召开的"武进区村土地利用规划编制工作"座谈会。中国土地勘测规划院副总工邓红蒂及规划所高级工程师赵雲泰、高级工程师尤凤，江苏省土地勘测规划院副院长沈春竹、规划室副主任卜心国，中国土地学会的代表王浩聪博士与武进区委农村工作办公室、武进国土分局、规划分局、团区委、农村土地制度改革三项试点办公室、经济开发区国土分局、湟里镇、嘉泽镇等各位代表，以及南京大学的同学，围绕村土地利用规划这一主题进行交流探讨。

（五）调研结果及分析

1. 嘉泽镇跃进村

（1）土地利用现状

2016年，嘉泽镇跃进村土地总面积为265.65公顷，估算人口数为1827人，总户数505个，自然村个数10个。2016年，跃进村农用地209.25公顷，占土地总面积的78.77%；建设用地32.86公顷，占土地总面积的12.37%；其他土地23.54公顷，占土地总面积的8.86%。

① 农用地：2016年，耕地180.48公顷，园地2.21公顷，其他农用地26.56公顷。

② 建设用地：2016年，城乡建设用地27.53公顷，交通水利用地及其他用地5.33公顷。城乡建设用地中，城镇工矿用地5.03公顷，农村居民点用地22.5公顷。

③ 其他土地：2016年，水域23.54公顷。

表5-4　2005—2016年跃进村土地利用结构变化

年份	农用地/公顷	建设用地/公顷	其他土地/公顷
2005	207.64	34.67	23.81
2016	209.25	32.86	23.54

2005年，跃进村农用地207.64公顷，占土地总面积的78.02%；建设用地34.67公顷，占土地总面积的13.03%；其他土地23.81公顷，占土地总面积的8.95%。2005—2016年，

图 5.27　跃进村村貌

武进区嘉泽镇跃进村土地利用现状图（2016年）

图 5.28　跃进村土地利用现状图（2016）

跃进村土地利用结构基本保持不变。

（2）农村居民点规模与布局

跃进村农村居民点的分布状况如图5.29所示，共10个自然村，占地面积为8.09公顷，自然村户数505人，分布较为零散。

2016年跃进村农村居民点用地规模详见表5-5，村基面积为22.46公顷，其中宅基地面积为15.87公顷，约占村基面积的71%。村庄建筑占地面积为4.03公顷，约占村基面积的18%。跃进村人口为1827人，人均宅基地面积为86.83平方米。

表5-5　2016年跃进村农村居民点用地规模

村名	村基面积（m²）	宅基地面积（m²）	建筑占地面积（m²）	人口数（人）	人均宅基地面积（m²/人）
跃进村	224616	158700	40330	1827	86.83

图5.29　2016年跃进村农村居民点分布现状图

2. 湟里镇西墅村

（1）土地利用现状

2016年，西墅村土地总面积641.91公顷。2016年，西墅村农用地344.40公顷，占土地总面积的53.65%；建设用地257.04公顷，占土地总面积的40.04%；其他土地40.47公顷，占土地总面积的6.31%。

① 农用地。2016年，耕地280.44公顷，园地21.46公顷，牧草地0.12公顷，其他农用地42.38公顷。

② 建设用地。2016年，城乡建设用地245.68公顷，交通水利用地及其他用地11.36公顷。城乡建设用地中，城镇工矿用地153.84公顷，农村居民点用地91.84公顷。

③ 其他土地。2016年，水域40.47公顷。

（2）农村居民点现状与整理规模

西墅村共有自然村12个，总户数1144户，现有人口数4549人，其中已安置人口数为1050人，村基面积666418平方米，宅基地面积为510445平方米。人均宅基地面积为145平方米，高于其所属镇126.73平方米。

图5.30 西墅村村貌

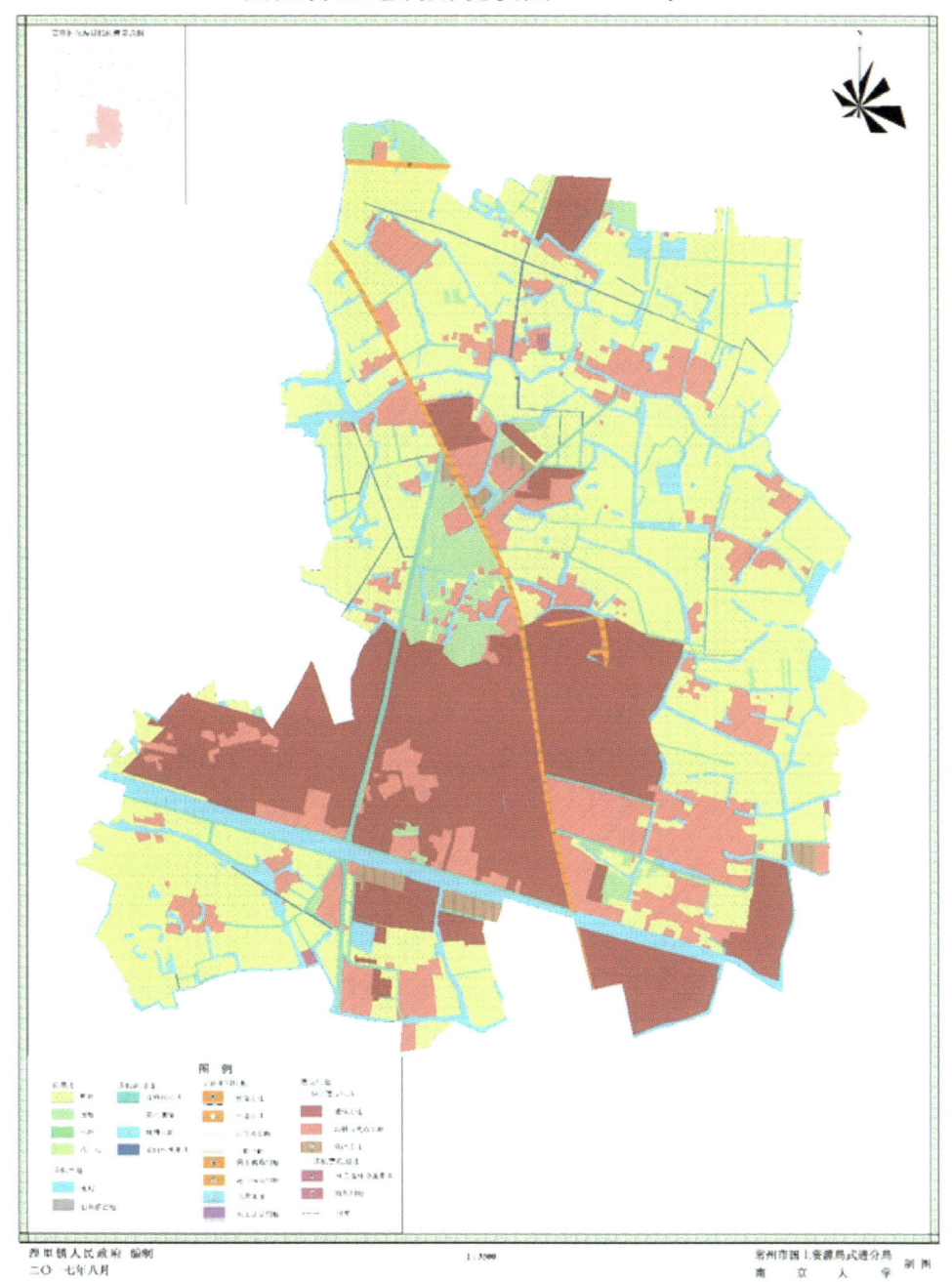

图 5.31 西墅村土地利用现状图

表 5-6 西墅村人均宅基地现状

村名	人口数（人）	安置人口（人）	村基面积（m²）	宅基地面积（m²）	建筑占地面积（m²）	人均宅基地面积（m²/人）
西墅村	4549	1050	666418	510445	119618	145

（3）土地利用分区

西墅村土地用途区的划分主要基于以下三个原则：（1）体现区域内土地利用空间布局战略；（2）反映不同区域土地利用的限制因素和保护重点；（3）土地用途区边界采用行政界线或明显线状地物。依此将土地用途区划分如下：

① 基本农田保护区。在现有基本农田的基础上，经过合理的基本农田调入、调出，形成规划的西墅村基本农田空间布局。根据基本农田地块空间分布，结合周边土地的规划用途，划定规划的基本农田保护区。

② 一般农地区。是现有成片的园地、畜禽和水产养殖用地、城镇绿化隔离带用地等。

③ 城镇村建设用地区。是城镇建设、农村建设、产业用地等需要划定的土地区域。包括现有的和规划的城市及建制镇建设用地、工业园区、独立工矿用地、农村居民点用地等。

④ 生态环境安全控制区。是主要河湖及其蓄滞洪区、重要水源保护区等为维护生态环境安全需要进行特殊控制的区域。

⑤ 林业用地区。是发展林业和改善生态环境需要划定的土地区域。包括集中连片的现有林地、已规划的造林地和确定林业利用的宜林后备土地资源。

（六）问题与建议

上述两个调研村庄嘉泽镇跃进村和湟里镇西墅村具备以下特征：

（1）城乡建设用地结构和布局需进一步优化，农村建设用地整理复垦潜力较大；

（2）当地政府重视，群众积极性较高；

（3）经济发展较快，具备较强经济实力，能确保建新安置和拆旧整理所需资金；

（4）乡镇项目区土地管理严格规范，挂钩配套政策完善。

改革开放以来，我国城市化进程加快，导致农村剩余劳动力大量转入非农产业领域，农村经济因此快速发展。大量农民工进城打工，导致大量的宅基地闲置，加上农民生活水平的提高，农民纷纷弃旧宅建新宅，"空心村"规模不断扩大。目前我国农村居民点的用地普遍存在着农村居民点量大、布局散、空心村现象严重、人均用地面积超标等问题。

第五章　南京大学地理学人才培养成果

武进区湟里镇西墅村土地利用规划（2018-2030年）

西墅村土地利用规划图

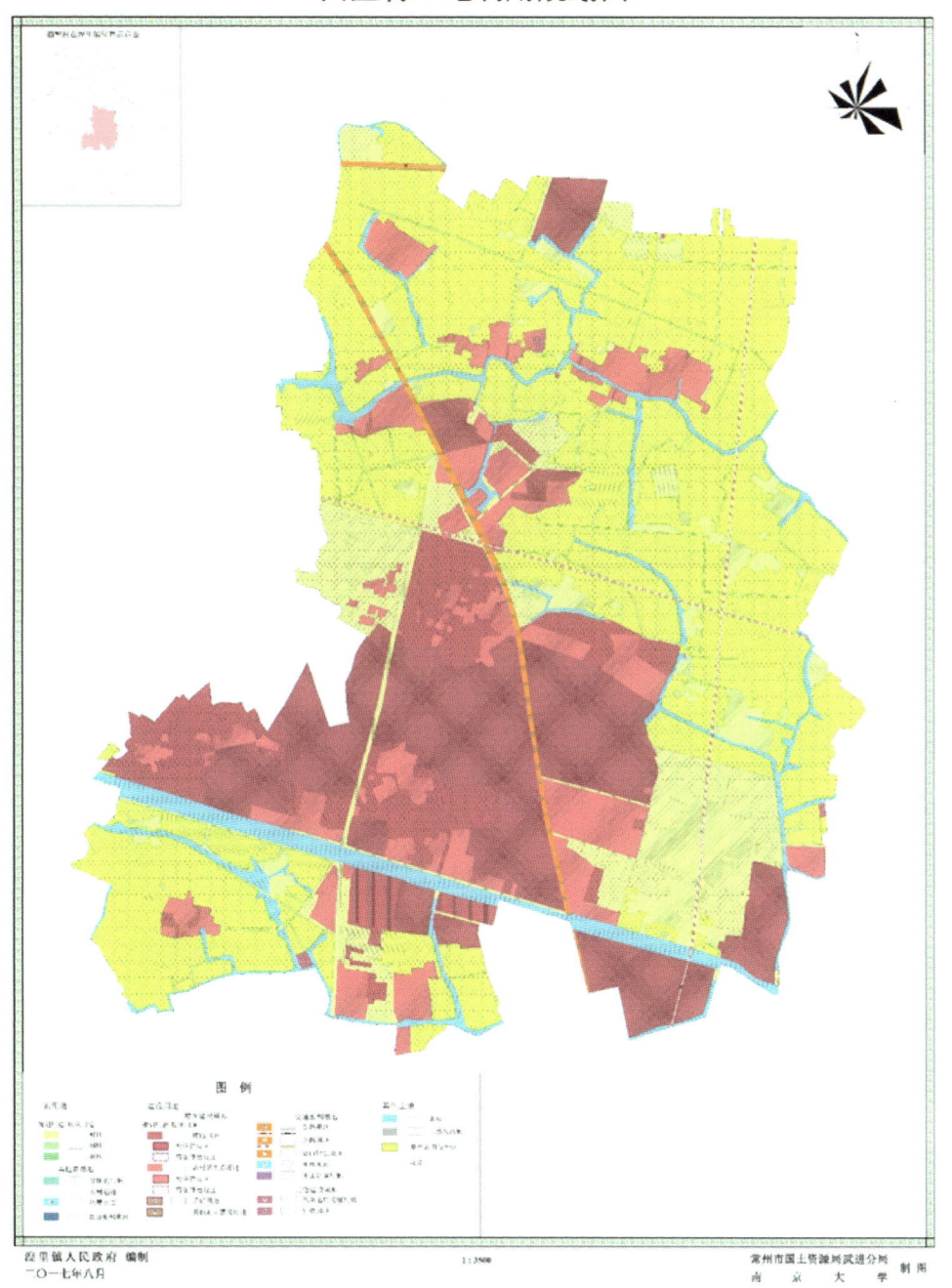

图 5.32　西墅村土地利用规划图

西墅村和跃进村的土地利用规划工作处于领先地位，针对上述问题，结合我们的调研实际，参照西墅村和跃进村的经验，从以下几个方面来谈我们的看法和建议。

1. 土地结构调整

在村土地利用中，土地结构主要包括建设用地、农用地和其他土地三类。制定规划时，要严格遵守总规模控制原则，即控制建设用地总量，合理确定建设用地的规模、布局、结构和时序安排，以及严守耕地红线原则。具体而言，新的规划中，土地结构要在能满足以上两个原则的基础上，保证农用地的增加（主要来源于农村居民点的整理复垦）、建设用地的减少（主要是由于农村居民点拆并整理以及集体搬迁到镇上，减少的农村居民点主要整理为耕地）、其他土地用量减少（主要由建设占用土地整治引起）。

2. 土地集约利用

针对农村居民点量大、布局散、空心村现象严重等问题，我们建议引导住宅向社区集中，推动农村人口向中心村、中心镇集聚，产业向功能区集中，耕地向适度规模经营集中。

3. 基本农田保护

积极推进基本农田保护区建设，改造中低产田，增加直接为基本农田服务的农村道路、农田水利、农田防护林及其他农业设施，改善生产条件，提高基本农田质量。基本农田保护区内非农建设用地和其他零星农用地将优先整理、复垦为耕地。

4. 农村经济发展

将村域内的工业企业集中化，发挥工业经济的规模效应和空间集聚效应；原有的农业用地，应该因地制宜地制订种植计划，比如在新村周边道路的农田，可种植具有经济效益的果蔬，这样可保留村中农用地并延续鲜活的乡村风貌。

5. 生态文明建设

高起点、高标准地建设乡村绿地系统，充分利用原有水系结合高压线走廊、道路绿化形成网络化的绿地系统，构成城镇多样化的绿色地带，创造完整的生态廊道网络，构筑生态型现代化美丽乡村。

（七）结语与展望

本文引入公众参与式规划方法，运用GIS的空间分析方法，结合村域产业发展目标、发展方向，进行村级土地利用分区，并结合湟里镇西墅村和嘉泽镇跃进村的实际情况，分析其土地利用现状，对西墅村又进一步进行了村土地利用规划。

开展村级土地利用规划能够为农业增产、农民增收、农村面貌改善提供有力的保障，是促进新农村建设、完善宅基地管理、统筹城乡发展，构建社会主义和谐社会，全面实现小康社会的重要途径和有效手段。本次调研是对新形势下村土地利用规划的实例研究，是为创建经济高效、资源集约、环境友好的土地利用前景而做出的一次积极的突破和有益的探索。

青年大学生通过社会实践参与村土地利用规划，能够发挥专业所长、运用所学知识为中国新农村建设贡献力量，在实现多方互利共赢的情况下，科学地、符合规律地对土地利用进行规划是整个活动的亮点。我们希望大学生参与新农村建设从我们自身做起，从南大地理与海洋科学学院做起，通过扩大影响力来鼓励更多青年人积极投身村土地利用规划服务。

Ⅱ. 实践过程

弘扬志愿者精神　　服务新农村建设

——常州市武进区村土地利用情况调研

改革开放以来，我国农村土地管理不断加强，促进农村经济发展和社会稳定的工作不断向前推进。但目前，农村土地利用和管理仍面临建设布局散乱、用地粗放低效、公共设施缺乏、乡村风貌退化等问题。党的十八大明确提出"加快编制村级土地利用规划"的要求，全面指导开展村土地利用规划编制工作，这对推进新农村建设具有重要意义。

为贯彻落实党中央、国务院"加快编制村级土地利用规划"要求，引导青年大学生积极投身村土地利用规划志愿服务，国土资源部联合共青团中央联合举办2017年村土地利用规划志愿服务大学生暑期社会实践专项行动。作为南京大学的青年学子，更应该弘扬志愿者精神，结合专业所长，积极投身村土地利用规划志愿服务，为新农村建设贡献力量！因此，南京大学地理与海洋科学学院的老师与同学们响应国土资源部和共青团中央的号召，组建了"宜居乡村"村土地规划实践团队。

图 5.33 团队在调研区常州车站合影

在老师的指导下，团队成员完成了学习相关政府文件以及法律法规、熟悉 ArcGIS 等软件平台、与有关政府部门提前接洽、整理访谈提纲和问卷、准备实践物资等一系列前期工作，以便实践工作顺利开展。由于高温和台风的影响，实地调研日程有所推迟，但这并不能减弱我们对此次活动的热情与期待。终于，团队全部成员于 2017 年 8 月 7 日抵达常州。

图 5.34 团队社会实践相关资料

（一）武进模式——农村土地制度改革三项试点工作

首先前往武进区农村土地制度改革办公室，了解武进区土地改革的基本状况和改革基础。在武进国土分局团委书记王铁成的引荐之下，同武进团区委副书记赵书记进行了交流，收获了许多宝贵的建议。

同学们了解到，武进区已连续四年荣获中国中小城市综合实力百强区第三名，蝉联中国最具投资潜力中小城市百强区第一名。2015年3月，武进区成为全国33个农村土地制度改革试点地区之一，也是江苏省唯一的试点区。自2016年9月起，根据国土资源部部署，武进区又成为统筹协调推进农村土地制度改革三项试点的15个试点地区之一，承担起统筹协调推进土地征收制度改革、集体经营性建设用地入市和宅基地制度改革三项试点的工作任务。也正是因此，"宜居乡村"村土地规划团队选定常州市武进区为实践地点。

图5.35 调研团队与指导老师合影

（二）走村入户——嘉泽镇、湟里镇村土地利用现状调研

在嘉泽镇人民政府，"宜居乡村"团队与镇团委书记朱凌云、常州市国土资源局武进分局团委书记王铁成、武进区农村土地制度改革试点办公室的王烨科长等进行座谈，就嘉泽镇整体建设、村土地利用规划情况，从产业发展、生态文明、基础设施、乡村旅游等方面进行详谈。

在朱书记的带领下，团队成员一同前往嘉泽村对农户、商户进行走访。实践第二周，又来到嘉泽镇跃进村花都馨苑进行实地调研。这些江南园林风格的联排院落是为了安置嘉泽花博会期间被拆迁的村民而建的。团队同学们通过参观与入户访谈，从安置方式、人口结构、居住环境、花木产业等方面深入了解跃进村现状。

在湟里镇人民政府，团队成员与镇团委书记蒋俊舟等同志进行座谈，以西墅村为代表探讨在村土地利用规划编制过程中已解决的问题、现阶段工作重心和未来发展期望等。

在蒋俊舟书记的带领下，团队成员前往西墅村参观保留村和整体搬迁村。走村入户过程中，"宜居乡村"团队的同学们与村民深入交谈，详细交流了宅基地分配情况与环境满意度等问题，同时，也深刻感受到村土地利用规划必须坚持以村民为主体。

图 5.36　调研访谈图

（三）国土座谈——武进区村土地利用规划编制工作的座谈会

8月10日下午，团队学生与指导老师一同前往常州市国土资源局武进分局，参加武进区村土地利用规划编制工作的座谈会。中国土地勘测规划院副总工邓红蒂与规划所高级工程师赵云泰、高级工程师尤凤，江苏省土地勘测规划院副院长沈春竹、规划室副主任卜心国，中国土地学会的代表王浩聪博士与武进区委农村工作办公室、武进国土分局、规划分局、团区委、农村土地制度改革三项试点办公室、经济开发区国土分局、湟里镇、嘉泽镇等各位代表，以及南京大学的同学，围绕村土地利用规划这一主题进行交流探讨。

会上，相关部门负责人首先针对武进区城市规划、土地规划总体情况及其辖区内的镇、村的土地利用现状，村土地利用规划编制工作推进安排等情况进行汇报，并与调研人员就村土地利用规划编制的重点、难点与细节进行深入探讨，强调必须按照"望得见山、看得见水、记得住乡愁"的要求统筹农村自然、经济、社会、生态、文化的综合发展；强调了"多规合一"的重要性，要做好村规划与其他规划融合统一；还重点研讨了村规划编制的技术规范以及工作中面临的困难和问题。唐天意同学简要说明了社会实践基本情况，并结合实地调研感受，从大学生角度谈论了对村规划的理解。

会议的最后，中国土地勘测规划院调研组与"宜居乡村"团队开展进一步交流，同学们畅所欲言，谈论实践过程中的见闻和面临的困难。邓老师一行也与"宜居乡村"团队分享了调研过程中的感想，队员们也非常感谢邓老师与赵老师等对本次活动提出的宝贵建议。

图 5.37　调研座谈图

夯根柢　创新思　毓栋梁
——南京大学地理与海洋科学学院"三三制"下的本科人才培养研究

图 5.38　调研团队与当地政府人员合影

Ⅲ. 实践感悟

经历了这次暑期社会实践，南京大学地理与海洋科学学院"宜居乡村"团队成功完成了调研目标，并在此基础上撰写了实践报告。此次社会实践的完成与大家的鼎力相助密不可分，在此，我们献上最诚挚的感谢。

首先感谢我们的指导老师——南京大学地理与海洋科学学院李满春老师和黄秋昊老师。整个过程中老师给了我们很多详细的建议和指导，对我们的疑问悉心解答。我们此次实践圆满完成离不开老师们的帮助。

其次，我们要感谢武进国土分局团委书记王铁成、嘉泽镇团委书记朱凌云、湟里镇团委书记蒋俊舟等领导干部，感谢武进国土分局的接待，感谢中国土地勘测规划院邓红蒂、赵雲泰、尤凤、王浩聪等领导代表，感谢他们对我们这次实践提出的宝贵建议以及提供的大力支持。

最后，我们要感谢嘉泽镇跃进村和湟里镇西墅村的居民对我们调研的配合，也感谢小组成员对这次实践活动的付出！

经过近半月的外出调研，队员们深刻地认识到需要去深入学习的内容还有很多。后期，"宜居乡村"团队的同学们将在老师指导下，应用地理学专业知识和地理信息技术为村土地利用规划建言献策。路漫漫其修远兮，吾将上下而求索！

第三节　扶贫扶智立德树人成效显著

学院组建了各层次学生参加的"竺可桢讲师团"志愿服务团队，走进云南、贵州等贫困地区，扶贫扶志并扶智；在新冠肺炎疫情发生后及时建立了"云端课堂"，服务覆盖3000多名贫困学生，培养了一批具有"地理情愫、中国灵魂、世界胸怀"的地理学子。学生荣获"全国优秀共青团员""中国大学生自强之星标兵"称号、"中国大学生年度人物"提名奖、"全国向上向善好青年"候选人。立德树人和党的建设相辅相成，学院党委2019年入选"全国党建工作标杆院系"培育创建单位，本科生党支部2019年入选"全国党建工作样板支部"培育创建单位，进一步促进了人才培养。

一、第六届中国国际"互联网＋"大学生创新创业大赛金奖

Ⅰ. 比赛作品

成功人力

——更懂中国的人力资源专家

（一）项目背景

中国是人口大国，在脱贫攻坚战决胜之年的背景下，习近平总书记指出，后续帮扶最关键的是就业。中国九亿劳动力中有近四亿是以从事体力劳动为主的工人，其中大部分来自贫困地区，收入较低且工作不稳定，是国家稳就业的关注重点。劳动力空间配置的不均衡和空间转移的不协调向来是我国民生问题的关键痛点之一，也是人文地理学研究的前沿问题。地理与海洋科学学院"成功人力"项目重点关注以贫困地区异地就业者为主体的蓝领群体，创立以"扶志＋赋能"为核心的全周期就业关怀陪跑体系。公司与松桃、双柏、沿河等国家重点贫困县签署定点帮扶协议，实现贫困地区劳动力的就业直通模式；服务电子信息、高端装备、生物医药等十余个行业的2000多家企业，建立与头部企业的长期战略合作关系，为精准扶贫建立渠道保障和优势。

（二）项目成效

团队自创立以来，形成了"校级实践团队＋公司劳务对接"的校企上下游协作的运营模式。团队就业扶贫足迹遍布400个原国家级贫困县，在2020年精准对接原"52个重点贫困县"，深入贵州松桃、沿河，云南双柏等县签署就业扶贫战略合作协议书，

夯根柢　创新思　毓栋梁
——南京大学地理与海洋科学学院"三三制"下的本科人才培养研究

累计帮助贵州、甘肃、河南等贫困地区蓝领就业超过 20 万人次，人均增收达 6 万元；在苏州市，针对残疾人等就业弱势群体的就业问题，创新性地提出了"多场景互补"的用工模式，直接解决 400 多名残疾人的就业问题，间接受益群众超过 3000 人，实现社区治理和精准助残的有机结合，助力脱贫奔小康"一个都不能少"的目标；公司已经在全国布局 33 家子公司，获得了国家级人力资源服务标准化试点工作突出贡献单位、2020 中国人力资源服务机构 100 强、HRO20 强等几十项社会荣誉。

图 5.39　帮扶有温度——团队在就业扶贫领域取得的成效

Ⅱ. 比赛过程

第六届中国国际"互联网＋"大学生创新创业大赛由教育部联合 11 个部门主办，以"我敢闯我会创"为主题，以赛促学，培养创新创业生力军；以赛促教，探索素质教育新途径；以赛促创，搭建成果转化新平台。本届大赛自启动以来，共有来自国内外 117 个国家和地区 4186 所学校的 147 万个项目、631 万人报名参赛。大赛举办 6 年来，累计有 1578 万名大学生、377 万个大学生团队参赛，大赛已成为深化创新创业教育改革的重要载体和平台，成为世界大学生实现创新创业梦想的全球盛会。

2020 年 11 月 17 日至 19 日，第六届中国国际"互联网＋"大学生创新创业大赛全国总决赛在华南理工大学举行。中共中央政治局委员、国务院副总理孙春兰出席有关活动。经过校级初赛、省级复赛、全国总决赛等环节的激烈角逐，我院师生参赛项目"成功人力——更懂中国的人力资源专家"在总决赛中脱颖而出，获得全国金奖，也是"青年红色筑梦之旅"赛道江苏省唯一一个金奖。这是学院"互联网＋"大赛首次获得国赛金奖。

图 5.40　团队项目设计、实地调研、比赛准备等过程剪影

Ⅲ. 比赛感悟

南京大学地理与海洋科学学院在大学生创新创业工作中始终秉持以赛促学、以赛促教、以赛促创的理念，重视地理学知识的成果转化，同时培养学生关心时事、服务家国的责任感。学院在本次项目中以中国劳动力空间分布格局为切入点，积极探索人力资本地域转移中痛点的解决方案，打造人力资本优化配置的直通模式，撬动政企协作共赢，促进城乡协调发展，取得了优异的成果。

图 5.41 "成功人力"项目团队师生合影

二、第三届中国地理信息技术创新创业大赛一等奖（唯一）

1. 比赛作品

"二战"期间亚洲女性的青春坟墓
——侵华日军南京慰安所的 AR 故事地图

作品以"二战"期间侵华日军在南京地区建立的慰安所为研究对象，将慰安所及其文献史料、考察记录等，按时空顺序呈现在 AR 三维地图上，并将其与慰安妇及慰安所的历史资料相结合，制成南京地区侵华日军慰安所的 AR 故事地图。该作品旨在呼吁各界重视与正视慰安妇问题，以全新的技术手段构建关于"慰安妇"历史的共同创伤记忆。比赛作品为现场 PPT 展示答辩，以下为完整的答辩 PPT：

图 5.42 比赛作品 PPT

团队构成

图 5.43　团队成员

南京大学本科生团队 团队队员
团队 10 名成员：王泽慧、张景源、高鑫、夏梓倚（地理与海洋科学学院）、张一凡、莫如潇（电子科学与技术学院）、彭韵筑（历史学院）、龚之璇（建筑与城市规划学院）、叶瑞恒（新闻传播学院）、陈佳伟（计算机科学与技术系）

陈刚　博士/副教授　指导老师
南京大学地理与海洋科学学院副教授、硕导。主要从事 GIS 理论、方法和应用研究，近年来主要关注数字人文与历史地理信息化研究方向。

张帅　博士　特邀指导/视网么 CEO
南京大学博士，主要从事高性能图像检索算法研究，曾赴美国国家高性能计算中心交流访学，拥有专利 10 余项，回国后参与创办融数科技，致力于 AR 技术的产品研发与市场推广。

徐硕　博士　特邀指导/视网么 PMD
中国传媒大学数字媒体技术专业毕业，8 年 3D 游戏产品开发经验，高级前端工程师，曾独立负责 AR 产品从设计到研发的全流程把控，上线后日活用户达 10 万，累计下载量 100 万次。

图 5.44　相关历史材料

　　图 5.44 中左底图所示照片，拍摄于 1944 年 9 月 3 日。这位怀孕的女子，就是当年被迫在南京沦为日军慰安妇的朝鲜姑娘——朴永心。第二次世界大战期间，有 20 万以上的中国妇女成为日军的性奴隶，而日军建立的慰安所，正是控诉日军残酷暴行的有力罪证。据考证，仅南京地区的慰安所就有 69 处，但它们正逐步湮灭在城市化的进程中。如何利用信息技术留存这段记忆？

夯根柢　创新思　毓栋梁
——南京大学地理与海洋科学学院"三三制"下的本科人才培养研究

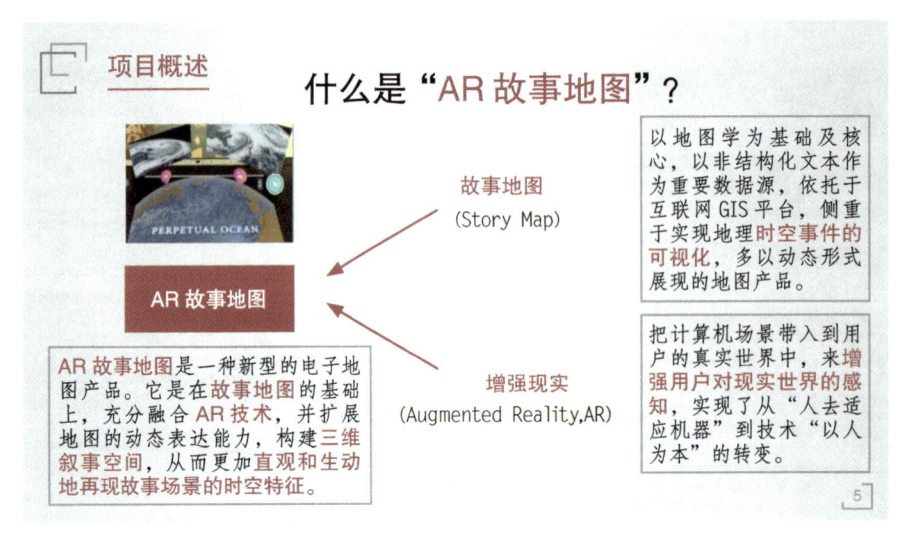

图 5.45　什么是 AR 故事地图

我们首先想到的是地图。首先，地图本身具有强大的叙事能力和对读者的视觉吸引性。进一步，故事地图，是在地图的基础上，对具有空间性质的事件进行可视化表达。AR 故事地图，是在故事地图的基础上，把 AR 技术融合了进来，它能够扩展地图的动态表达能力，构建三维叙事空间，从而更加直观和生动地再现故事场景的时空特征。

图 5.46　AR 故事地图效果呈现

这就是 AR 故事地图的效果呈现，这也正是我们的作品。

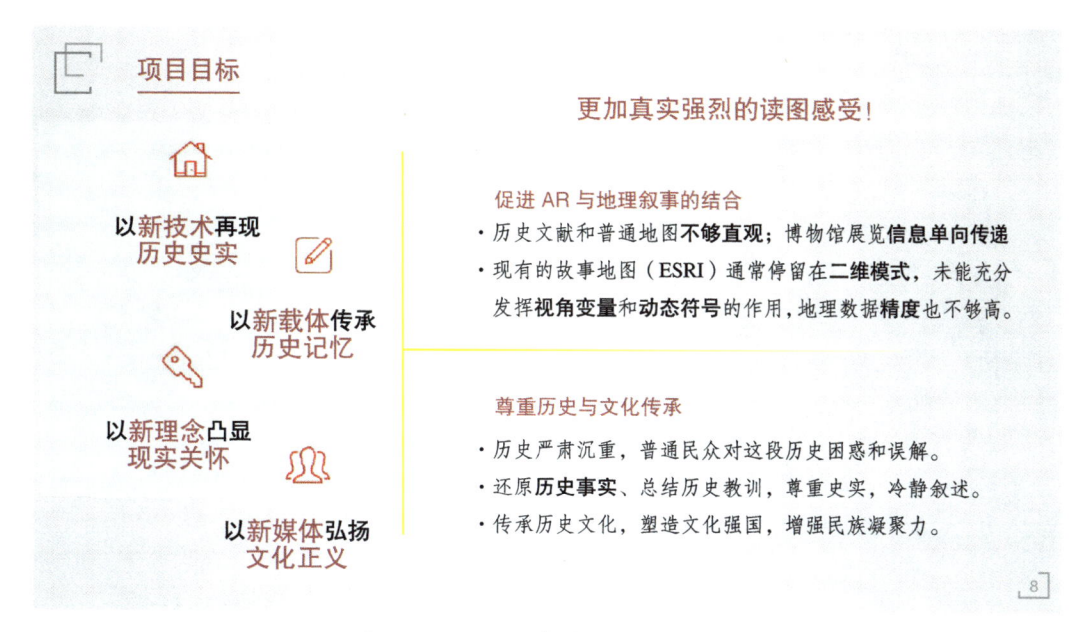

图 5.47 AR 故事地图的项目目标

之所以选择 AR，是因为现有的故事地图通常停留在二维模式，未能充分发挥视角变量和动态符号的作用。对于我们要做的慰安妇的故事地图，我们希望带来更加真实、强烈的读图感受，而 AR 技术，正好是基于现实的能够带来动态表达效果的一种手段，所以我们选择用 AR 来给纸质地图注入活力。

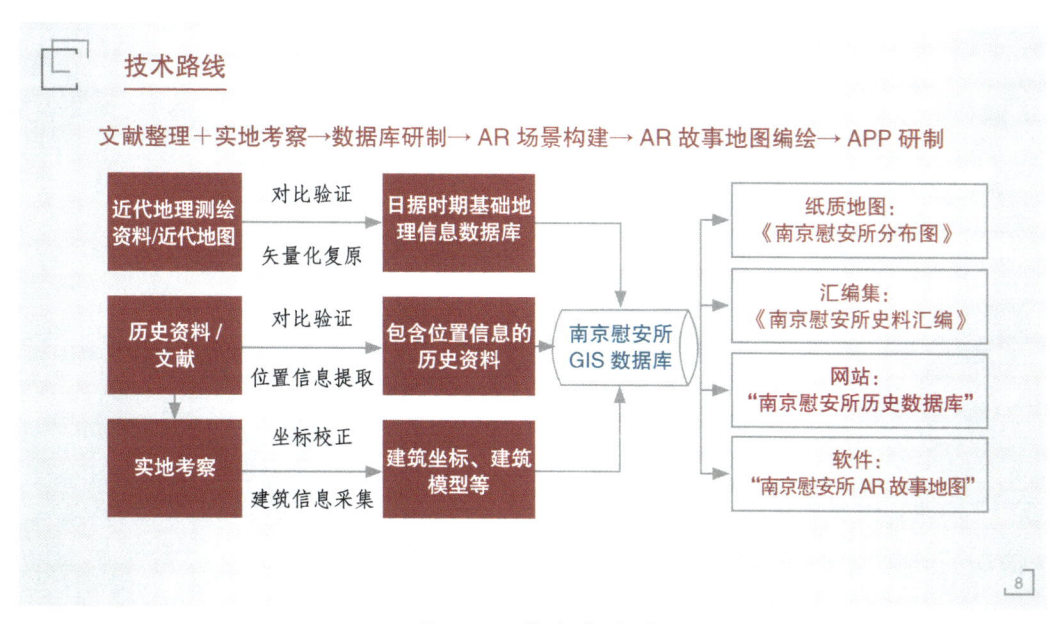

图 5.48 技术线路图

于是我们按照以上的技术路线研制了侵华日军南京慰安所 AR 故事地图：以文献整理和实地考察为基础，制作了数据库，搭建了 AR 场景，编绘了 AR 故事地图，封装成了一个完整的 APP。

图 5.49　南京利济巷慰安所旧址陈列馆 AR 场景

其中，南京利济巷慰安所旧址陈列馆，是我们作品描绘的重点对象之一。

图 5.50　初版 AR 故事地图

我们初版的 demo，实现了 AR 识别和沉浸式 3D 场景，并链接到了南京慰安所史料库。

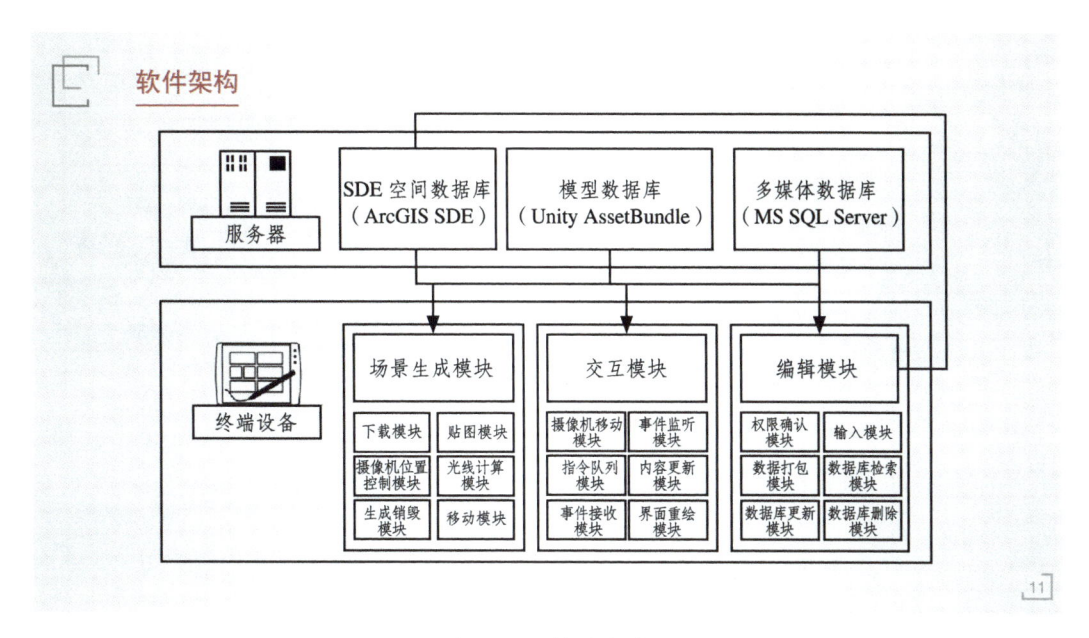

图 5.51　软件架构

我们的软件架构，主要分服务器和终端设备两部分。

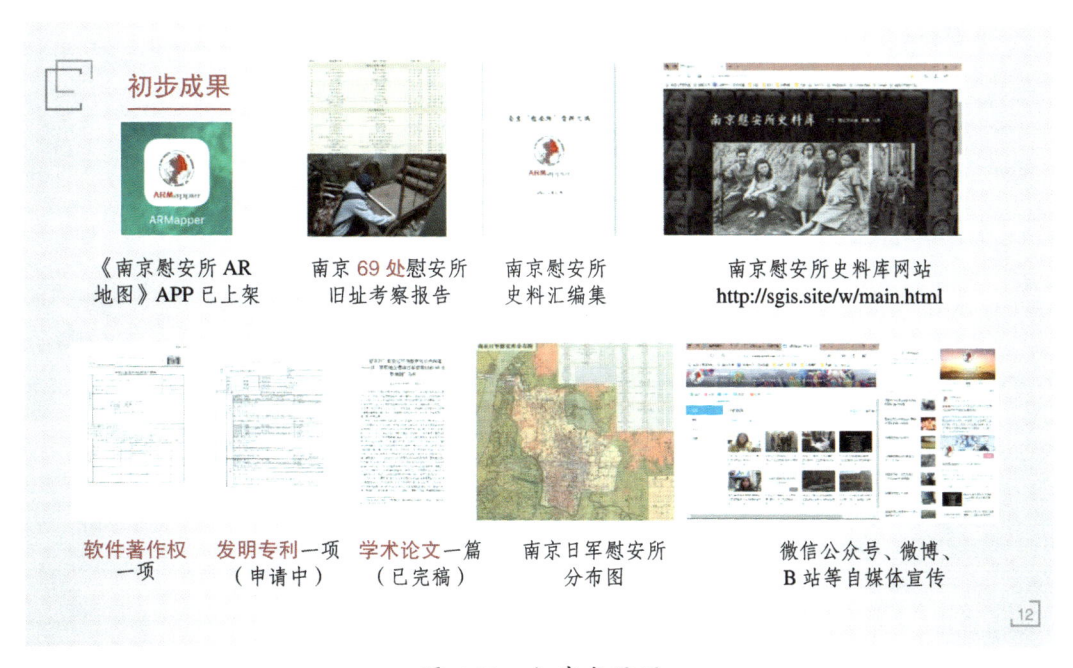

图 5.52　初步成果图

我们的第一代产品也取得了一些初步成果，包括 APP、考察报告和网站等，软件著作权一项，学术论文一篇，一项发明专利在申。我们的工作通过微信公众号、微博、B 站等平台对外发布。

第二代产品（AR 编辑器）

Web 端地图内容后台管理
提供地图数字内容管理工具，编辑可以使用 CMS 管理识别地图对象，以及地图数字内容素材等，使用方式简单快捷。

AI 识别地图内容
通过人工智能图像识别、文字识别、语音识别技术迅速获取地图数字内容。

APP 与小程序使用入口
读者通过小程序或者 APP 扫描地图迅速获取相应数字内容。

AR 故事地图产品体系

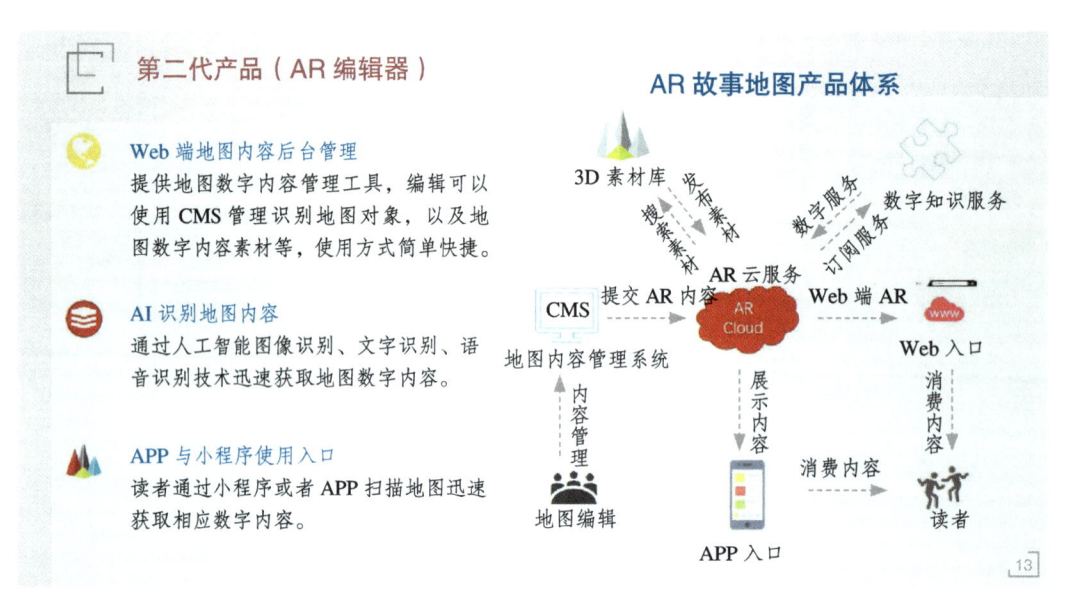

图 5.53　第二代产品

虽然已经取得了一些成果，但产品本身并不够完善，比如界面不够美观、操作不够便捷。于是我们与视网么公司又共同研制了新一代的 AR 编辑器。AR 内容的编辑者在 Web 端设置地图内容，读者通过小程序或 APP 扫描地图就能获取相应数字内容。

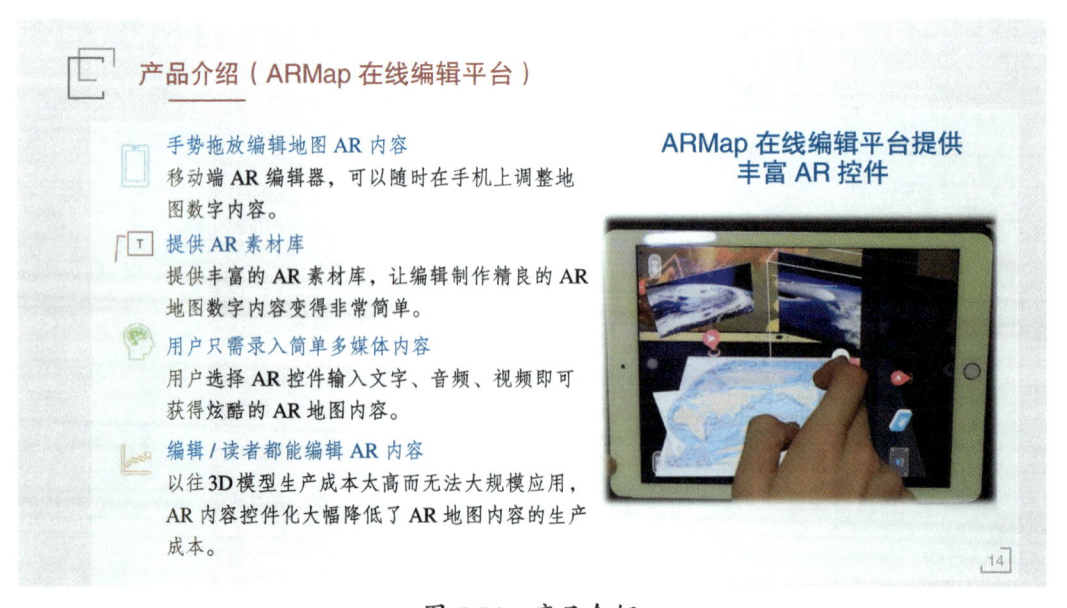

产品介绍（ARMap 在线编辑平台）

手势拖放编辑地图 AR 内容
移动端 AR 编辑器，可以随时在手机上调整地图数字内容。

提供 AR 素材库
提供丰富的 AR 素材库，让编辑制作精良的 AR 地图数字内容变得非常简单。

用户只需录入简单多媒体内容
用户选择 AR 控件输入文字、音频、视频即可获得炫酷的 AR 地图内容。

编辑/读者都能编辑 AR 内容
以往 3D 模型生产成本太高而无法大规模应用，AR 内容控件化大幅降低了 AR 地图内容的生产成本。

ARMap 在线编辑平台提供丰富 AR 控件

图 5.54　产品介绍

而我们的编辑过程也非常简单,用户可以直接使用平台提供的 AR 素材库进行编辑,也可以录入自己的素材,过程简单,操作方便。

图 5.55　第二版 AR 故事地图

我们利用新的 AR 编辑器制作了第二版慰安所故事地图,美观度大幅提高,交互性也有所增强。正在播放的视频是实际操作时的录屏演示,将 APP 摄像头对准纸质地图,即可自动跳出文字、图片和视频。

关键技术

一种新的地理信息三维数据格式 GeoGLTF

在动态三维数据标准 glTF 基础上,结合空间数据特征开发了一种三维数据交换格式 Geo-GL Transmission Format(GeoGLTF)以支持动态三维空间数据的高效存储。

GeoGLTF 的 Hilbert R 树索引和空间查询

使用了动态 Hilbert R 树结构存储三维模型的 GeoBox,通过灵活的延迟的分裂机制提高了存储空间利用率,较 B+树结构减少了 60% 的存储空间占用。并使用树状数组的思想改进索引结构,在原基础上提高了 50% 的空间查询速率。

针对 AR 地图应用的多级缓存技术

采用终端内存-终端外存-服务器-数据库的四级缓存,综合使用 SQL(MySQL) 和 NoSQL(Redis) 存储结构,通过应用层热点探测、应用层本地缓存、应用层缓存命中统计优化终端内外缓存调页算法,对高并发有更好的承载力。

图 5.56　关键技术图

夯根柢　创新思　毓栋梁
——南京大学地理与海洋科学学院"三三制"下的本科人才培养研究

在产品开发过程中，我们设计了一种新的地理信息三维数据交换格式，提高了存储效率，并通过使用希尔伯特 R 树结构和树状数组的思想，优化了索引结构，提高了 50% 的空间查询速率。此外，我们还采用了多级缓存技术，对高并发有更好的承载力。

创新点

新一代纸质地图

地图的发展历久而弥新，纸质地图始终具有存在的意义。AR 技术让纸质地图的边界进一步拓展，让线上的内容融入线下的场景，提高了传统地图的信息载负能力。

AR 地图交互操作集

AR 地图符号是空间信息的传播介质，与实际地物有特征联系，本身又具有多维性特点。针对 AR 地图要素的特性，我们设计了点击、长按、拖拽、张开、合拢五种操作手势和线-框空白区地图注释体系。经过问卷调查有较好的满意率。

一种近距增强现实的图像稳态滤波算法

设备抖动是低配置移动设备运行增强现实地图产品的阻碍。本作品设计了一种针对近距对焦的图像稳态滤波算法，保证虚拟信息变动到新位置响应时间。实现多数设备不高于 100 毫秒的虚拟对象稳定呈现。

图 5.57　创新点图

我们的项目有以下三个突出创新点：一是我们进一步拓展了纸质地图的边界，提高了传统地图的信息载负载力；二是我们为 AR 故事地图设计了一套完整的交互操作集，经过问卷调查有较好的满意率；三是我们设计了一种近距增强现实的图像稳态滤波算法，稳定了多数设备上虚拟对象的呈现。

社会效益与应用评价

1. 专家评价
 • 著名历史学家高度评价（苏智良教授）
 "作为大学生的一个项目，你们做得非常好，做完以后放在我们博物馆里面，写明你们的贡献。"
 • 知名 GIS 专家积极评价（林珲教授）

2. 媒体关注
 • 澎湃新闻，专栏文章支持
 • 搜狐网、腾讯网等，转载宣传

图 5.58　社会效益与应用评价

140

项目自开展以来，不断取得良好的社会效益和应用评价：包括国际知名慰安妇问题研究专家苏智良教授和知名 GIS 专家林辉教授的高度评价，同时得到了一些媒体的关注。

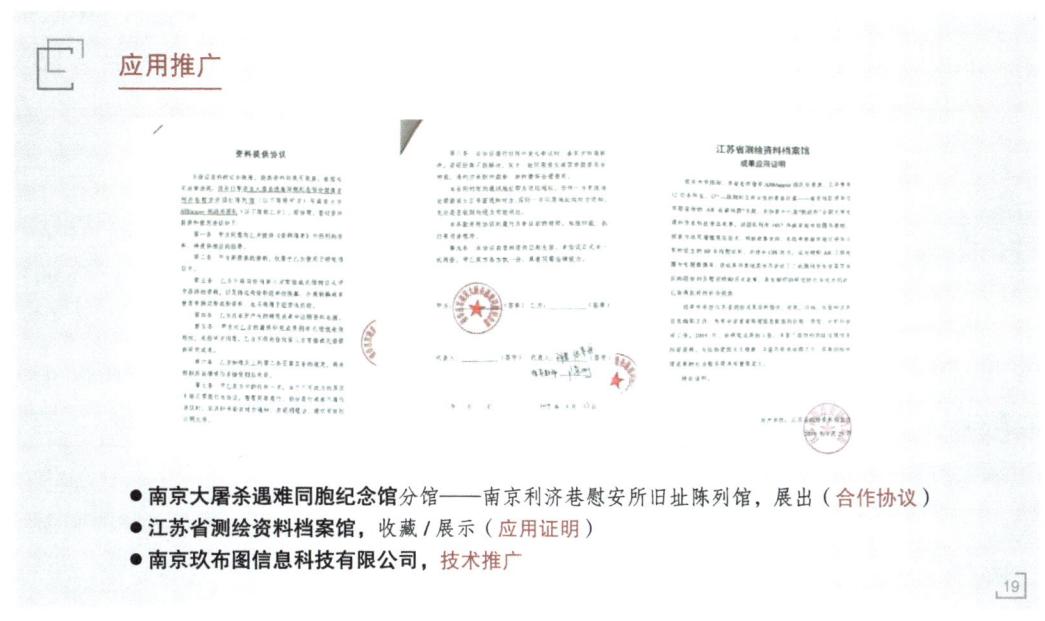

图 5.59　应用推广

我们也和侵华日军南京大屠杀遇难同胞纪念馆分馆（即南京利济巷慰安所旧址陈列馆）、江苏省测绘资料档案馆、南京玖布图信息科技有限公司达成合作。

图 5.60　前景展望

141

一直以来地图出版物都有巨大的市场，2017年我国公开出版的地图品种超过2000种，适合AR的有近九成。举个例子，据统计，2018年全国中小学生人数为2.08亿，因此AR地图直接接触读者将超过2个亿。如果能将AR故事地图应用到教材上，便能使产品拥有稳定的应用市场，同时还能促进教育事业的发展。AR故事地图是地图学研究的新热点，是GIS技术应用的新方向，也是地理信息产业服务社会的新领域。相信在不久的将来随着AR技术的快速发展，有更多的传统地图能借助故事地图的形式，向人们展示它们背后的精彩内容。

Ⅱ. 比赛过程

第三届中国地理信息技术创新创业大赛分为初赛（征集方案和筛选）与复赛（现场PPT演讲答辩）两个阶段。初赛阶段从2019年5月起，在全国范围内面向高校科研院所和地理信息企业广泛征集应用项目。10月，征集作品截止，组委会共选拔12支队伍参加复赛，其中6支队伍来自高校、6支队伍来自地理信息企业。

2019年11月27日，总决赛（复赛）在南京举行，比赛过程中，各参赛队以PPT陈述、视频展示、应用系统演示等多种方式呈现项目创新成果与市场前景，评审专家对参赛作品进行了点评和质询。最终，我们的作品以高分获得了全场第一名，即唯一的一等奖。赛后，本作品的获奖信息被南京大屠杀遇难同胞纪念馆官方微信、利济巷慰安所旧址陈列馆官方微信、南京大学官方微博、南京大学本科生招生网、交汇点新闻《新华日报》报道。

实际上，本项目从2018年秋天借"挑战杯"的契机就开始了准备，备赛时间长达一年。我们把研究课题的阶段性进展和项目开发的全过程用视频和文字进行了记录，并上传B站、微信公众号等平台。截至2019年年底，微信公众号（ARMapper）发布团队工作动态、项目阶段性总结、科普与宣传等推送共16篇，B站账号（ARMapper）上传慰安所实地考察、备赛与答辩、复盘总结等视频共10条。次年，团队成员主笔的项目相关论文[1]得以在北大核心期刊发表。我们还将课题研究成果、利济巷慰安所旧址陈列馆全景VR导览、AR故事地图APP以及相关地图下载方式发布在项目官方网站[2]，并且由后续接班团队（地理与海洋科学学院2019级硕士生黄紫荆为负责人）继续维护更新。

---

[1] 彭韵筑、张一凡、叶瑞恒等：《"慰安妇"公共创伤记忆的数字化构建——以"南京地区侵华日军慰安所的AR故事地图为例"》，《图书馆论坛》2020年第11期。

[2] 项目官方网站：https://armapper.cn/zh。

图 5.61　团队负责人王泽慧在总决赛现场进行作品汇报

图 5.62　团队成员在总决赛现场进行作品配合演示

图 5.63　获奖作品颁奖合影

图 5.64　指导老师陈刚与团队主要成员在比赛现场的合影

从左至右依次为：电子科学与工程学院 2017 级本科生张一凡、地理与海洋科学学院副教授陈刚、地理与海洋科学学院 2016 级本科生王泽慧、地理与海洋科学学院 2016 级本科生张景源

Ⅲ. 比赛感悟

AR 故事地图这个理念是早在 2010 年，陈刚老师在关于古旧地图的编撰与研究这个基础上进一步衍生出的一个想法。这个项目的发展对于城市地理、近代的城市空间以及民国资料研究与保存等专题研究是有很大帮助的。众所周知，2014 年 12 月 13 日是我国首个国家公祭日，2015 年 12 月 1 日南京大屠杀遇难同胞纪念馆分馆——利济巷慰安所旧址陈列馆成立。这是一段非常惨痛的记忆，但也是一段十分需要被铭记的记忆。

AR 故事地图的创新和"慰安妇"这个极具社会性的话题融合，想法其实是一个很棒的创新，但是在实际开展过程中却是十分困难的，尤其是对叙述视角和尺度的把控，是一个难度极高的挑战，其中专家的指导是非常必要的，所幸我们有陈刚老师的指导，并得到了上海师范大学苏智良教授、陶赋雯副教授的帮助，项目才得以在正确的方向开展。

在历史数据的搜集过程中，由于慰安妇和慰安所的史料的搜寻研究依据是当事人的口述以及一些文献的记录，而且实地考察有很多的错漏，团队成员必须进行实地考察以及进一步的学术文献研读，才能获得最精准的数据。

在利济巷建筑的建模过程中，因为资料不可考以及实地建筑测绘的困难，想要复原利济巷的原貌几乎是不可能的。后来非常幸运地了解到南京大学建筑与城市规划学院冷天教授参与了利济巷陈列馆的修复工作，通过他获得了一部分利济巷原来建筑的数据，再结合实地测量的数据之后，完成了现在的利济巷建模工作，但是很遗憾与利济巷本身还是有一定的区别。

在 APP 开发过程中，团队面临的问题其实很多，在创新内部表达形式上分歧很大，包括建筑应该如何呈现、朴永心老人的故事线如何加入等，在技术上的问题有慰安所的数据不够充分、识别精度不高以及相机扫描地图没有办法聚焦等。ARMapper 团队其实就是一个纯本科生的团队，所以技术问题的解决其实还是要感谢视网么公司的技术支持。

把目光放到现在的城市中，慰安所在城市化进程中正在慢慢地消失。而正是因为这个正在被城市化脚步慢慢推平的历史载体需要被铭记，我们的项目也变得更加有意义。AR 故事地图其实是把一段历史用特殊的形式进行复原了，我们的作品仅是地图学在文化的传播、历史记忆的传承等方面做出的一个勇敢尝试，但是如何能让一个 AR 地图文化产品在博物馆、出版物、网络媒体等场景下真正落地，是仍然需要讨论的话题。我们希望这个项目能够延续下去，而不是止步于比赛，希望更多的学弟学妹加入我们，帮助这个项目走向市场，走进大众，在公众创伤记忆的构建与传承中，发出一点点光亮。

第四节 教学理念教学成果辐射深远

学院承担了江苏省高等教育改革研究重中之重课题等教学改革项目，在 Journal of Geography in Higher Education、British Journal of Educational Technology、《中国大学教育》等学术刊物发表教学研究论文。受邀在全国高校地球科学课程教学系列报告会、高校 GIS 论坛等重要教育教学会议做大会报告，广泛传播地理学实践育人理念和教学方法。"走进地理学"MOOC 被教育部评为国家精品在线开放课程，入选"学习强国"平台慕课版块，在 2020 年新冠肺炎疫情期间被教育部遴选为国际 MOOC，选修学生分布广泛，包括中国、美国、英国、韩国等多个国家和地区在内的 50 多所高校和中学师生以及社会人员选修本课程，显著地促进了地理学知识传播。鉴于南京大学地理学研究、教学、科普等在业内的重要地位，中国地理学会特别推荐我院张捷教授作为全国地理学唯一嘉宾，连年驻场中央电视台大型生态文明建设益智类节目"绿水青山看中国"点评，大力提升了全国地理学界和南京大学的美誉度，在国际国内产生了重要影响。

一、第十六届"挑战杯"全国总决赛一等奖

Ⅰ. 比赛作品

如何绘制新时代"富春山居图"
——苏南地区村土地利用规划编制实践

农村是农民赖以生存的家园，也是农业生产的重要源泉。但是，当下农村在建设发展中遇到了诸多问题，譬如农田被侵占、耕地分布碎片化、乡村企业集聚效应差、乡村环境不尽如人意等，亟须开展空间治理，改变乡村面貌。随着"乡村振兴"战略的提出和实施，希望通过村土地利用规划的研究、编制和实施，推动农村土地合理利用，对生产、生活、生态"三生"空间协同优化，振兴乡村。

我们选取江苏省常州市武进区嘉泽镇跃进村作为研究区，它具有"亦城亦乡""亦农亦工"的特点，地势平坦、河网密布，是常州乃至苏南甚至长江三角洲地区具有典型的江南水乡农村地区。武进区是 2015 年由全国人大常委会授权，中央农村工作领导小组办公室、自然资源部、农业农村部共同指导的全国农村土地制度三项改革试点地区（全国 33 个）。这里城镇化迅速、土地资源紧张，亟须精细土地利用规划；同时，上级政府高度重视，村民对土地利用制度改革的理解和支持度较高，为村土地利用规划研究编制和实施打下了坚实的基础。

在前期村土地利用规划探索研究的基础上，2017 年 7 月起，我们先后在常州市自然资源和规划局、武进区分局、嘉泽镇国土资源所、跃进村等单位和地方开展调研，12 次走访政企单位，18 次走村入户。此外，选取具有不同产业和发展特色的村庄作为研究对象，调研苏南乡村土地利用问题。调查发现，包括跃进村在内的苏南乡村在发展过程中遇到了一些生产、生活、生态上的共性问题，主要包括土地利用效率低下、

产业规模难以成型、居民点分布零散、生态压力持续存在等。其主要原因是长期以来我国土地利用总体规划分为国家、省、市、县、乡五级，但村土地利用规划在其中长期缺位。这些问题可以说是历史发展与现实困境共同影响的结果，一定程度上反映了我国乡村土地利用的问题和症结。

通过查阅文献资料，我们发现不少发达国家有围绕通过土地利用实现"乡村振兴"的经验。比如，德国以土地整理为切入点，出台法律引导土地合并与限定土地用途，在促进城乡基础设施统筹发展的同时，仍坚持和保留乡村特色；荷兰乡村发展采取了精简集约型模式，通过更加科学合理的规划和管理，减少和避免农地利用的碎片化现象，实现农地经营的规模化和完整化；日本通过土地整合和开发本地传统资源，形成区域经济优势，从而打造富有地方特色的品牌产品，最终实现乡村的可持续繁荣。

我国乡村人口众多、土地广袤。党中央、国务院鼓励有条件的地区编制村土地利用规划，推动社会主义新农村建设。苏南地区经济社会发展迅速，土地资源紧张，亟须统筹安排农村各项土地利用活动，合理利用土地资源。我们认为，要根治苏南乡村发展过程中的"散、乱、缺"等问题，必须通过精细的村土地利用规划，科学合理地统筹安排全村生产、生活、生态用地，实现便民、利民和富民。

我们收集了武进区、嘉泽镇和跃进村的土地利用现状、产业经济、农户人口等多源数据；运用地理空间大数据技术、云计算方法和定量分析模型，挖掘人口数与农村居民点规模的关系；按照"现状问题分析—土地利用适宜性评价—规划用途落图"的研究逻辑，运用地理信息深度学习技术，定量定位评价不同土地的适宜性；从农业发展、建设用地布局、生态环境保护等方面，提出了跃进村土地利用规划方案，形成了作品。

作品成果包括：规划文本（《常州市武进区嘉泽镇跃进村土地利用规划文本》）、规划地图（常州市武进区嘉泽镇跃进村土地利用现状图、土地利用规划图、规划实施土地流向图等）、表格（常州市武进区嘉泽镇跃进村土地利用分类表、土地利用结构调整表等）、规划3D模型（常州市武进区嘉泽镇跃进村土地利用3D规划模型）。成果为原国土资源部《村土地利用规划编制技术导则》提供了依据。

在城镇化进程中，苏南地区乃至长江三角洲地区甚至全国形成了许多类似跃进村的村庄。它们同样存在因规划缺位而导致村庄布局零散、农田分散经营，从而导致农业农村发展低效，"美丽乡村"建设与乡村振兴举步艰难。作品遵循"生产空间集约高效、生活空间宜居适度、生态空间山清水秀"的理念，从农业发展、建设用地布局、生态环境保护等方面提出的乡村土地利用规划建议和实现方案，对于条件相似的村庄国土空间优化具有应用推广价值，对于诸多因规划缺位的乡村的振兴具有借鉴意义。

我们希望，通过村土地利用规划的编制和实施，系统整治乡村土地，努力改善乡村风貌，建设真正的活力乡村、宜居乡村、美丽乡村，打造人地和谐共生的新时代"富春山居图"。

（一）引言

1. 规划背景

（1）国家层面：乡村振兴战略、乡村规划编制

党的十九大报告正式提出实施乡村振兴战略，这是党中央着眼"两个一百年"奋斗目标导向和农业农村短腿短板的问题导向做出的战略安排。围绕"产业兴旺、生态宜居、乡风文明、治理有效、生活富裕"这一乡村振兴总要求，党和国家对农村土地利用方式改革进行了多种探索。近年来特别强调将加强规划管理作为乡村振兴的基础性工作，2019年《中共中央国务院关于坚持农业农村优先发展做好"三农"工作的若干意见》（中央一号文件）中明确指出要"强化乡村规划引领；按照先规划后建设的原则，通盘考虑土地利用、产业发展、居民点建设、人居环境整治、生态保护和历史文化传承，注重保持乡土风貌，编制多规合一的实用性村庄规划"。

（2）多方借鉴：探求村庄发展参考经验

以往的村规划缺位，未能对症下药地解决村庄现存土地利用问题，此外，使得乡土特色的"田园风光"与"乡村聚落"不断消逝，村庄辨识度进一步弱化。如何针对村庄发展问题及其内因提出适用性强的规划建议，应当成为乡村发展研究的重点。通过查阅文献，我们发现不少国家也曾经历过相似的阵痛，因此国外的"乡村振兴"经验也颇具参考价值。

德国以土地整理为切入点，出台法律引导土地合并与限定土地用途，在促进城乡基础设施统筹发展的同时，仍坚持和保留乡村特色。20世纪90年代提出的"村庄即未来"口号使德国在保持乡村原有文化形态的同时推动产业向休闲旅游转型升级。

荷兰乡村发展采取了精简集约型模式，通过更加科学合理的规划和管理，减少和避免农地利用的碎片化现象，实现农地经营的规模化和完整化；将乡村建设从只强调农业发展的单一路径转向多目标体系，农业可持续发展与乡村旅游和服务业的发展齐头并进。

日本通过土地整合和开发本地传统资源，形成区域经济优势，从而打造富有地方特色的品牌产品，最终实现乡村的可持续繁荣。

通过学习借鉴成功经验，我们试图探索一条集高效农村生产、特色乡村农居、良好生态环境于一体的苏南模式乡村规划路径，为我国村土地利用规划提供有益借鉴。

2. 研究区选择

2017年5月，共青团中央下发了《关于开展2017年村土地利用规划志愿服务全国大学生暑期社会实践专项行动的通知》，引导青年大学生积极投身于村土地利用规划志愿服务活动。同年7月起，本团队在江苏省常州市武进区的跃进村、安基村和牟家村三个行政村调研，因跃进村更具有典型性、先进性和代表性，所以选择跃进村开展村土地利用规划编制探索。

典型性：在国家打造"各具特色的现代版'富春山居图'"号召下，跃进村、安基村和牟家村不仅拥有不同的特色产业，其间发生的土地利用问题均为农村典型问题。例如，对于跃进村，其花木产业历史悠久，正在经历由传统露天农田种植向温室大棚培育的转型过程，其用地类型较为简单，且在转型过程中出现的农用地闲置、生产用地受污染等土地利用现存问题均具有典型性。

先进性：我们选取江苏省常州市武进区嘉泽镇的跃进村作为研究区，它具有"亦城亦乡""亦农亦工"的特点，地势平坦、河网密布，是常州乃至苏南甚至长江三角洲地区具有的典型的江南水乡农村地区。武进区是2015年由全国人大常委会授权，中央农村工作领导小组办公室、自然资源部、农业农村部共同指导的全国农村土地制度三项改革试点地区（全国33个）。这里城镇化迅速、土地资源紧张，亟须精细土地利

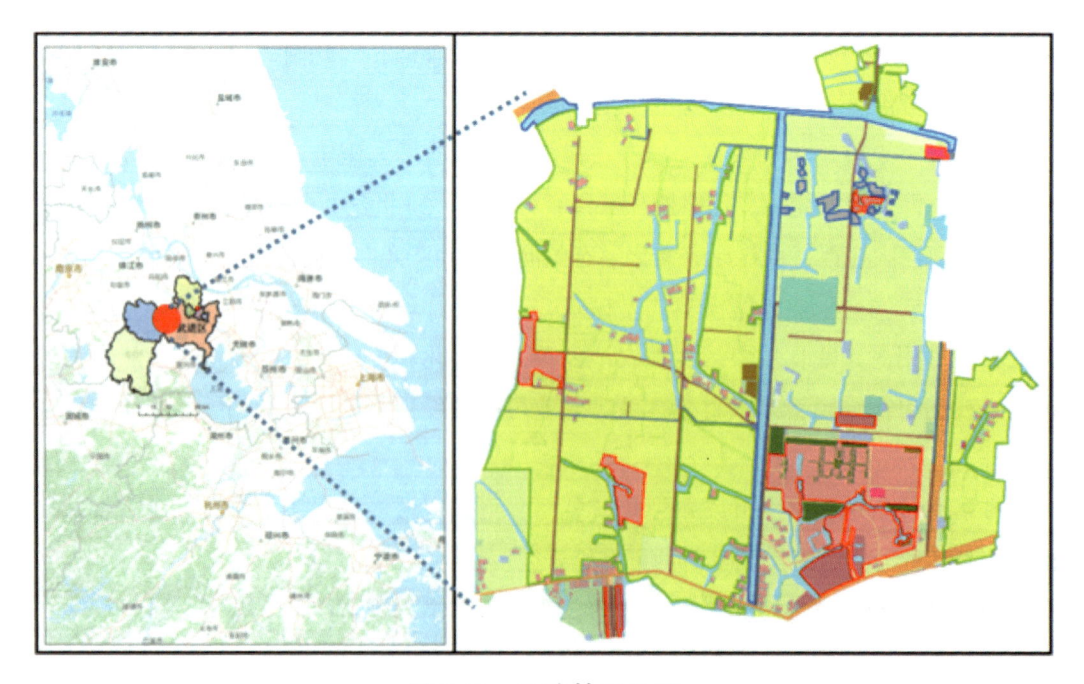

图 5.65 跃进村区位图

用规划；同时，上级政府高度重视，村民对土地利用制度改革的理解和支持度较高，这为村土地利用规划研究编制和实施打下了坚实的基础。

代表性：尽管我国幅员辽阔、地貌多样、各区域用地情况有所差异，但跃进村、安基村和牟家村，分别代表了农业型、制造业型和服务业型三种不同支柱产业的特色乡村，因而能够广泛反映在各种产业驱动下苏南地区村庄各类用地问题。作品提出的"现状问题分析—土地利用适宜性评价—规划用途落图"这一技术流程和确立的人均用地空间标准，经过检验，可为我国广大农村地区提供一个"可借鉴、可复制、可推广"的村土地利用规划成功案例。

3. 规划过程与报告框架

（1）规划调研方法

调研采取面和点相结合的方法。一方面，我们选取不同区的村作为调研对象，以对长江三角洲地区村庄的整体概貌进行理解；另一方面，我们选取跃进村作为重点村开展工作，深入剖析跃进村现状，探索一条可借鉴、可推广的国土空间优化与乡村振兴道路。

调研采取资料分析与实地走访相结合的方法。调研初期，本研究团队在老师的指导下进行村土地利用规划知识的学习，并收集了调研地区的各类数据，为实地调研做好充分的前期准备工作。

实地调研包括政企访谈和走村入户两部分。为保证实地访谈的顺利进行，团队成员事先与相关部门取得联系并拟定了访问提纲，问题涵盖区域、村域宅基地改革方案、进展与实施情况以及现行镇域规划与未来工作方向等。我们先后与常州市自然资源和规划局、武进区分局、嘉泽镇国土资源所、跃进村等单位和地方围绕拟定问题进行交流，与各村企业，包括江南花都产业园、世华花卉、土人多肉、懒人园艺等企业进行深度交流。

为了解村民生产生活需求和发展意愿，我们向村民发放了调查问卷。问卷共有五个模块，分别为受访人基本信息、耕地情况、居住情况、村庄情况、政策认知与响应。为了确保不引起村民误解和村庄管理问题，我们以事先设计好的调查问卷为基础，重点选取了几个采访问题，对村民进行深度访谈。问题包括村庄近年来的变化、土地改革政策宣传是否到位以及对村庄未来发展的想法和建议。

（2）调研过程

从 2017 年 7 月到 2019 年 3 月，团队成员多次于江苏省、常州市、武进区、嘉泽镇以及跃进村实地收集资料。我们以调研成果为基础，结合地理信息技术，为常州市武进区跃进村制定了因地制宜的土地利用规划，并完成了这份报告。

图 5.66　跃进村村委访谈

图 5.67　安基村村委访谈

图 5.68　采访跃进村村民

图 5.69　牟家村村委访谈

（3）报告框架

报告包括现状剖析、规划方法、规划方案三个部分。

现状剖析：通过收集规划区全区的土地利用现状等空间数据、农户人口经济等统计信息，以及通过入户调查、集体访谈等调研补充典型农户耕地与宅基地使用情况，对村土地利用现状及典型问题进行分析。

规划方法：运用统计方法与地理信息空间分析技术，定位定量评价不同土地的利用方向适宜性。

规划方案：以苏南乡村生产、生活、生态"三生空间"精细规划为抓手，依据现状分析和适宜性评价结果，从生产用地布局、生活用地优化、生态用地保护等方面提出规划方案，以探索解决村土地利用问题的有效办法与实现路径。

（二）现状剖析——苏南农村土地利用问题分析

在前期村土地利用规划探索研究的基础上，2017年7月起，我们先后在常州市自然资源和规划局、武进区分局、嘉泽镇国土资源所、跃进村等单位和地方开展调研，

12次走访政企单位，18次走村入户。此外，选取具有不同产业和发展特色的村作为研究对象，调研苏南乡村土地利用问题。调查发现，包括跃进村在内的苏南乡村在发展过程中遇到了一些生产、生活、生态上的共性问题，主要包括土地利用效率低下、产业规模难以成型、居民点分布零散、生态压力持续存在等。其主要原因是长期以来我国土地利用总体规划分为国家、省、市、县、乡五级，但村土地利用规划在其中长期缺位。这些问题可以说是历史发展与现实困境共同影响的结果，一定程度上反映了我国乡村土地利用的问题和症结。

1. 生产：土地利用效率低，规模效益尚未产生

（1）部分耕地闲置，后备资源不足

在苏南乡村，随着经济水平的快速发展，人们对于土地资源的需求也越来越大，然而在调研过程中，我们却发现了许多地区存在着不同程度的农村土地闲置现象，这是对土地资源的极大浪费。

以跃进村为例，2009年跃进村一共流转出1037亩土地，用于建设产业园，但迄今为止才完成一期600多亩的园区建设，近10年间完成率不到60%，村民有想进行农业生产的，却无地可用。在走访过程中，我们了解到由于园区经营管理不善和企业自身竞争力不足，园中一些用于种植工程苗的温室大棚实际上都闲置了，造成了土地资源的浪费。另据统计资料显示，作为典型农业村，跃进村的耕地资源开发率较高，为91.14%，而其他未利用地大部分为河流水面，不能作为后备资源。随着

图 5.70　跃进村闲置的温室

城镇化和工业化的不断推进，跃进村可供开发的耕地后备资源有限，开发成本不断攀升，补充耕地能力不足。

（2）土地流转不规范，转出土地难以回收

自1978年我国实行家庭联产承包责任制以来，将土地分散到各家各户，形成了农地分散耕种的状况。2004年以来，国家才开放土地流转制度，将土地经营权从承包权的束缚中释放出来，而土地流转制度的不完善却一定程度上制约着苏南土地产业的发展。

虽然跃进村在 2009 年成立了合作社，但村中土地流转基本没有大规模变动，农民找不到将土地集中流转给合作社的契机，只能零散地流转租赁给外来人员耕种。这不仅没有改善土地分散经营、规模化程度低的现象，也给农村土地管理和规划带来困难。跃进村薛西组组长张建明在接受采访时说："以前生产地有抛荒，老百姓做不下去，而且也承受不了劳力税，田种不了，亏本，于是就把土地给外人种。土地就流转外地，现在想把土地收回来，就困难了。"

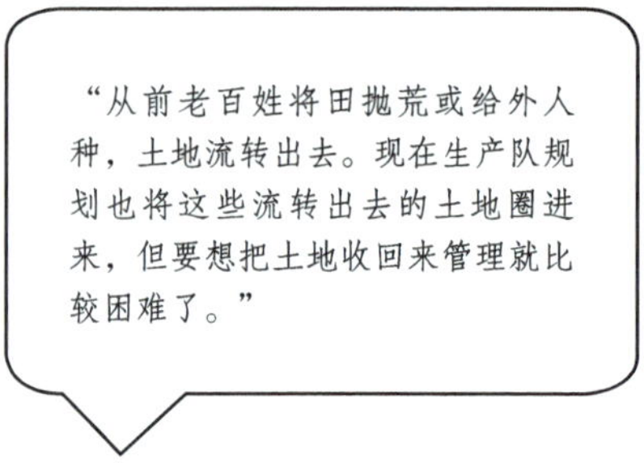

> "从前老百姓将田抛荒或给外人种，土地流转出去。现在生产队规划也将这些流转出去的土地圈进来，但要想把土地收回来管理就比较困难了。"

图 5.71　村民有话说

由于村土地流转市场还处于初始阶段，政府忽略对乡镇级土地流转的总体管控，土地流转不规范，带来了农村土地统一管理和规划难的问题。第一，绝大部分土地流转是在村民内部之间口头协议下进行的自发流转。第二，各类种植大户和农业产业经济组织在与村民签订土地流转的书面合同时，存在内容描述不具体、条目约定不明确、实际履行没保障等问题。同时，由于缺乏健全的土地流转机制和良好的土地规模经营氛围，该区域乡村振兴面临较大困境。

（3）务农人口老龄化，明天谁来种地？

人力资源是乡村振兴的关键。当前，由于较强的苏南城镇的集聚效应，许多年轻人不愿意留在乡村，苏南乡村普遍存在着人口流失、人口老龄化等问题。

跃进村 1827 人中有 86% 都是农民，且以"40 后""50 后"居多，安基村、牟家村也面临着同样的问题，正如采访中所了解到的："年轻人很少种田，一般种田的都是六七十岁的老人，因为种田收入低，哪怕是门卫保安工资收入都比种田高。恐怕再过十几年二十年，本地人都不会种地了。"

数据显示，牟家村劳动力人数占总人口数的 40.77%，安基村 65 岁以上人口占户籍人口比重达到 19.1%（2017 年，我国平均 65 岁以上人口占总人口 11.4%，联合国老龄化标准是 7%），且 70% 的人口都在本村或邻近的工厂务工，务农人口仅占 10.2%。

我们的访谈对象中还有不少 60 岁以上的务农老人。随着务农劳动力老龄化的现象越来越明显，一部分农民也逐渐表现出不愿再辛苦种地的想法。跃进村薛西组的金先生就表示："像我们这样上了年纪的人，不想种了或是种不动了，土地就荒废在那里。"适龄劳动力外出务工，高龄劳动力不愿再务农，我们不禁要问明天"谁来种地"？

（4）分散经营效率低下，规模经济难以成型

推进农业规模化、机械化经营是实现农业增效的重要保障。然而苏南地区农村水系密布，耕地零散分布；同时，农民们对承包地的处置方式却不尽相同：有的流转给农业大户、农村合作社进行集体经营，有的就零散地流转给外来人员耕种，还有部分村民碍于土地情结不愿流转土地、坚持自己种。使得土地使用经营权分散化，农地难以集中连片地整治，影响了农业生产效率的提升，也阻碍了农业规模化发展的步伐。

安基村的农业经营以分散承包为主，缺乏家庭农场、现代农业园区等规模化的农业生产经营平台。而跃进村虽然早在2009年就成立了农村土地股份合作社，但全村只有不到30%的农户入股，大部分农户仍然是各家各户分散经营。据村民反映，没有加入合作社的农户花木销售主要靠两种方式：一是各家各户将样苗送去夏溪花木市场，彼此竞争，凭人挑选；二是等待收苗木的人进村来看。然而通常单独的一家经营不能满足客户的订单需求，零散经营没有规模效益，不能吸引花木商长期合作，只能自己寻找买主，农户处于市场的被动地位，年际收益很不稳定。如果遇到花木市场需求少或是无人相中的情况，旧苗卖不出，新苗下不去，农民不仅挣不到钱，还可能赔本，而且没有大规模温室大棚的支持，一般农户基本上都是种植大叶黄杨、金边黄杨等绿化工程苗，其客户群体主要是城市建设工程、大型公司，比产业园集中培育的小型花木盆景的受众要狭窄，因此销量受限。

2. 生活：居民点零散分布，宜居乡村有待建设

（1）户均宅基地超标、宅改压力巨大

根据《江苏省土地管理条例》，人均耕地在1亩（约666.67平方米）以上的县，每户宅基地不得超过200平方米。

截至2014年年底，跃进村人均耕地面积为968.76平方米，户均宅基地面积为289.95平方米，超出标准近90平方米。在安基村，户均宅基地面积为335平方米，大大超出了宅基地标准，且宅基地利用效率低下，空闲宅基地占比达到了36.79%。牟家村的宅基地利用状况也不乐观，宅基地空置、出租乃至改为商铺的现象频频发生。

不仅如此，一部分农民进城后仍占用着村中的宅基地指标，在采访过程中还有村民表示："在村里小区里买了一套房子，这边（村西边未集中居住的地方）还有一套房子，两头住。"这样一户多宅的现象在全村并不鲜见，但这并不符合《江苏省土地管理条例》中对于"农村农民一户在农村只能拥有一处宅基地"的规定。

各村也在试图改变目前的宅基地利用状况。安基村和牟家村的思路是：拆迁老房，增加新房楼层，在保证居住面积不变的条件下，减少户均宅基地占用土地，建造集约化的居住小区。然而，宅基地改革却遇到了重重阻碍。安基村村委会相关负责人表示："改造改不了，不敢碰，一碰就改造了基本农田。"正是由于基本农田保护要求严格，土地腾挪的空间遭受了挤压，找不到新的成块的土地建造新房。而没有新房，就不能

夯根柢　创新思　毓栋梁
——南京大学地理与海洋科学学院"三三制"下的本科人才培养研究

自住　　　　　　　　出租　　　　　　　　空置

图 5.72　早先跃进村住宅的出租与空置现象

拆老房，只能原地翻修，可以说是"拆迁难"，"改造也难"。

（2）农村居民点分布零散，基础设施难以配套

调研了解，苏南地区乡村普遍存在着居民点分布零散的情况。对于跃进村而言，其建设用地面积 32.86 公顷，其中农村居民点就占到 22.46 公顷，其空间格局呈现出"满天星"的分布态势。跃进村中 6 个自然村分布状况如图 5.73 所示。除了东南部已经集中居住的村民小区，在村庄西北部、中部和南部还零散分布着前项庄、谢家巷、赵家村、陆家村等自然村。宅基地的零散分布，将原本成片的农田格局打碎，限制了农业的规模化发展。而为分散的居民点配套相关基础设施，不仅成本高，而且需要占用大量土地，使得配套基础设施愈发困难。

图 5.73　2016 年跃进村零散分布的农村居民点

如上所述，在调研过程中，我们发现部分村庄缺乏相应的配套基础设施。跃进村因为农村居民点分散，煤气管道布设难，故村中相当一部分村民家中还在使用煤气罐，生活较为不便。同时，村民还反映出缺乏公共活动空间的问题。在跃进村，我们所见到的花都馨苑和薛家组的两处活动广场，面积仅有篮球场一半大小，且健身设备年久失修，基本不能使用；安基村也存在着缺乏居家养老服务、帮扶服务、公共安全服务等相关服务设施的情况。

道路建设方面，由于农村居民点零散分散在村中各处，尚未统一规划道路，目前许多村庄区域对内交通主要依靠宅间树枝状的断头路，道路宽度为3—5米不等。部分区域建筑密集，机动车无法到达宅前屋后，停车场地也主要是宅前空地和自建简易停车库。

图 5.74　跃进村活动广场

3. 生态：配套设施不完善，生态压力持续存在

（1）垃圾处理设施落后，固液垃圾造成污染

随着农村社会经济快速发展、农村居民生活水平不断提高，生活垃圾也在不断增加，固体和液体垃圾处理问题成了农村生态环境最大的威胁。

随着固体垃圾不断增多，垃圾处理的压力不断加大，落后的农村垃圾处理系统无法实现垃圾的快速清理，导致固体垃圾堆积。据了解，跃进村已经建有垃圾中转站，但是垃圾经收集、运送至中转站后，后续的垃圾转运跟不上，固体垃圾在中转站堆积，又因为中转站过于简易开放，在堆积过程中，产生臭气污染周围空气，下雨后渗出污水污染周边土地，甚至出现了中转站垃圾堆满、过剩垃圾堆放在空置土地上的现象。

农村生活污水排放日益增多，然而多数农村没有修建下水道系统，生活废水直接向河流排放，造成严重污染；有的村庄即使修建了污水处理厂，也会因为缺乏合理规划，造成二次污染。

针对农村污水乱排乱放问题，村居分散则又是一大诱因。污水管道难以集中布设，村民们只能就近排入河道，极大地影响了河流水质。跃进村薛家组布设了污水处理厂，

图 5.75　跃进村原垃圾中转　　　　图 5.76　跃进村原被污染河

周边的村民们也都接通了污水处理口，然而就在污水处理厂旁道路的另一侧，一位阿姨却向我们诉苦：污水处理厂的地势高于她家门前的水塘，污水难以自流进入，反而汇集到河道里，盛夏的时候严重影响了村民的生活。因此，污水处理设施选址不当也是造成村庄生态环境污染的原因。

（2）村民生态意识淡薄，生态压力持续存在

村民自身文化观念的局限加上基层缺乏相关的教育宣传引导，导致村民的认识能力普遍不足，对于村的公共空间和村政事务表现出明显的责任最小化与权利最大化的趋势。农村居民生产生活产生的废物直接排放到环境中，人口不集中导致生产生活垃圾呈面状分布，乡村脏乱差现象难以改善，增加治理成本。农村水环境污染、植被破坏、无序建设占用农田水系等现象多有存在，增大了农村生态环境压力。

4. 小结

以上诸多问题可以概括为"土地利用碎片化、土地集约利用程度低、土地利用不完善"，其根本原因是村规划在我国长期缺位。村规划的特殊之处在于村域范围小，一个行政村不过几平方公里的面积，细分到各类地块长宽也只有百米的数量级。但是我国现行的土地利用总体规划分国家、省、市、县和乡（镇）五级，村民委员会是群众性自治组织，不属于一级政府单位，因此土地利用总体规划最细只到乡镇一级，虽然也对村庄各项用地活动进行了安排，但这样的精度内容极为粗疏，显然无法满足村规划的要求。不精确到地块就无法实现农村土地供给的精细化管理，也不能很好地指导新时代农村生产、生活和生态建设；而且由于村规划尚且处于起步阶段，规划部门对于乡村规划和城市规划的差异认识不足，很多技术手段和指标选取都直接借鉴城市规划，导致规划不符合乡村地区的实际发展需求或者难以真正实现。

综合来看，村庄的宅基地分布零散、区域差异大、耕地利用效率低下、生态污染等问题较为普遍。要解决以上问题，要求规划结合不同地区地域特点，针对具体问题具体分析，以节约、集约、优化村庄建设用地结构为目标，对居民点的分布进行精确到小区甚至到户的精细化调整。因此，针对乡村生产、生活、生态"三生"空间的精细规划势在必行。

（三）规划方法——多因素统筹优化

本次调研村所展现出的农用地闲置撂荒、建设用地布局零散、人均建设用地面积大、土地利用效率低等问题，实际上也折射出苏南地区的用地现状。要做好苏南地区乃至全国的乡村振兴，就必须从多方面多角度，科学整治乡村"三生"空间布局。

为了确立乡村"三生"空间的优化方案，本报告运用现代地理空间信息技术，结合自然、人文等多源空间数据，基于土地适宜性和生态风险性两大评价原则，综合宏观尺度（全村区域）和微观尺度（具体地块）两个不同评价尺度，构建了用地适宜性评价指标体系。在生产方面整合耕地资源，确立村永久基本农田划定方法，划定永久基本农田红线；在生活方面对居民点进行适宜性评价分析，促进农村宅基地集约化；在生态方面充分利用现有资源，集成生态承载力与自然空间因素，确立生态用地类型。最终确立"现状问题分析—土地利用适宜性评价—规划用途落图"的研究逻辑和乡村土地利用规划编制理论与实践结合的方法，促进跃进村实现健康可持续发展。

1. 村永久基本农田划定技术

永久基本农田是指按照一定时期人口和社会经济发展对农产品的需求，依据土地利用总体规划确定的不得占用的耕地；2013年中央农村工作会议提出要确保粮食安全，坚守18亿亩耕地红线的要求。苏南地区水热条件优越，是我国重要的农业生产区。我们的研究思路是构建基本农田评价指标体系和模型对基本农田现状进行评价，以及对基本农田进行区、片、块识别，实现村永久基本农田保护红线划定。

（1）基本农田评价指标体系构建

在基本农田方面，从自然因素、社会因素、生态因素以及现有规划中选取相关评价因子，并进一步确定各个评价因子的贡献函数，实现因子量化。

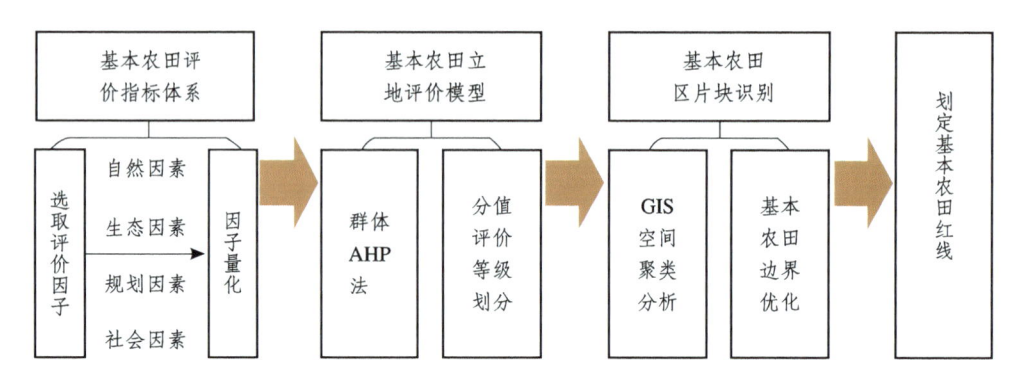

图 5.77　永久基本农田红线划定技术路线

（2）基本农田评价指标模型建立

为了实现基本农田的划定，一方面我们利用因子量化结果、设置限制因子的阈值、提取备选图斑，基于 GIS 多层缓冲区等技术方法，综合计算图斑的因子作用分值。另一方面，我们使用通过群体 AHP 法[1]，确定了各个因子的权重，并进行加权综合，使得我们建立的评价模型更加可靠。在构建起基本农田立地条件评价模型之后，再进一步对其评价结果进行等级划分。

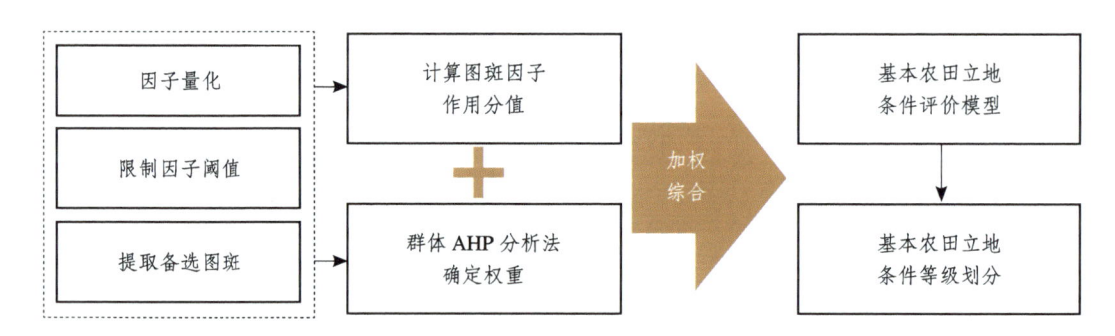

图 5.78　永久基本农田立地条件评价与划定

（3）基本农田区片块识别

为了更合理地对土地斑块进行分类，需要剔除较小的、离散的、对分类结果没有太大影响的土地斑块，以减少分类工作量，提高分类精度。因此，通过不断调整"长短边"阈值和面积阈值，对图斑进行聚类分析，来剔除破碎图斑。

完成聚类分析后，我们综合考虑基本农田立地条件等级划分结果和农田连片度两

---

[1] 层次分析法（AHP）是指将与决策有关的元素分解为目标、准则、方案等层次，在此基础上进行定性和定量分析的方法。

个方面，来优化村永久基本农田划分结果。其中以农田的连片度（connectivity）[1]最大化为原则，通过调整基本农田保护块边界，使得图斑满足斑块内耕地大于98%；具有优越的基本农田立地条件的农田设置较高的权重，即在调整基本农田保护块边界时，倾向于不减少具有优越的基本农田立地条件的农田。以此得到最终的村永久基本农田优化划分结果。

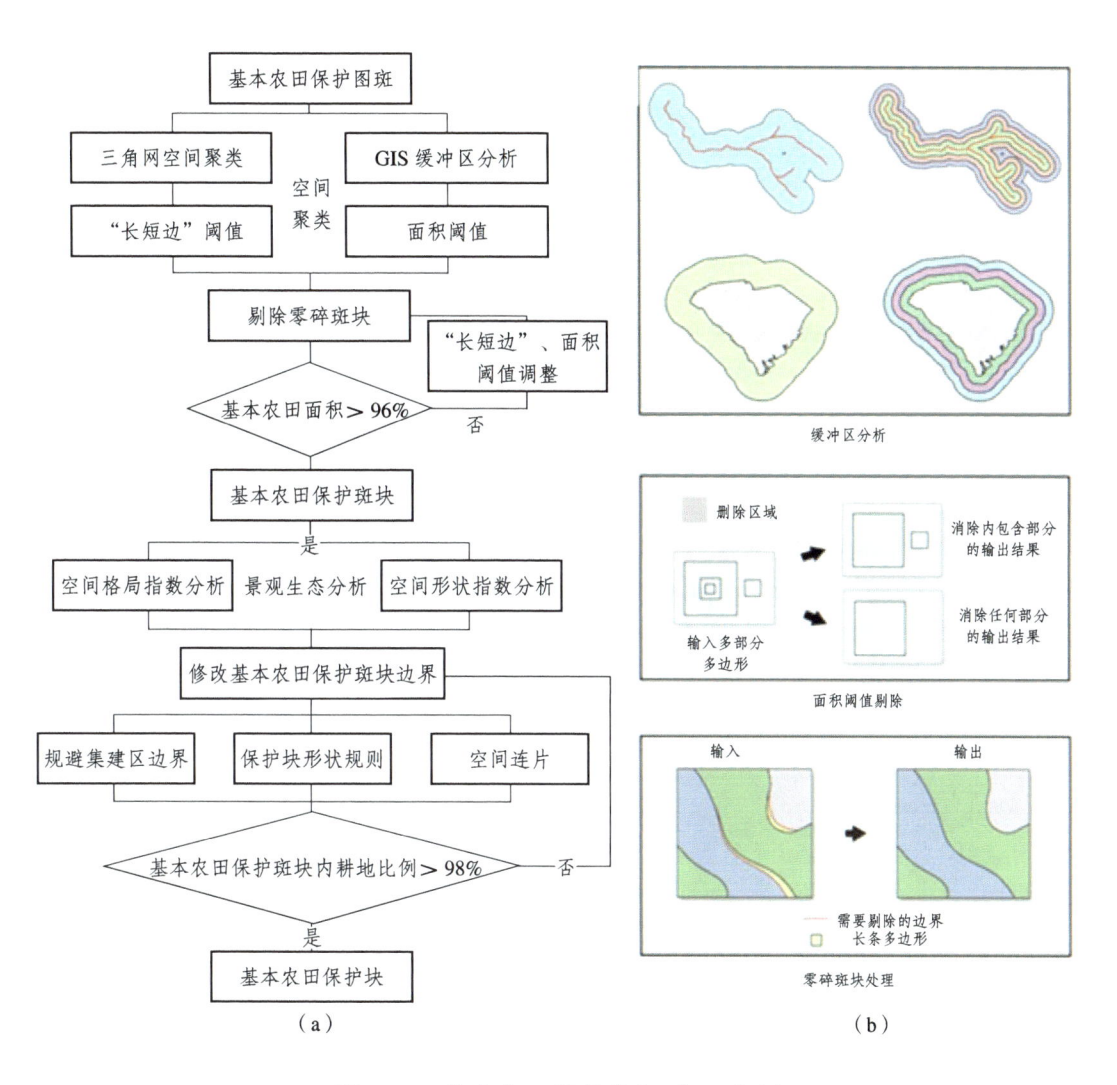

图 5.79 基本农田保护块识别 (a) 与划入 (b)

---

[1] 连片度是指同一质量范围（同一类型或等级）地块的相连程度（实际情况下，大多耕地是处于相对相连的）。提高耕地连片度有利于提高基础设施的规模效益，便于使用大型机械，有利于农业产业化程度的提高。

2. 村建设用地适宜性评价模型

我们以农村居民点斑块作为评价单元，考虑交通区位条件、农村居民点本底条件、生态生产条件和公共设施条件四个方面，选择4个因素15个评价因子，构建指标体系，通过分析农村居民点斑块的规模布局、形状和离散情况等特征以及其时空格局变化、空间分布热点变化和空间布局模式，来实现农村居民点斑块适宜性评价，并基于评价结果使用加权 Voronoi 图、引力模型等来确定最终优化方案（图5.80）。

图 5.80 农村居民点布局优化技术路线图

（1）农村居民空间点现状布局分析

我们对农村居民点斑块规模与数量关系及其与生态用地、交通道路和基础设施用地空间位置关系进行分析，使用景观格局指数和变异系数等指标表征农村居民点斑块形状特征和空间离散特征；分析了2006—2010年、2011—2015年农村居民点用地转化途径以及其斑块空间局部布局热点的时空变化，从而构建农村居民点斑块适宜性评价体系。运用 AHP 方法来确定各评价因子的权重，计算各居民点斑块适宜性评价分值并用自然断点法来进行分级，进一步将农村居民点分为四个等级，分别为最优发展适宜型农村居民点、一般发展适宜型农村居民点、保留发展农村居民点和不适宜发展型农村居民点，从而确定最优发展适宜型斑块的空间分布布局。

（2）农村居民点布局优化方案制定

首先，根据生态安全控制原则，选取适量的最优适宜型农村居民点斑块作为加权 Voronoi 图生成单元，以适宜性分值作为权重值，构建加权 Voronoi 图，将加权 Voronoi 图内不适宜发展农村居民点斑块迁并到最优发展农村居民点规划布局中。

然后，我们运用引力模型计算农村居民点斑块的引力值，根据其大小将农村居民点斑块相互连接，生成共同管理范围，对同一管理范围内斑块采用相同的优化办法。在此基础上，我们加入基本农田排除层、生态用地排除层，从而检测各个聚类单元是否有充足发展用地，并结合生态及基本农田排除层划定重点发展型农村居民点的发展边界。对于在城镇发展核心区内的农村居民点，我们拟定的规划方案中将其直接转化为城镇用地。最后将现状农村居民点优化为四类，即城镇化型农村居民点、重点发展型农村居民点、保留控制型农村居民点和拆并型农村居民点。

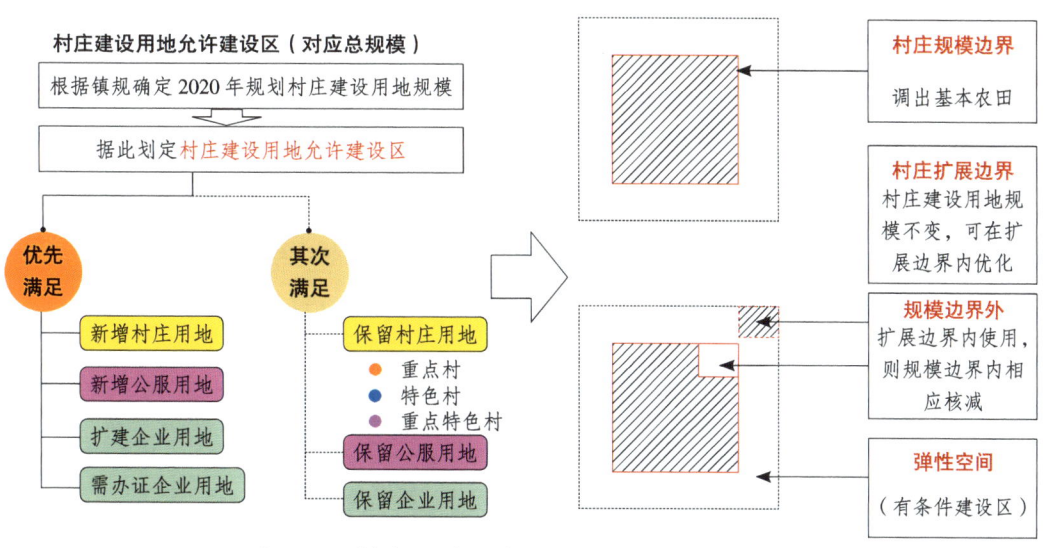

图 5.81　村庄规模边界和扩展边界划定示

3. 村生态保护红线划定方法

生态保护红线是生态环境安全的底线，目的是建立最为严格的生态保护制度，对生态功能保障、环境质量安全和自然资源利用等方面提出更高的监管要求，从而促进人口资源环境相均衡、经济社会生态效益相统一。建立地区的生态保护红线，并以此为载体，从空间分析技术等角度切入，进行改革创新，能够确保在资源环境承载能力的范围内进行城镇化发展，实现可持续发展。因此，我们首先使用土地利用空间评价技术，围绕"哪里最合适"，协同土地变化情况，通过卫星影像、矢量数据，对跃进村的生态保护红线进行划定。

图 5.82　生态保护红线划定技术路线

我们以提取出的河流等重要生态用地作为划分基础,并围绕各重要生态用地的生态功能,针对区域典型生态系统,分析生态系统服务功能的区域规律,明确其空间分布,进行综合分析。我们考虑到生物多样性、水土保持、水土涵养等各因素,选取植被、山体、基本农田、水域、耕地、建设现状六个指标因子进行研究。

我们首先依据专家知识对各因子进行分类赋值,然后分别对研究区内各因子进行空间分析,得到对应图层,并基于这些因子图层,使用地理信息技术,进行叠加分析、空间关联以及迭代枚举等,结合专家赋值权重,实现各类土地生态承载力的定量化评价。

我们将评价结果按重要性排序,将重要性评级较高区域列入生态保护红线区域。最终,通过空间聚类,处理细碎图斑,并结合河流空间分布,综合确立跃进村水系空间生态节点与水系生态保护用地空间,从而设计生态空间规划方案。

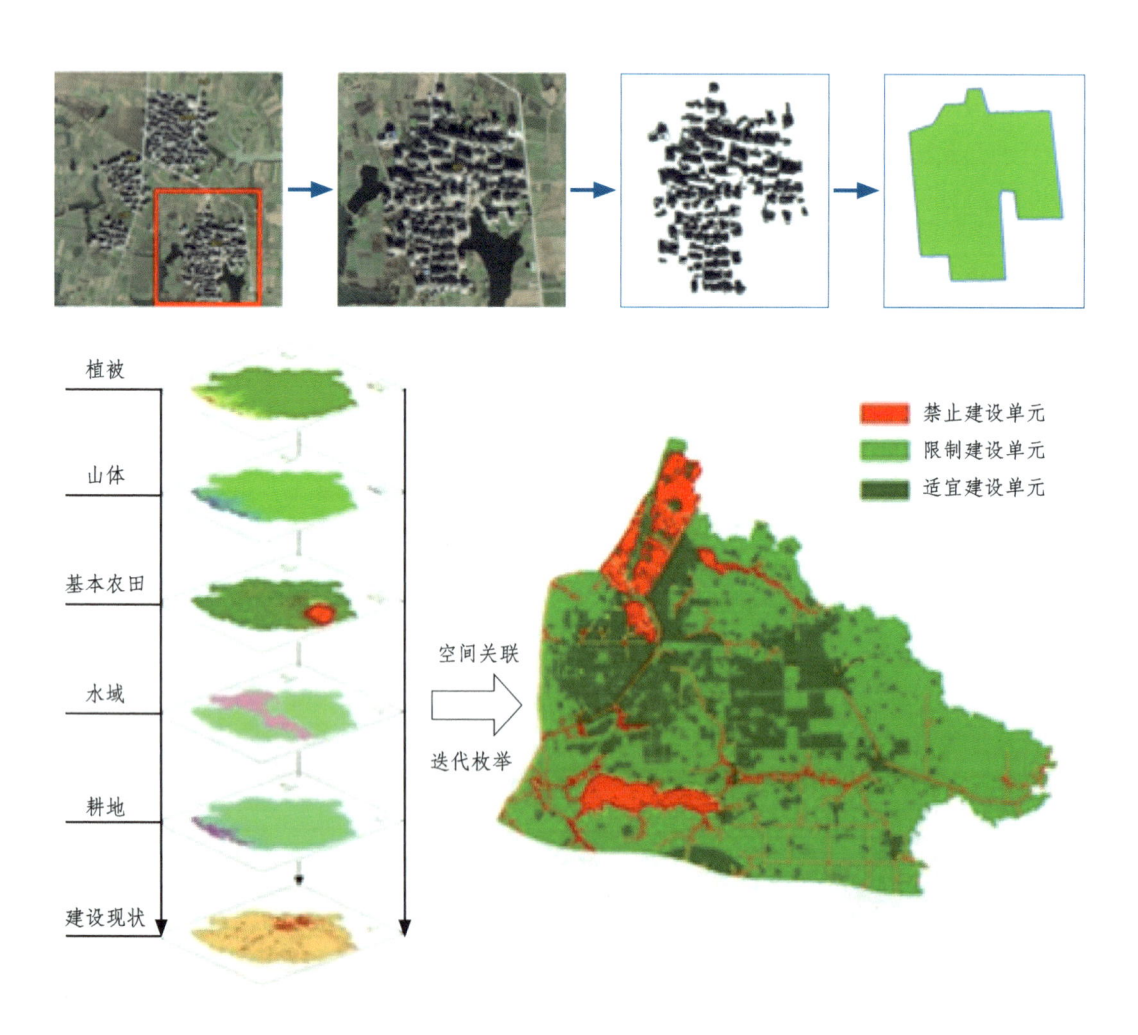

图 5.83 土地利用空间评价技术方法(左)与评价结果(右)

（四）规划方案——三生空间协调布局

《中共中央国务院关于实施乡村振兴战略的意见》中指出："当前，迫切需要通过编制村土地利用规划，细化乡（镇）土地利用总体规划安排，统筹合理安排农村各项土地利用活动，以适应新时期农业农村发展要求。"高品质的乡村规划，有助于优化村庄生产生活生态空间布局，是引领乡村经济、政治、文化、生态和谐发展的重要途径。

我们的村土地利用规划编制选取常州市武进区跃进村为规划对象。首先，跃进村是长江三角洲典型村，地势平坦、河网密布、土地开发率高，正在经历由传统露天农田种植向温室大棚培育转型的过程，在转型过程中出现的各项土地利用现存问题具有代表性；其次，跃进村所在武进区正在进行农村土地制度改革三项试点，有力地支持了规划工作的展开和实施，其方法与模式将为资源环境禀赋类似的苏南地区村庄规划提供可复制可推广的经验。

1. 生产：优化土地利用结构，加强产业集聚

通过多次调研，我们发现苏南地区在生产方面主要存在耕地闲置、土地后备资源不足、土地流转不规范、乡村不宜居、劳动力外流、规模经济难以形成、生态压力持续存在等问题，为了解决以上问题，我们以优化土地利用结构为目的对农用地进行结构调整，整合耕地资源、优化布局；以规范土地利用转让模式及空间布局、促进农业规模化发展为目标，因地制宜推进村庄建设适度集中，提高土地集约程度，同时促进农村一、二、三产业融合，力求构建现代农业产业体系。

（1）耕地和基本农田

① 贯彻耕地和基本农田保护任务

我们以严格保护耕地，特别是基本农田为首要任务，力求坚守耕地和基本农田保护红线，按照数量、质量和生态三位一体的保护要求，做到基本农田保护数量基本稳定、布局更加优化。规划到 2020 年，跃进村耕地保有量应不低于 164.93 公顷，基本农田保护面积应不低于 121.34 公顷。

② 耕地和基本农田布局优化

我们按照国家土地利用总体规划保护目标，参照农用地分等定级成果，对现有的基本农田布局进行调整。利用农用地分等图、乡村用地扩展趋势、工业用地拓展趋势进行综合分析，选择区位好、质量高的农用地作为基本农田，并尽量避免基本农田位置的过大变动，确定 2020 年跃进村基本农田的调整范围。在 2016 年现状耕地基础上，结合耕地质量调查结果，优先将基本农田全部纳入规划耕地，并将规划建设区域以外

的其他优质、集中连片的耕地纳入规划耕地。最终，跃进村规划基本农田集中分布于村西部、少量分布在东北和东南部；规划耕地集中分布于西部与北部区域（图5.84）。

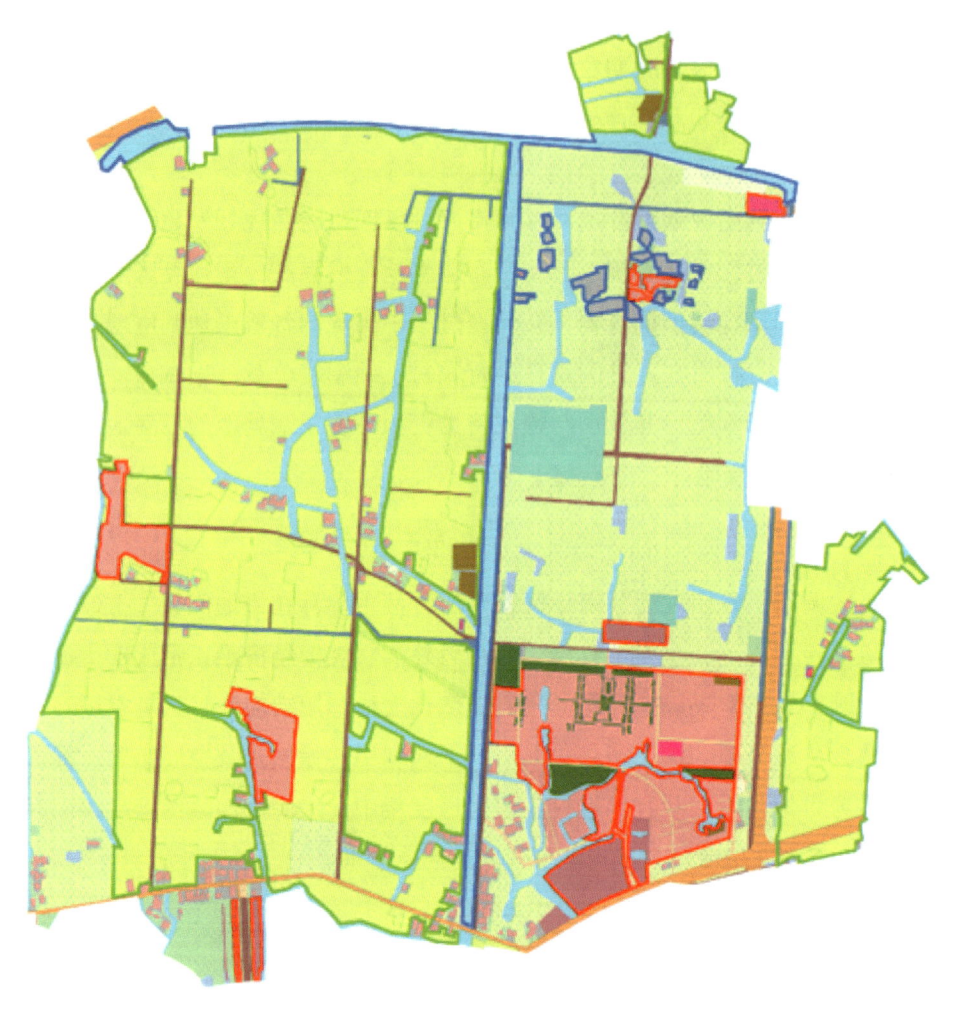

图 5.84 跃进村土地利用规划图（2017—2020 年）

（2）其他农用地

截至2016年，跃进村除了用于种植花木的农用地外，其他园地2.08公顷，坑塘水面8.25公顷，农村道路9.76公顷，沟渠3.74公顷，零散分布在村庄内部。结合农业生产需求，我们计划将适宜进行农业生产的园地、坑塘水面等其他农业用地优先整理为耕地，结合农业发展需求，充分发挥当地花木之乡的区域优势，配备先进、适用的现代化农业基础设施，发展大棚花木、电商花木等产业。

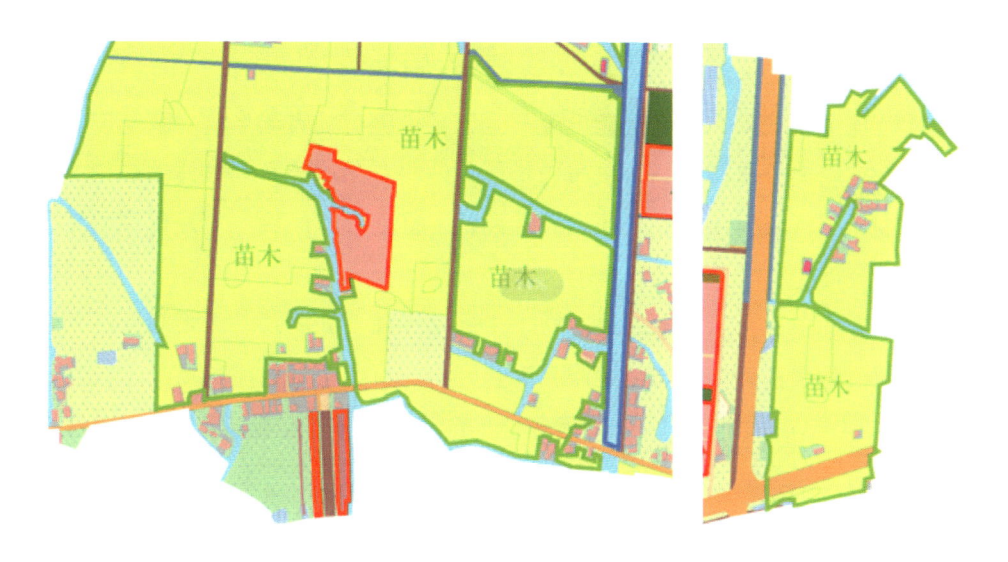

图 5.85　跃进村大棚花木农用地规划示意图

（3）集体经营性建设用地

通过存量建设用地整理和农村环境综合整治，对集体经营性建设用地布局进行调整优化，盘活现有土地资源。同时，结合村域经济发展实际，完成村庄规模边界和村庄扩展边界的划定。村庄扩展边界包含村庄规模边界，村庄规模边界内部允许开展各类建设活动，两界之间是弹性空间。集体经营性建设用地原则上应布局在村庄规模边界内，如果需要布局在弹性空间范围内，需要在规模边界内核减相应面积的建设用地。

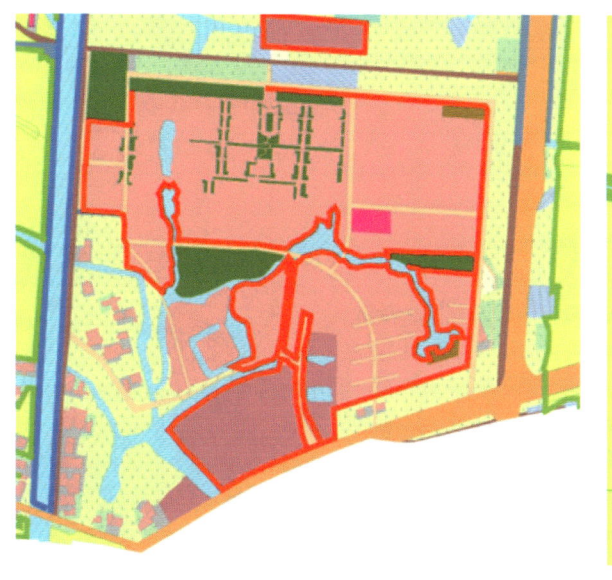

图 5.86　跃进村建设用地规划局部示意图

2. 生活：实行土地集约利用，改善人居环境

为了推行住宅用地集约化，打造设施齐全、环境优美的宜居乡村，我们使用地理信息技术，考虑规模分布特征、斑块布局特征、斑块变化途径及其整体布局模式，引入多种评价因子进行农村居民点斑块适宜性评价，得到农村居民点布局优化方案，划定村庄开发边界。

具体规划方案中，我们对宅基地进行了土地整理和重新布局，力求因地制宜地打造多元化空间。对于基础设施与公共服务设施，我们首先根据村庄特点配套针对性的公共服务，旨在提高居民生活质量；然后分别进行了给排水工程规划和道路体系改造，促进形成便民、宜居的乡村风貌。

（1）宅基地

我们按照《农村宅基地管理办法》中户均宅基地不超过 200 平方米的规定，结合当地人口数量，确定合理的宅基地用地规模：到 2020 年末，跃进村宅基地面积应为 12.79 公顷，占土地总面积的 4.82%。

遵循方便居民使用、优化居住环境、体现地方特色等原则，根据不同的住户需求

乡村民居 　　邻舍院落

居住组团 　　现代社区

图 5.87　跃进村自建区空间多元化建设示意图

和住宅类型，综合考虑道路系统、停车场地、管线建设等要素，优化居住空间总体布局，建设以江南水乡布局为主要特征，交通便捷、配套齐全、环境优美、村容整洁的现代水乡居住区。

社区中心文娱活动 　　　　　　　　　　　湿地湖休闲活动

主村口文化展示 　　　　　　　　　　　　次村口文化展示

图 5.88　跃进村自建区文化融合化建设示意图

图 5.89　跃进村土地利用规划实施土地流向图 　　图 5.90　跃进村自建区规划方案

在尊重村民意愿的基础上，因地制宜地丰富建筑形式，打造集乡村民居、邻里院落、居住组团、现代社区于一体的多元化空间。同时，注重村庄文化传承，通过建设社区中心、湿地公园、村口文化展示广场等复兴传统文化风情，完善现代文化风情，丰富村民休闲文化活动。

（2）公共服务与基础设施用地

在符合宅基地用地限额、建筑层数和建筑面积规定的基础上，应循着"绿色、经济、适用、美观"的引导和管控，加强农房设计，力求其功能完善和设施配套。因此，我们完善了公共服务设施规划，并因地制宜配套了给排水工程、环卫设施以及交通道路体系等基础设施。

① 公共服务设施

遵从适用节约、相对集中、存量改造利用原则，配套与村庄人口规模和经济社会发展水平相适应的公共服务设施，并相对集中布置在村民方便使用的地方（如村口或村庄主要道路旁）。

② 给排水工程规划

跃进村的生活用水由镇区供应，村庄给水管采用树枝状和网状结构布置，与金武路的给水主管网相衔接。整个武进区污水系统建设、运营、管理统一归口，便于武进区与运营单位协调；污水集中处理，相互调度，提高安全保障性和运行经济性。排水体制采用雨污分流制，污水经管网收集处理后排入附近河道。

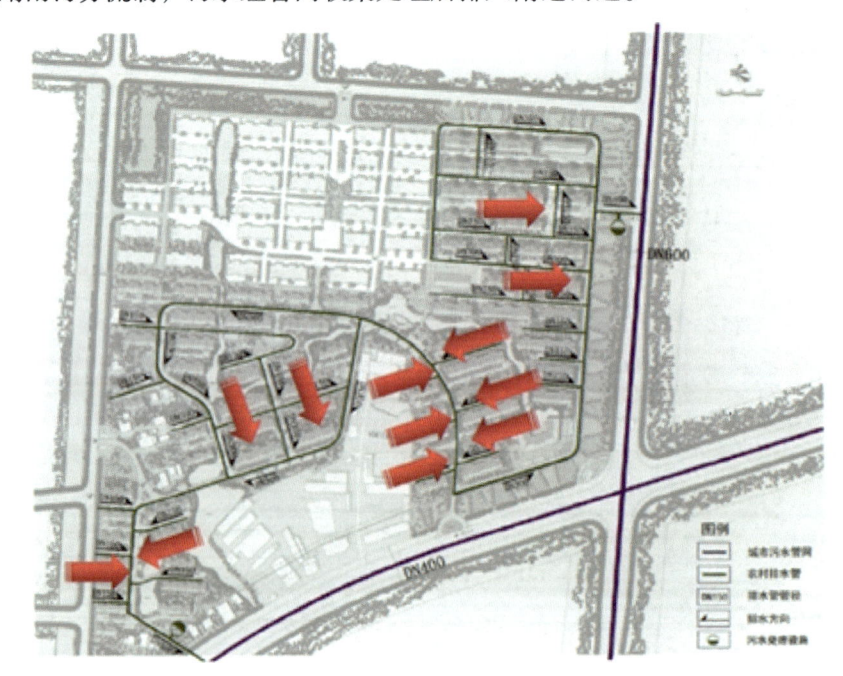

图 5.91 跃进村自建区污水处理系统规划方案

表 5-7　公共服务设施配置要求表

类型	设施名称	服务内容
行政管理	村委会 公共服务用房 便民服务中心	政务、物业
教育	幼托	学龄前儿童保教
医疗卫生	卫生室	医疗、保健
文化	文化活动室 老年活动室 休闲活动中心	书报阅览、文娱、音乐、茶座等
居家养老	养老服务站	助餐、助医、助行
商业设施	小超市	零售
体育活动	明堂广场 村口广场 小游园	健身活动、广场舞、村集体活动等

③ 道路体系改造

对内交通方面，坚持不推山、不填塘、不砍树，结合村庄规模和地形地貌，在已有交通布局的基础上建设通村道路，保留和修复现存富有特色的石板路和青砖路等传统街巷。对外交通方面，跃进村道路主要为东侧南北向花海大道和南侧东西向 S239 省道两条主干道，西侧沿河南北向和北侧东西向道路两条次级道路。规划确定的交通疏导改造方案如图 5.92 所示，打通断头路，拓宽村间狭窄道路，提高主要路段质量，从而建成通达性良好的内外交通网络。

同时，我们也对交通体系中的重要节点与组成部分进行重新规划：

村民停车场地的布置主要考虑停车的安全、经济、方便，布置方式有集中停车和沿路停靠两种。结合当地现实情况，规划停车位配比应按每户不少于 1 辆车的标准进行计算，在村庄入口和旅游线路等车流密集地周边设置机动车集中停放场地，尽量减少对村民的干扰。

在村民使用方便的地方（如村庄入口）设置公交站、校车停靠点。校车停靠点与公交站分开设置，配套建设候车处和休息座椅，同时应避免来车方向的视线遮挡，保

图 5.92 跃进村自建区交通基础设施规划方案

证学生及家长的方便和安全。

在现状基础上,结合房屋拆迁改造情况,构筑可达性好、品质高的步行网络,有机联系整个村庄的各个角落。步道宜结合道路、河道、田间、林间等景观较好、步行安全的区段设置,且以环形为宜。

3. 生态:协同整治生态环境,建设美丽乡村

为建设美丽乡村,保护乡村生态环境,促进生态空间山清水秀,实现乡村全面可持续发展,我们通过使用土地利用空间评价技术,分析各方数据,确立了土地利用类型,以保证生态土地面积,实现生态效益最大化。同时,落实海绵城市理念,巧妙布置生态景观与绿化设施,使得乡村在适应环境变化和应对自然灾害等方面具有良好的"弹性",打造宜居且安全的乡村。我们希望通过规划实施,实现资源集约、生态友好的土地利用格局,改善乡村风貌,构建生态友好型乡村经济。

(1) 景观与绿化

我们计划在跃进村农民自建区内设立 2 个水系景观点、2 个中心景观区、3 个主要景观节点以及花木展示区和滨河景观绿化带(图 5.93)。景观与绿化设施的细节设计体现了海绵乡村理念,保证区域在环境变化适应与自然灾害应对等方面具有良好的"弹性",即下雨时吸水、蓄水、渗水、净水,需要时将蓄存的水"释放"并加以利用。

图 5.93　跃进村农民自建区绿化规划方案

通过安置透水铺装、下沉式绿地、生物滞留设施、渗井、渗透塘、调节塘、植草沟等设施（图 5.94），运用"渗""滞""蓄""用""排"等手段，减少了路面径流，

a. 透水铺装实景　　b. 下沉式实景　　c. 植草沟实景　　d. 自然河道实景

图 5.94　跃进村农民自建区绿化规划

降低了雨水汇聚速度及其峰值流量。雨水资源化利用巧妙地缓解水资源短缺,安全的排水防涝体系则有效地避免内涝灾害的发生。经测算,上述方式可实现区域年度径流总量控制率在 80% 以上。

(2) 环卫设施规划

环保设施规划方面,我们建议推行就地分类减量和资源回收利用。按"户分类、村收集、镇运转、区处理"的模式,村庄生活垃圾就地分类回收利用,减少集中处理垃圾量;厨余垃圾经生物技术就地处理,或堆肥处理;剩余垃圾转运至横林镇垃圾中转站统一处理。经调研与空间分析,科学设定 70 米为服务半径,规划新建垃圾收集点 6 处(图 5.95)。

图 5.95 跃进村自建区公厕与垃圾处理点规划方案

依据相关规划与设计标准,拟设置公共厕所 3 处(图 5.95),其中单处面积 ≤ 30 m²,且均采用三格化粪池形式。部分公共建筑如社区服务中心、老年人活动中心等,内部均配有厕所且对外开放。户厕改造实现"一户一厕",把厕所合并到住宅内部,把化粪池的出水与集聚点污水处理设施连接起来,逐步推进厕所内部设施符合城市户厕标准,有效减少公共场所的茅厕和粪坑。

（3）生态保护

通过遥感手段提取地表植被与水体信息，我们确立跃进村的生态用地主体类型为河流水面，总规模 23.54 公顷（353.10 亩），主要分布在集中连片的灌溉水田区域。坚持生态优先、区域统筹、分级分类、协同共治的原则，并与生态保护红线制度和自然资源管理体制改革要求相衔接，在"一纵一横"的水系生态格局指导下，对农民自建区的现状水系布局稍作调整。在填埋部分原有水系的同时，新增规模相当的水系，以保证水系总面积不减少。

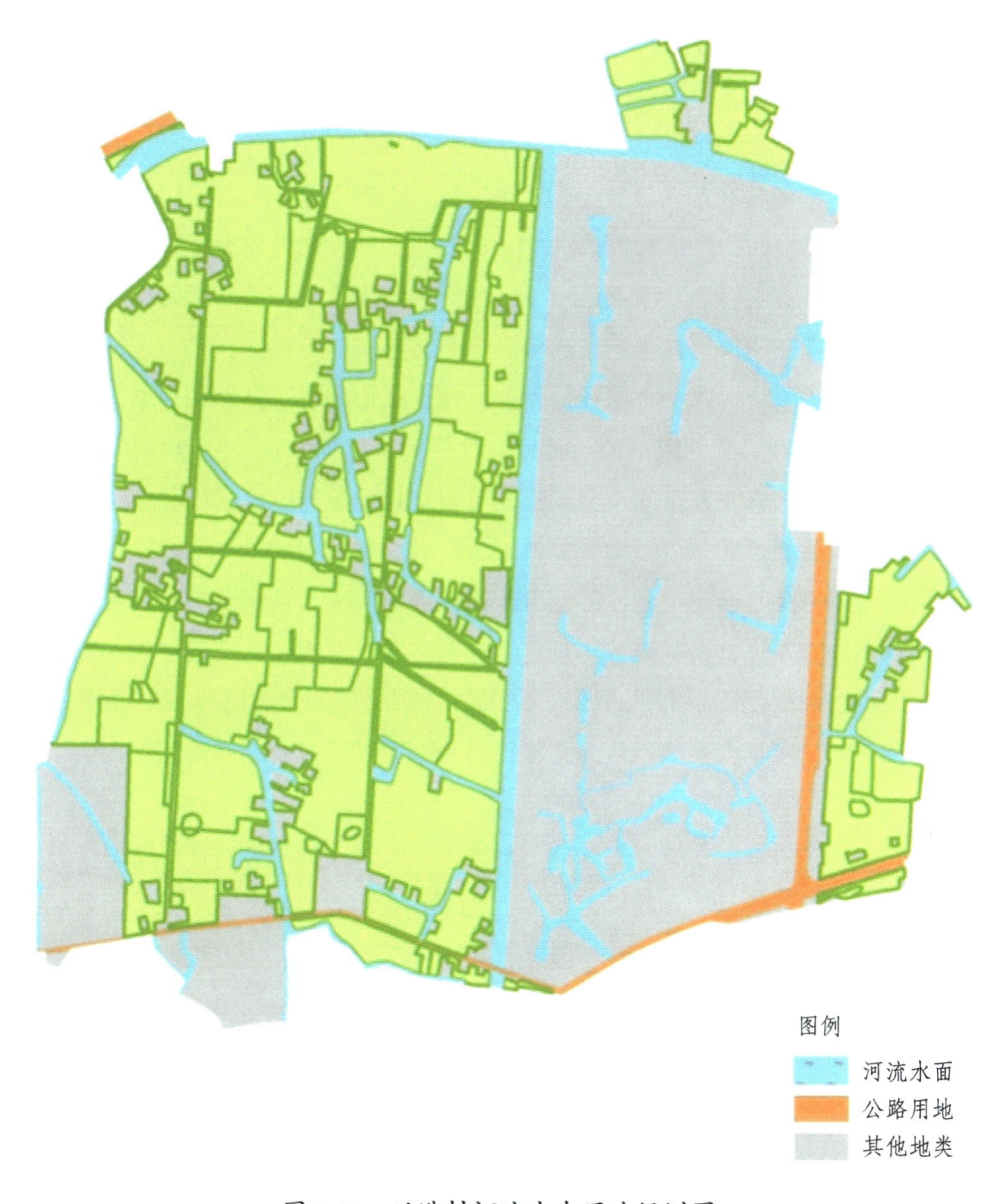

图 5.96 跃进村河流生态用地规划图

（五）结语

本报告以常州市三个村为调查研究区域，基于前期积累和 2 年来的调研，通过问卷调查、实地调研、专题座谈、数据统计、空间分析等技术方法，深入剖析了苏南地区村土地利用规划困境，分析了苏南乡村在生产、生活、生态方面存在的土地利用问题。

进一步，我们以常州市武进区嘉泽镇跃进村为规划研究对象，开展了为期一年多的村土地利用规划编制工作，结合地理空间大数据技术、云计算方法和定量分析模型等研究手段，以保护优先、融合发展、节约集约、统筹兼顾为原则，提出跃进村"三生"空间村土地利用规划方案，以精细的尺度，描绘了乡村生产高效、生活宜居、生态文明用地蓝图。

作品的学术创新性在于：（1）规划内容上，遵循"生产空间集约高效、生活空间宜居适度、生态空间山清水秀"的理念，从农业发展、建设用地布局、生态环境保护等三个主要方面，在全国率先提出《村土地利用规划编制内容导则》；（2）评价方法上，运用地理空间信息技术，集成多源自然与人文空间数据，基于宏观（全村区域）和微观（具体地块）两个不同评价尺度，综合评价生态适宜性和生态风险性，发展了生态安全与粮食安全约束下的土地适宜性评价指标体系；（3）规划技术上，实现了集成多因素的加权叠置空间模型和三维可视化村民参与决策型模型，为后期规划实施提供了极大便利。

我们的上述作品，当前正在江苏省常州市武进区实施。常州武进区农村土地制度改革三项试点办公室评价，其充分体现了"江苏特色、常州经验、武进模式"。中国科学院院士周成虎教授认为本作品"有力支撑了地方自然资源与规划部门决策"，全国土地利用规划专家李满春教授认为"该作品为全国'村规划编制规程'提供了有益参考"。

该作品先后获得第十六届"挑战杯"全国大学生课外学术科技作品竞赛江苏省选拔赛特等奖（2019 年 5 月）、2017 年度村土地利用规划志愿服务全国大学生暑期社会实践专项行动"优秀实践成果奖"一等奖（2018 年 3 月）、"华夏土地杯"第一届全国大学生土地利用规划技能大赛一等奖（2018 年 6 月），入选"第一届全国乡村规划优秀案例"（2018 年 5 月）。自然资源部赵龙副部长、庄少勤总规划师对本作品予以充分肯定，上述评价均印证了这份作品的科学性和可操作性。

未来，我们将进一步深入开展国土空间优化与乡村振兴工作，把本作品规划模式推广到更多地区，打造更多"山水林田湖草"和谐共生的新时代乡村"富春山居图"。

附录：规划表格

表 5-8　常州市武进区嘉泽镇跃进村土地利用分类表（2016 年）

（单位：公顷，%）

土地分类			面积	比例
农业用地	耕地		180.48	67.94
	园地		2.21	0.83
	林地		0.00	0.00
	草地		0.00	0.00
	其他农用地		26.56	10.00
	合计		209.25	78.77
建设用地	城镇用地		4.69	1.77
	农村居民点	宅基地	21.34	8.03
		公共服务设施用地	0.10	0.04
		基础设施用地	0.20	0.08
		集体经营性建设用地	0.40	0.15
		景观与绿化用地	0.00	0.00
		村内交通用地	0.46	0.17
		小计	22.50	8.47
	采矿用地		0.34	0.13
	对外交通用地		5.33	2.01
	水利设施用地		0.00	0.00
	风景名胜及特殊用地	风景名胜设施用地	0.00	0.00
		特殊用地	0.00	0.00
		小计	0.00	0.00
	合计		32.86	12.37
生态用地	林地（生态林）		0.00	0.00
	水域		23.54	0.00
	自然保留地		0.00	0.00
	合计		23.54	8.86
土地总面积			265.65	100.00

表 5-9　常州市武进区嘉泽镇跃进村土地利用结构调整表

（单位：公顷，%）

土地分类		2016 年 面积	2016 年 比重	2020 年 面积	2020 年 比重	规划期内增减
	土地总面积	265.65	100.0	265.65	100.00	0.00
农业用地	耕地	180.48	67.94	176.01	66.26	−4.47
	园地	2.21	0.83	7.21	2.71	5.00
	林地	0.00	0.00	0.00	0.00	0.00
	草地	0.00	0.00	0.00	0.00	0.00
	其他农用地	26.56	10.00	30.61	11.52	4.05
	合计	209.25	78.77	213.83	80.49	4.58
建设用地	城镇用地	4.69	1.77	5.11	1.92	0.42
农村居民点	宅基地	21.34	8.03	12.79	4.80	−8.55
	公共设施用地	0.10	0.04	1.21	0.46	1.11
	经营性建设用地	0.40	0.15	2.01	0.76	1.61
	基础设施用地	0.20	0.08	0.50	0.19	0.30
	景观与绿化用地	0.00	0.00	0.00	0.00	0.00
	村内交通用地	0.46	0.17	1.00	0.38	0.54
	小计	22.50	8.47	17.51	6.59	−4.99
	采矿用地	0.34	0.12	0.00	0.00	−0.34
	对外交通用地	5.33	2.01	5.66	2.13	0.33
	水利设施用地	0.00	0.00	0.00	0.00	0.00
特殊用地	旅游用地	0.00	0.00	0.00	0.00	0.00
	其他用地	0.00	0.00	0.00	0.00	0.00
	小计	0.00	0.00	0.00	0.00	0.00
	合计	32.86	12.37	28.28	10.64	−4.58
生态用地	水域	23.54	8.86	23.54	8.86	0.00
	自然保留地	0.00	0.00	0.00	0.00	0.00
	合计	23.54	8.86	23.54	8.86	0.00

Ⅱ. 比赛过程

2019年11月，作品获得了第十六届"挑战杯"全国大学生课外学术科技作品竞赛全国决赛一等奖。第十六届"挑战杯"全国大学生课外学术科技作品竞赛共有1573所高校举办校级赛事，近300万学生参与赛事。此前，作品已获得第十六届"挑战杯"全国大学生课外学术科技作品竞赛江苏省选拔赛特等奖（2019年5月）、2017年度村土地利用规划志愿服务全国大学生暑期社会实践专项行动"优秀实践成果奖"一等奖（2018年3月）、"华夏土地杯"第一届全国大学生土地利用规划技能大赛一等奖（2018年6月），入选"第一届全国乡村规划优秀案例"（2018年5月）。常州武进区农村土地制度改革三项试点办公室反馈表明，本作品具有较强的针对性；中国科学院院士周成虎教授认为本作品"有力支撑了地方自然资源与规划部门决策"，全国土地利用规划专家李满春教授认为"该作品为全国'村规划编制规程'提供了有益参考"，上述评价均印证了这份作品的科学性和可操作性。

图 5.97　与指导老师合影　　　　　　图 5.98　成员合影

Ⅲ. 比赛感悟

"纸上得来终觉浅，绝知此事要躬行。"我们用很长的时间来完成这次比赛，将课本所学到的知识付诸实践，让我们对专业知识有了更深刻的理解。让土地高效利用这道应用题，我们用地理人的方法回答了，希望能起到抛砖引玉的效果。土地上的庄稼，土地上的房子，土地上的人，都是珍贵的财富。合理的布局与利用，可以让土地发挥出一加一大于二的效应。在两年的经历中，我们感受到，守护祖国的绿水青山是每一位地理人的使命所在，这光荣使命感是我们人生道路上砥砺前行的指路明灯和不竭动力！

二、第二届全国大学生土地国情调查大赛特等奖

Ⅰ. 比赛作品

全域整治背景下苏南地区坑塘的多维度调查与思考

坑塘是苏南地区重要的景观组成要素，对生产、生活、生态起着重要作用。而实际土地规划与利用中，坑塘却面临研究不全面、权属不明、管理不善等问题，亟待进行系统的调查与研究。本研究从宏观、中观、微观三个尺度，围绕坑塘时空变化特征、坑塘特征识别与类型划分、典型坑塘利用对坑塘进行了多维度调查。利用遥感影像提取坑塘得出其宏观变化特征并进行热点变化区域识别；使用缓冲区分析、河湖连通关系分析、主要因素归纳法识别中观特征并建立了分类体系；通过水质测定、农户访谈等方法深入了解热点变化区域典型坑塘的微观利用状况。本研究主要结论有：（1）近二十年苏南坑塘时空变化可划分为三个阶段：阶段一：2000—2010 年，水产养殖业经济利益驱动下的坑塘大规模扩张阶段。阶段二：2010—2015 年，新增耕地及建设用地侵占坑塘阶段。阶段三：2015 年以后，稳定波动阶段。（2）苏南坑塘存在明显的地类转换，热点变化区域包括南京西北部（六合区、浦口区）、镇江（丹阳市）、常州（溧阳市、金坛区）和苏州大部分区域（吴江区、吴中区、相城区、姑苏区、常熟市）。在空间变化过程上，越接近镇中心点，坑塘面积比例逐渐衰减；近十年来，热点变化区域坑塘河湖连通状况变差。（3）根据形状、功能、与河湖连通关系等特征，可将苏南地区坑塘划分为简单生活塘、复合生产生活塘、简单灌溉塘、生产养殖塘、景观游憩塘、废弃纳污塘、过程消纳塘和生态涵养塘。（4）结合实地调查，发现坑塘在自身利用方式、功能发挥及与其他地类关系上存在冲突。本调查基于地理学时空动态分析方法，全面分析了苏南坑塘的变化特征，初步归纳了目前坑塘存在的问题，结合区域特色归纳了苏南坑塘分类体系，并提出了对应的管控措施，研究成果可为全域整治背景下坑塘整治、修复、利用提供一定参考和借鉴。

（一）方法和数据

本研究借助地理学时空动态分析方法，围绕苏南全域坑塘时空变化特征（宏观）、市县坑塘特征识别（中观）、坑塘类型划分及典型坑塘利用调查（微观）进行了多尺度综合分析。

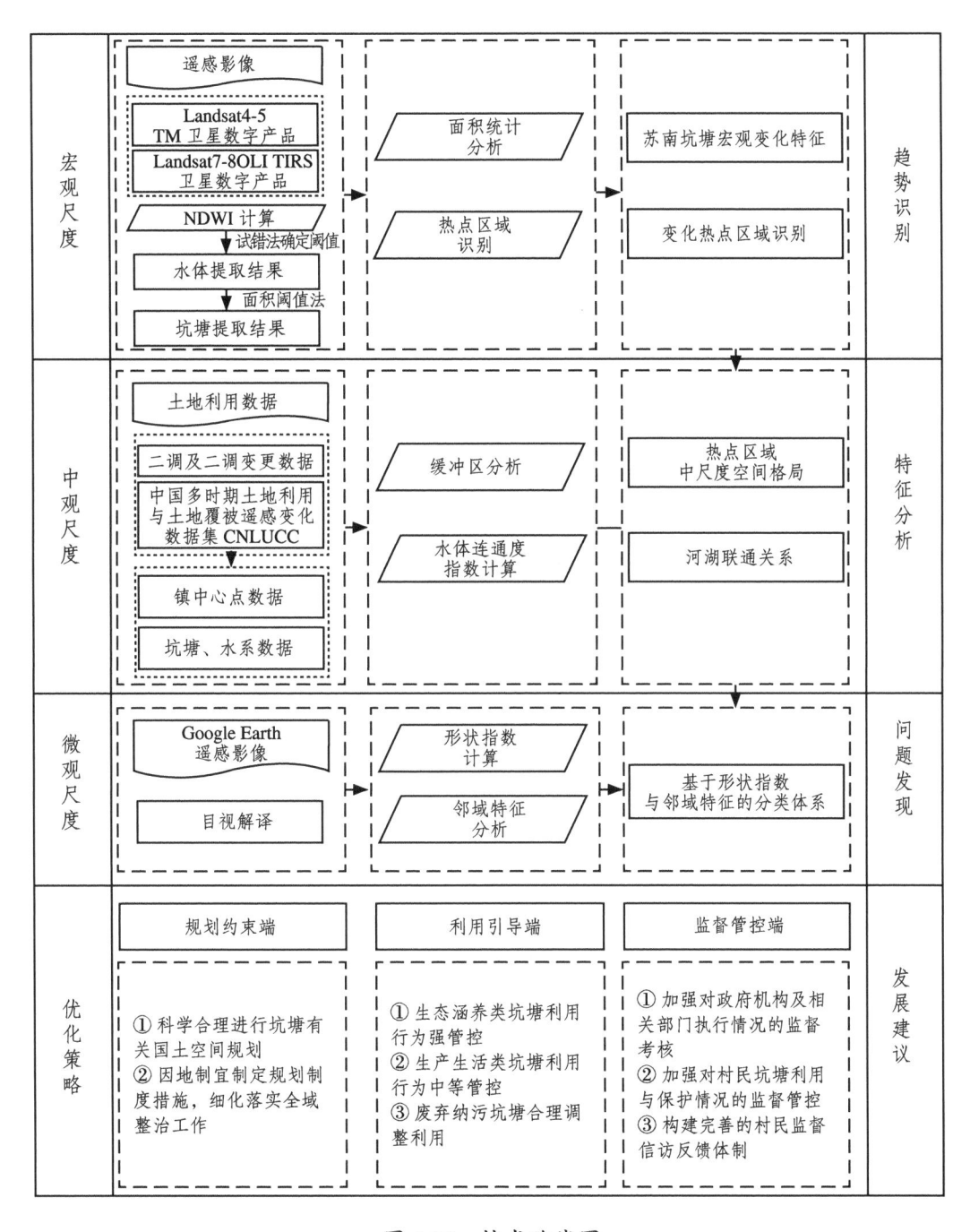

图 5.99　技术路线图

● 在宏观尺度上，基于遥感影像，计算水体指数提取水体，再利用面积阈值法得到2000年、2010年、2015年、2019年共四期坑塘提取结果，进行坑塘面积统计分析、热点分析，得出近20年苏南坑塘的宏观变化特征并识别出变化热点区域。

● 在中尺度上，选取上述热点变化区域中的镇江句容市、丹阳市以及丹徒区进一步进行中尺度空间格局变化特征分析：定义连通度指数用于衡量坑塘与河湖的连通关系；自镇中心点建立多环缓冲区，分析坑塘在空间上的分布规律。

● 在微观尺度，基于形状指数、坑塘与周边地物的位置关系，建立苏南坑塘的分类体系。按照分类结果选取典型坑塘进行实地调研：无人机观测坑塘及周边环境、与周边农户进行访谈、测定坑塘水质等。

● 最后，基于以上研究结果与调查认识，总结苏南坑塘多尺度时空变化特征并提出全域整治背景下的坑塘优化策略。

（二）宏观变化特征

1. 坑塘面积变化分析

为了宏观把握苏南坑塘水体的规模及空间分布特征，为实地调研和深入辨析苏南内部坑塘的差异化发展态势提供背景性认识和总体认知，本研究从地理空间数据云平台下载了苏南地区2000年、2010年、2015年及2019年共四个时相的Landsat4-5 TM及Landsat 8 OLI_TIRS卫星影像数据进行坑塘提取。本研究旨在了解近20年来苏南坑塘的整体变化趋势，而非对坑塘实现精准位置提取，故30 m分辨率的Landsat影像已能基本满足研究需求。使用ENVI和ArcGIS软件对影像进行镶嵌和裁剪处理，计算归一化水体指数（Normalized Difference Water Index，NDWI）并通过试错法确定阈值提取水体，以100亩为面积阈值进一步提取坑塘水面。

2000、2010、2015、2019年四个时期苏南坑塘的总面积分别为14.08万、20.47万、19.21万和19.25万公顷（占苏南水体面积的27.01%、40.70%、39.65%和41.30%）。可以看出，在水陆共生、河网密集的苏南地区，坑塘是苏南水体的重要组成部分。2000—2010年，苏南坑塘大规模扩张33%（6.3万公顷）。这主要是由于水产养殖业的收入远大于粮食种植的收入，占农户家庭收入的比重逐渐加大。在经济利益的驱动下，农民为了改善家庭生活条件，多选择在村庄居住地附近开挖坑塘，养殖鱼类、虾蟹、河蚌，种植荠菜、菱角等。统计资料显示，江苏省农、林、牧、渔总产值在此期间从2000年的58.11∶1.69∶23.06∶16.78变化到2010年的55.67∶1.92∶22.65∶19.78，农业比重明显降低，渔业比重显著升高，这也间接验证了我们的结果。2010—2015年，苏南坑塘减缩近7%（1.2万公顷）。近年来，国家粮食安全的重要性日益凸显，部分地区为满足项目建设新增耕地的需要，"填塘造陆"已成为普遍做法。此外，随着经济发展和人口增长，原有居住空间不能满足现实需要，在这种情况下，对就近坑塘进行填埋后建置宅基地无疑是解决问题最直接的方法。2015年之后，在全域整治背景下，苏南坑塘主要处在空间上的动态调整之中，其整体规模趋于稳定。

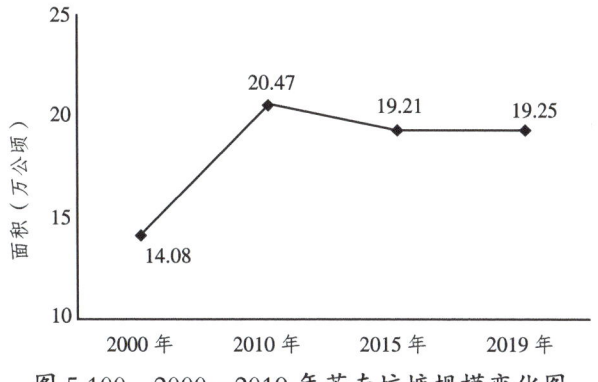

图 5.100　2000—2019 年苏南坑塘规模变化图

为直观描述四时期长时间序列的坑塘信息在各行政区内的具体情况，从苏南坑塘分市占比、县域坑塘面积占比（the ratio of pit-pond area to the county area，RPA）两个角度进一步刻画空间分布特征。

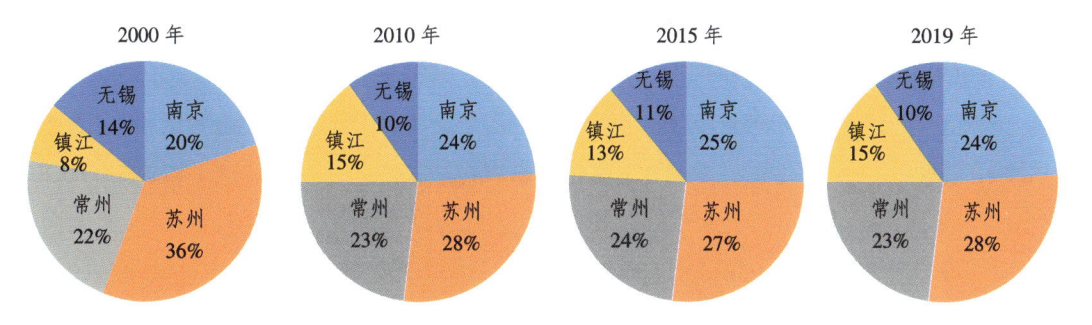

图 5.101　2000—2019 年苏南县域坑塘面积占比图

就各时期苏南坑塘在五市的空间分布来看，始终是苏州占比最大，常州和南京其次，镇江和无锡占比最小。近20年来，苏州占比逐渐下降，南京占比逐渐上升，常州占比保持平稳。而在2000—2010年间，无锡占比减小，镇江占比增加，两市占比在2010—2019年间平稳波动。

苏南各县域内坑塘占行政区面积之比差异明显。坑塘主要分布在苏南中部金坛区、溧阳市、宜兴市、高淳区和东南部昆山市、吴江区、常熟市等地区（RPA高），形成中部的片状区域和东南部的狭长形区域。此外，西北部润州区、六合区和东北部的相城区等也有较高的RPA值。而苏南西部南京市主城区、中东部无锡市中心城区坑塘分布较少，RPA较低。

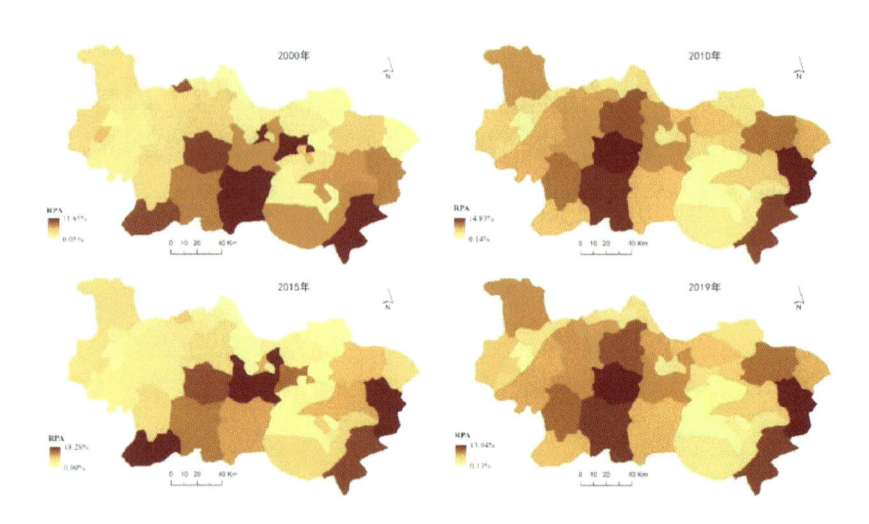

图 5.102　2000—2019 年苏南坑塘规模变化图

2. 用地类型转化分析

在分析坑塘在空间上的分布、变化后，探究坑塘土地利用转入与转出的用地类型，了解其具体的土地变化情况，可以为后续厘清坑塘与其他地类的内在联系、提出苏南坑塘的个性化发展建议提供一定的支撑。

基于土地利用调查数据及其分类系统得到近 20 年苏南地区土地利用变化信息转移矩阵，同时计算坑塘与各地表类型之间的转入转出比例。

由表 5-10 可知，大约占总坑塘面积 42% 的新增坑塘（6.07 万公顷）主要由耕地（5.49 万公顷）转化而来，占比为 85%；此外还有少量农村居民点（0.30 万公顷）和湖泊（0.28 万公顷）转入，但占比均在 5% 以下。同时，占总坑塘面积约 14% 的坑塘（2.08 万公顷）主要转化为城镇用地（3.47 万公顷）、耕地（0.57 万公顷）、湖泊（0.23 万公顷）和草地（0.23 万公顷），占比分别达到 46%、25%、10%、10%。

结果表明，近 20 年苏南坑塘发生了明显的转入和转出现象，其中，耕地、城镇用地与坑塘水体间的转换关系较为密切。一方面，21 世纪初期，水产养殖业的潜在利润驱动着受低廉粮价所困的农民开挖坑塘；另一方面，近年来在愈加严苛的耕地保护政策背景下，许多项目建设方简单直接地通过土方填埋的方式将野塘、杂塘转回耕地。此外，部分与农村居民点相邻的湖泊、河流的末端水体，出于便利居民生产生活的考虑，往往通过设置水闸将其与原来水体隔断，形成单独的坑塘。近 20 年来近 50% 的坑塘转为城镇用地则从侧面反映出苏南快速城镇化背景下建设用地的扩张是以侵占水域和其他类型生态用地为代价的[1]，以此满足苏南地区城镇化建设和经济发展的需求。

---

[1]张春梅、张小林、吴启焰等：《城镇化质量与城镇化规模的协调性研究——以江苏省为例》，《地理科学》2013 年第 1 期。

表 5-10　2000—2019 年苏南土地利用变化信息转移矩阵

（单位：公顷）

土地利用类型	耕地	林地	草地	河渠	湖泊	坑塘	滩涂滩地	城镇用地	农村居民点	未利用土地
耕地						54899.60				
林地						527.83				
草地						629.89				
河渠						340.67				
湖泊						2786.76				
坑塘	5657.648	58.66875	2255.974	105.3012	2317.686	121948.87	89.5275	10551.21	1848.62047	194.445
滩涂滩地						1929.87				
城镇用地						84.50				
农村居民点						2973.92				
未利用土地						74.80				

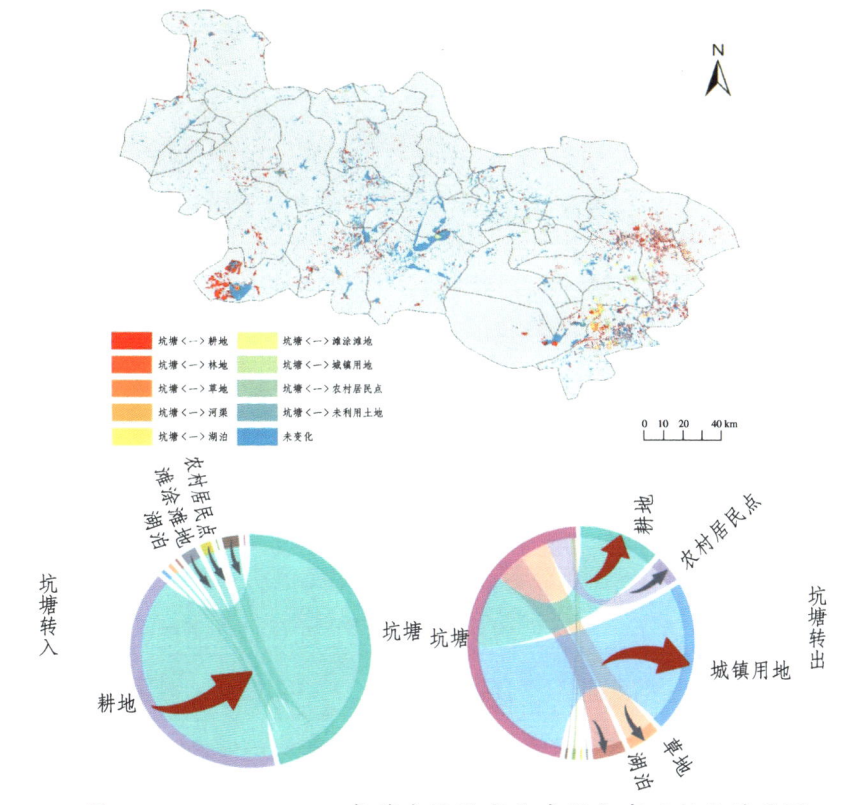

图 5.103　2000—2019 年苏南坑塘变化空间分布及转化关系图

3. 热点区域识别

为探究苏南坑塘的变化热点聚集区域，本研究使用第二次全国土地调查及其变更数据计算 Getis-Ord Gi* 区域统计量进行局部空间自相关分析。空间自相关是指一些变

量在同一个分布区内的观测数据之间潜在的相互依赖性。通常用空间自相关统计量度量某位置上的地理数据与其相邻位置上的地理数据间的相互依赖程度，常用的统计量有 Moran's I、Geary's C、Getis、Join count 等。空间自相关包括全局自相关和局部自相关，全局自相关在于描述某现象的整体分布情况，而局部自相关则可以通过检验空间单元的空间自相关在整体研究范围内是否显著或者度量空间单元的空间自相关对整个研究范围的影响程度来判断现象的空间聚集区域。本研究使用度量局部空间自相关的 Getis-Ord Gi* 区域统计量来识别苏南坑塘变化的热点区域。其计算公式如下：

$$G_i^* = \frac{\sum_{j=1}^{n} w_{ij} x_j - \bar{x} \sum_{j=1}^{n} w_{ij}}{s \sqrt{\frac{n \sum_{j=1}^{n} w_{ij}^2 - (\sum_{j=1}^{n} w_{ij})^2}{n-1}}} \quad \text{公式（1）}$$

$$\bar{X} = \frac{\sum_{j=1}^{n} x_j}{n} \quad \text{公式（2）}$$

$$S = \sqrt{\frac{\sum_{j=1}^{n} x_j^2}{n} - (\bar{X})^2} \quad \text{公式（3）}$$

式中：x_j 代表 j 点的属性值，w_{ij} 代表 i 与 j 之间的空间权重，n 为点总数，本文采用共同边界作为权重判断标准。

通过计算 Getis-Ord Gi* 统计量，每个研究单元会得到一个相应的 Z 得分，其值可进行统计学检验，确定具有统计显著性的热点和冷点。Z 值接近于 0 时，说明坑塘的变化在该区域内没有聚集情况，呈现随机分布。Z 绝对值越高，说明坑塘的变化在该区域聚集程度就越大，即形成"热点区域"，当值为正时，该聚集区域内坑塘变化分布密集，为"正热点区域"；当值为负时，该聚集区域内坑塘变化较少，为"负热点区域"。

近十年来苏南坑塘的变化热点高值区域在空间上具有明显的聚集特征，大致呈现出三个聚集区域：①南京西北部（六合区、浦口区）；②镇江（丹阳市）、常州（溧阳市、金坛区）；③苏州大部分区域（吴江区、吴中区、高新区、姑苏区）。根据前人研究[1]，江苏省土地利用变化的热点区域更集中在经济较发达的苏南地区。经济发展、城镇建设不可避免地需要以大量用地空间为支撑，人地矛盾日益凸显，而坑塘由于处在政策管控的边缘地带，尺度微小，分布零散，相较于湖泊河流其单位管理成本

---

[1]吴尚：《近30年江苏省土地利用时空格局演变》，《资源开发与市场》2020年第3期。

较大，因此为满足地区经济发展所需的用地空间，坑塘通常被随意"调剂"，其水体规模、空间分布、利用方式都处在较大的变动状态中。

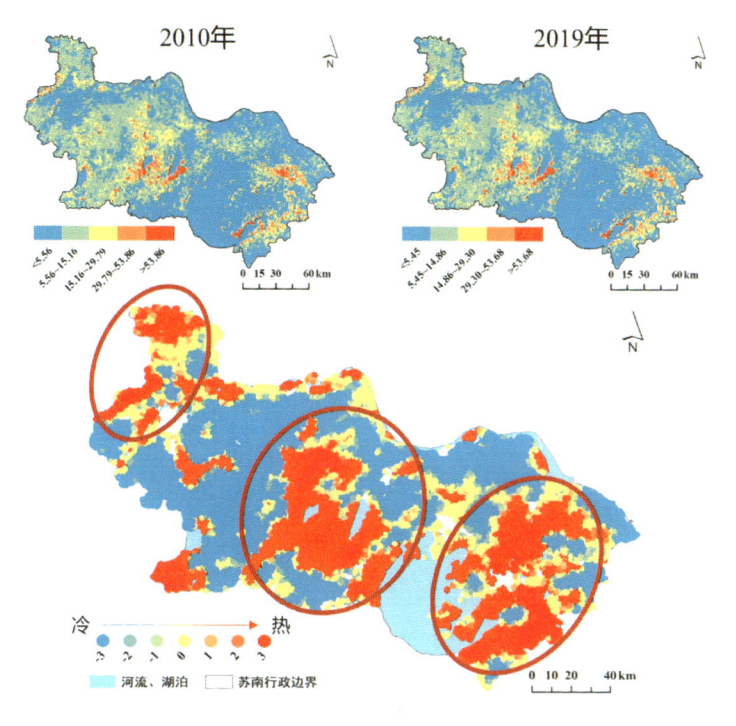

图 5.104　2010—2019 年苏南坑塘面积占比及变化热点分析图

（三）中尺度空间格局分析

结合苏南地区的面积统计、用地类型变化分析及 2010—2019 年苏南坑塘变化热点区域识别结果，发现镇江市大部分区域的坑塘处在较大的变动状态中，选取变化热点区域中的句容、丹阳、丹徒，通过缓冲区分析和河湖联通关系分析进一步得到该区域坑塘中尺度下的空间分异规律与变化特征。

1. 缓冲区分析

从市中心出发，以 1 km 作为缓冲距离向外建立等距缓冲区，作为基本分析单元，计算各缓冲带内的坑塘用地密度，即坑塘的面积占该环内总用地面积的比例，从而探究 2010—2019 年坑塘演变过程的时间和空间分异特征。

对 2010 年和 2019 年坑塘密度进行分析，结果表明：在各个缓冲带内，2019 年较 2010 年坑塘占比均略有降低，在空间上，坑塘密度均随距市中心距离的增加而增加，在 10 km 处达到最大，10 km 后有下降趋势。说明城镇的集中建设与扩张侵占了市中心大量的坑塘水面，导致只有城镇外围区才出现坑塘面积随距离增加而大幅增加的趋势。

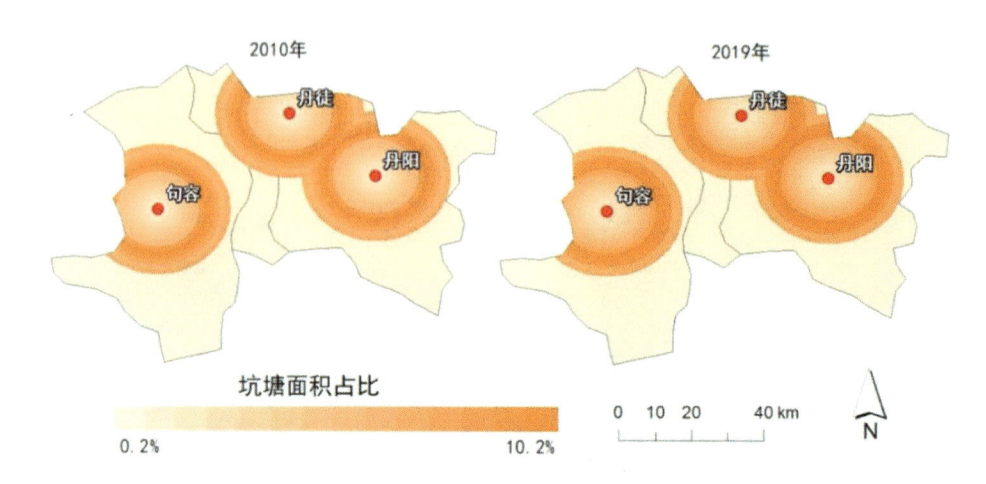

图 5.105　丹阳市、句容市、丹徒区缓冲区分析结果图

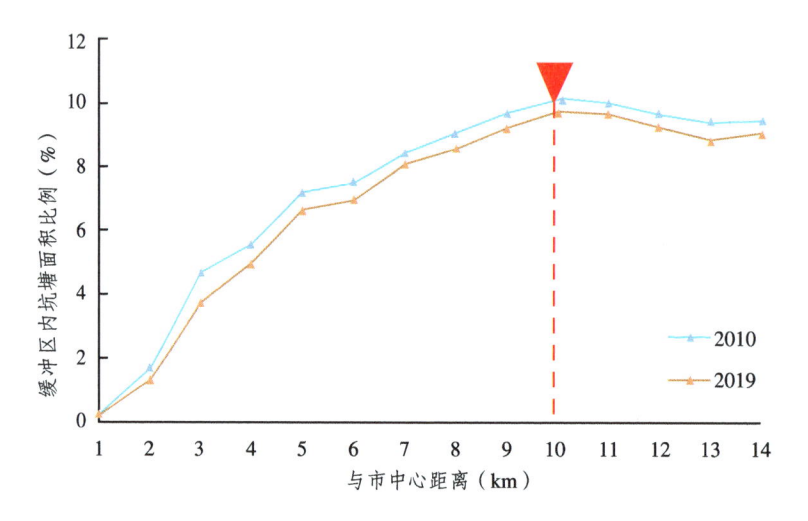

图 5.106　缓冲区内坑塘密度—市中心距离折线图

2. 河湖联通关系分析

水系连通性是指坑塘与周围河流、河岸带、湖泊湿地等水体的连通程度，与河湖生态系统的健康程度直接相关。定义水体联通度指数用于测度坑塘与周边水体的连通状态。计算公式如下：

$$C = \frac{S}{P} \times 100\% \qquad 公式（4）$$

式中：C 为水体连通度指数，S 为坑塘与周边水体（河、湖、沟渠等）的公共边长度，P 为坑塘总周长。

对 2010 年至 2019 年苏南地区坑塘进行水体连通度指数分析，结果表明：研究区水体连通度指数呈下降趋势，苏南地区坑塘的水体连通度指数由 2010 年的 7.2% 下降

图 5.107 水体连通度指数示意

至 2019 年的 6.9%，其中丹阳市下降较为明显。可见研究区域坑塘与周围水体的连通性下降，流动性减弱，生态功能受损。

表 5-11 2010—2019 年研究区水体连通度指数

年份	丹徒	丹阳	句容	总研究区	苏南地区
2010	2.27%	6.13%	2.20%	3.88%	7.2%
2019	2.28%	5.83%	2.19%	3.75%	6.9%

（四）微观调查分析

1. 基于形状与邻域特征的苏南坑塘分类体系

在了解苏南地区坑塘宏观变化特征及中尺度空间格局与变化趋势的基础上，基于形状指数与坑塘邻域特征，建立了苏南地区坑塘的分类体系，为后续实地调研选取典型坑塘、针对不同类型坑塘提出相应的管控建议提供参考。

形状指数是把物体的实际形状与基准形状，如圆形和正方形等进行比较的一个物理量。以正方形为基准形状的形状指数计算公式为：

$$p=\frac{L}{4\sqrt{S}} \qquad 公式（5）$$

式中：L 为坑塘周长，S 为坑塘面积。当 $p=1$ 时，坑塘为正方形；当 $p>1$ 时，坑塘的周长大于同等面积正方形的周长，形状指数越接近 1，则形状越接近正方形，形状指数越大，则形状越不规则；当 $p<1$ 时，则坑塘周长小于同等面积的正方形，坑塘轮廓接近圆形。在 Google Earth 上对部分坑塘进行目视解译并矢量化，计算其面积指数 p。按照结果，

将坑塘按照形状进行分类，确定基于形状的分类标准后选取坑塘对其准确性进行验证，验证结果表明该分类标准可行。

表 5-12　形状指数及对应坑塘特征

形状指数	坑塘形状特征
0<p<1	坑塘为近圆形，形状规则
1<p<1.2	坑塘近长方形，形状规则
p>1.2	坑塘形状不规则，与河湖连通关系较好

再结合坑塘的位置及与周围地物的邻接关系，根据坑塘与村庄/城市/农田/其他水体邻接程度（考虑主要邻接的地物）对其进行分类。综合两个分类依据，建立苏南地区坑塘的分类体系。对坑塘的类型划分如下：

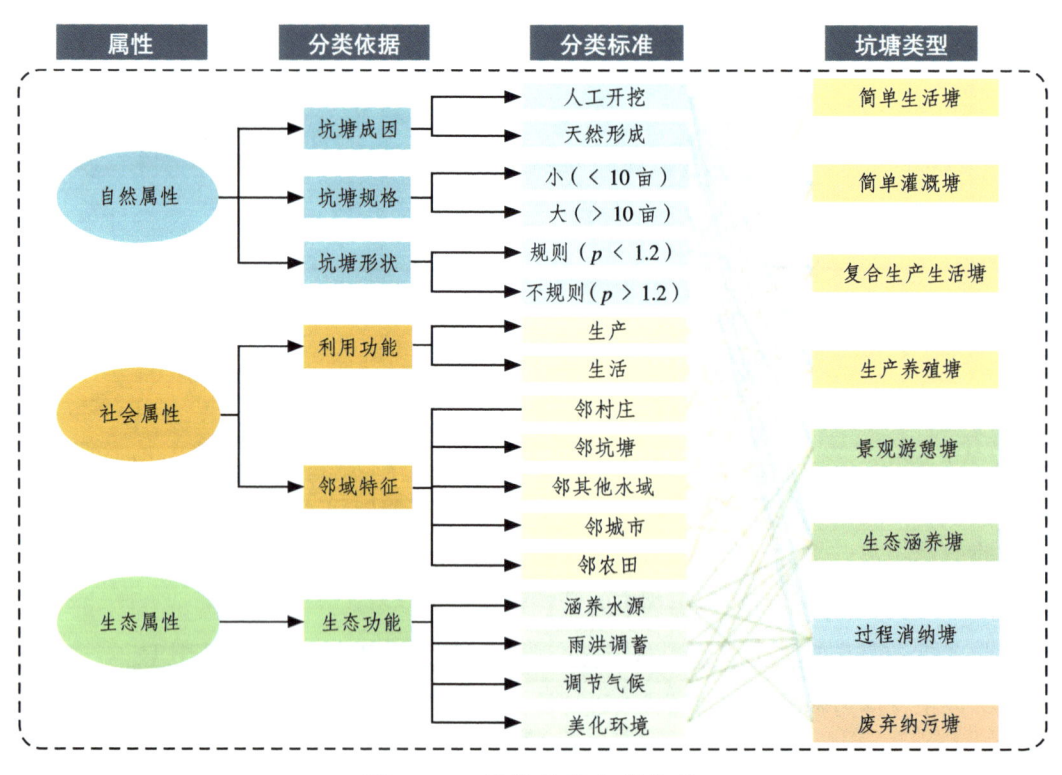

图 5.108　坑塘综合分类体系

苏南坑塘可划分为：简单生活塘、复合生产生活塘、简单灌溉塘、生产养殖塘、景观游憩塘、废弃纳污塘、过程消纳塘和生态涵养塘。其中，简单生活塘位于村庄中，与河湖连通性较差，多孤立存在，功能单一，形状规则，仅用于生活用水，规模较小；

复合生产生活塘邻接村庄与农田，既能用于灌溉养殖，又可用于生活用水，形状规则，规模不大；简单灌溉塘与农田相邻接，主要用于灌溉，功能单一，与河湖连通关系较好；生产养殖塘与农田和村庄相邻接，兼具养殖与灌溉的功能，与河湖连通关系较差，规模适中。景观游憩塘常成群出现在城市中，发挥美化景观、承载区域文化的功能，基本与河湖不连通，形状规则；废弃纳污塘与工业区、居民区邻接，水体污染严重，规模较小，只有单一的纳污功能且影响环境质量。生态涵养塘大多与湖泊、湿地相邻接，发挥生态涵养、美化景观、调节气候等功能，形状不规则，规模较大；过程消纳塘与水库、河流相邻接，且常常以"坑塘群"出现，能起到调蓄水文、消纳洪水的作用，形状不规则。

2. 实地调研

为深入探究引起宏观变化的驱动因子，并了解各类坑塘的实际利用状况及属性特征，依据坑塘分类的结果，选择热点变化区域中的丹阳市、丹徒区、句容市及金坛区（全域整治试点区）内的8类、10个典型坑塘进行水质测定，并在周边村庄进行了调研访谈，受访者包括全域整治试点区工作负责人、村支书、坑塘承包者、村民共30余人。

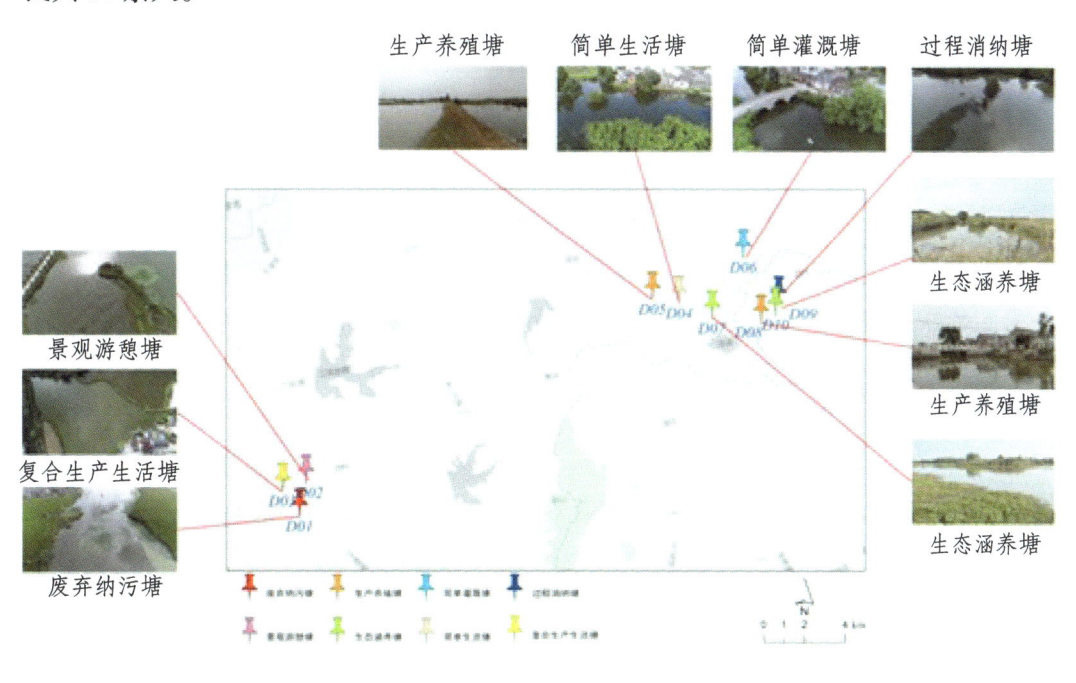

图 5.109 调研点分布图

（1）水质测定结果

对苏南农村水质造成威胁的污染源主要有生活污水、粗放养殖、农业非点源污染等。选取酸碱度（pH）、电导率（COND，μs/cm）、溶解氧（DO，mg/L）、磷酸盐（TDP， mg/L）作为坑塘水质状况的表征。其中 pH 值是水溶液重要的参数之一，影响水中胶体的带电状态，导致胶体对水中一些离子的吸附或释放，对生物的繁殖和生存有很大影响；COND 常用来推测水中解离物质的含量，水中无机离子（含盐量）浓度越高，电导率值越大；DO 值是衡量水体自净能力的一个指标，有机物污染越严重，耗氧越严重，水质越差。TDP 一般与生活污水相关，磷的超标会引起水体富营养化，造成水体恶臭。NH_3–N 是一种耗氧污染物，除可导致水体富营养化外，还可造成对一些水生生物的毒害作用。

根据水质测定结果，实地调研区范围内的 pH 值普遍属于正常范围内偏高，pH 值越高，氨的比例越大，毒性越强，磷肥易于暂时性失效，影响水生生物的生长繁殖；COND 波动较小，在金坛区达到最高（采样点 8—10），但也属于正常范围；DO 整体波动较大，平均值仅为 1.76 mg/L，低于 V 类水的标准（2.0 mg/L），DO 含量较高的坑塘为生态涵养塘（采样点 7），较低的为生产养殖塘（采样点 2、6），说明养殖鱼虾会产生有机污染并消耗水中的溶解氧，引起水质恶化；TDP 含量均值高达 1.68 mg/L，已达到 V 类水标准（>0.1 mg/L），部分水体已经发生富营养化，主要分布在丹阳市、句容市的复合生活塘和简单灌溉塘（采样点 1、5），说明农村生活污水、农田尾水排放会导致大量磷流失，造成水体污染，甚至有部分村庄将坑塘作为纳污池，将生活垃圾倒入塘中，严重威胁周边村民的身体健康；NH_3–N 含量主要集中在 0.02 mg/L~0.1 mg/L，整体处于正常水平，在句容市（采样点 2）突跃至最高 0.47 mg/L，氨氮含量较高点主要为闭塞的复合生活塘和生产养殖塘，靠近农田和村庄，说明该区域主要污染源为农业及养殖废水，如降水所形成的径流和渗流把土壤中的含氮化肥、农药等带入水体。变异系数用于表征各检测样本间的变异程度，随着其值增大，变异程度也逐渐增高，各采样点 DO（38.2%）、TDP（28.1%）和 NH_3–N（135.6%）质量浓度在空间上的变化较强，可见，苏南地区地表坑塘水质明显受到了人类活动的干扰。

表 5–13 水质指标描述性统计

指标	最小值	最大值	平均值	标准差	变异系数	采样数
pH	8.2	9.0	8.61	0.27	3.1%	10
COND（μs/cm）	203	448	300.9	76.4	25.4%	10
DO（mg/L）	0.83	2.98	1.76	0.67	38.2%	10
TDP（mg/L）	1.18	2.44	1.68	0.47	28.1%	10
NH_3–N（mg/L）	0.02	0.47	0.10	0.13	135.6%	10

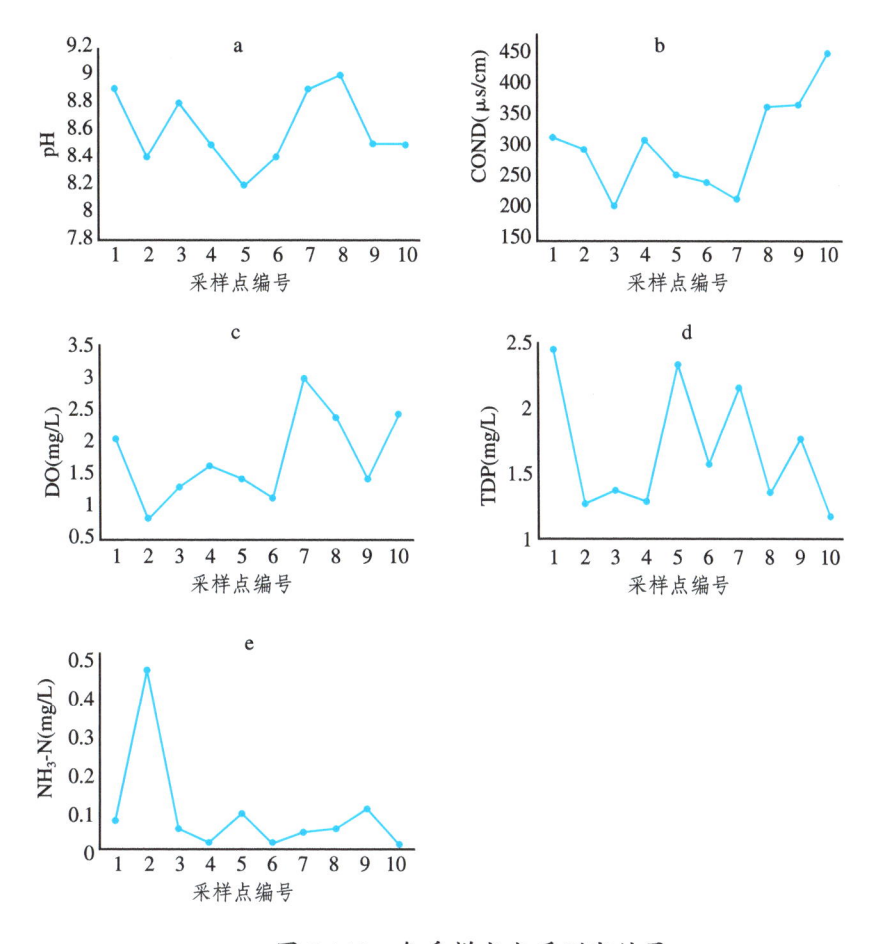

图 5.110　各采样点水质测定结果

（2）访谈结果

为了解坑塘的变化、利用状况及村民的利用态度，与调研地村民进行访谈，主要结论概括如下：

第一，在规划管理方面，相比由环保部门监管的湿地和河流，坑塘处于较模糊的地带，只有其触动基本农田红线时才会引起有关部门的重视。

第二，在利用状况方面，不同特征的坑塘具有不同的功能与作用，而这些功能的发挥状况也因地区条件与人们的生活方式而异。如：在镇江句容后白村，坑塘承担了生活、生产功能，村民利用坑塘水洗衣、洗菜、淘米、灌溉，塘中养殖鱼和鹅、鸭。然而该村的生活污水却不经处理直接排入塘中，与村民用水及村民健康产生了矛盾，一位村民在接受访谈后表示近几年该村的癌症患病率增高，可能是水污染导致的；在常州金坛耿庄村，村民则不将坑塘的水作为生活用水来源，用井水洗菜、洗衣、淘米，饮用自来水，村民承包坑塘主要用于养殖鱼、虾、蟹等，不同的水产品对坑塘水质的要求不同。

第三，在受污染状况方面，坑塘也因所处的地区不同而有所不同。引起农村坑塘水体污染的原因主要有农田面源污染、农村生活用水面源污染、水产养殖造成的水体富营养化等。如后白村临村坑塘作为全村的纳污塘，主要污染源是来自排污管道的生活污水，污染状况最为严重；横塘村一坑塘邻近农田，并用于养殖，造成其污染的主要原因是农田施用的化肥随降雨和灌溉水进入坑塘、水产养殖投放饲料及鱼类的代谢废物；丹徒区一坑塘位于水源保护区内，其受污染较轻，水源涵养功能发挥较好。

第四，在对坑塘的态度上，村民们都肯定了坑塘对于生产、生活的重要性及对坑塘优化的期待。坑塘与村民生活息息相关，不少村民表示，坑塘水作为生活用水已经是从小到大的生活习惯，虽然坑塘水质近年来下降很多，但仍然会使用坑塘水淘米、洗菜，且自来水费用较高也是村民考虑使用坑塘水的重要因素之一；村民们述说了对坑塘水质下降的直观感受，并表现出对目前状况的忧虑；关于填塘造田，一位村民认为坑塘养鱼分到几户人的收入甚微，填塘后重新分配用于种水稻可以增加收益，而一位村民（养殖大户）则表示"收一次鱼能当三年粮"，可见坑塘的经济效益与规模和经营方式息息相关。大多数村民都表示能够理解并支持国家为保证粮食安全而填塘造田的措施。

（五）结论与讨论

1. 宏观变化特征分析结论

（1）在水陆共生、河网密集的苏南地区，坑塘是苏南水体的重要组成部分。近20年来，苏南坑塘的变化具有一定的阶段性。阶段一：2000—2010年，在水产养殖业经济利益的驱动下，苏南坑塘面积大规模扩张了33%。阶段二：2010—2015年，为满足新增耕地和建设用地的需要，苏南坑塘减缩近7%。阶段三：2015年之后，苏南坑塘主要处在空间上的动态调整之中，其整体规模趋于稳定。

（2）就各时期坑塘在苏南五市的空间分布来看，始终是苏州占比最大，常州和南京其次，镇江和无锡占比最小。在县域尺度上，坑塘主要分布在苏南中部金坛区、溧阳市和东南部昆山市、吴江区、常熟市等地，形成中部的片状区域和东南部的狭长形区域。而苏南西部南京市主城区、中东部无锡市中心城区坑塘分布较少。

（3）21世纪以来，苏南坑塘存在明显的转入和转出。新增坑塘主要源自耕地、农村居民点和湖泊。消失坑塘主要转出为城镇用地、耕地、湖泊和草地。总体上来看，耕地、城镇用地与坑塘水体间的转换关系较为密切。

（4）近十年来，主要受经济发展和政策因素的影响，苏南坑塘的变化热点高值区域在空间上具有明显的聚集特征，大致呈现出三个聚集区域：a）南京西北部（六合区、浦口区）；b）镇江（丹阳市），常州（溧阳市、金坛区）；c）苏州大部分区域（吴江区、吴中区、高新区、姑苏区）。

2. 中尺度空间格局分析结论

城镇的集中建设与扩张使得坑塘多分布在远离城镇处，越靠近镇中心点，坑塘密度越小。由于人为干扰因素增加、坑塘用地类型转变，苏南地区坑塘水体连通度降低，生态功能受损。

3. 坑塘分类体系构建

苏南坑塘依据形状指数和邻域特征可被划分为简单生活塘、复合生产生活塘、简单灌溉塘、生产养殖塘、景观游憩塘、废弃纳污塘、过程消纳塘和生态涵养塘。不同类型的坑塘在主导功能、河湖联通关系、稳定性等方面有所不同，需要给出有针对性的保护、修复、整治方案。

4. 微观调查分析结论

（1）根据水质测定结果，苏南地区坑塘的水污染物主要来源于农村生活污水、养殖废水、农田尾水等，不同类型坑塘水质情况不同，水质较差的坑塘类型有复合生产生活塘、简单灌溉塘和废弃纳污塘。

（2）从村民访谈中得知，苏南坑塘在农民的生产、生活以及农村景观营造中扮演重要角色。在生活方面，坑塘是传统的生活用水的来源；在生产方面，坑塘承担了养殖鱼禽、灌溉农田的功能；在景观营造方面，坑塘与农田、村舍等要素共同构建了独特的江南水乡景观风貌。但目前坑塘存在着管理权属模糊、水质下降甚至恶化、与耕地存在冲突等问题。

Ⅱ. 比赛过程

2020 年 11 月 15 日，第二届全国大学生土地国情调查大赛决赛在南宁师范大学举办，该赛事以"土地政策创新与高质量发展"为主题，面向全国土地资源管理及相关专业在校大学生举办，旨在鼓励大学生通过深入调查了解和认识当下我国正在推进的农村土地制度改革和乡村振兴战略、新型城镇化发展战略，提升对土地国情的科学认知，提高团队合作意识，促进学术交流，培养爱国和恋土情怀。大赛自今年 8 月份启动以来，吸引了全国 68 所高校、共计 158 份作品参赛，并最终遴选出 46 份作品晋级决赛，经过角逐，本参赛项目"全域整治背景下苏南地区坑塘的多维度调查与思考"项目获得特等奖。

夯根柢　创新思　毓栋梁
——南京大学地理与海洋科学学院"三三制"下的本科人才培养研究

图 5.111　答辩现场　　　　　　　　图 5.112　颁发获奖证书

图 5.113　参赛师生合影

Ⅲ. 比赛感悟

在本次参赛过程中，我们有以下几点困难和收获：

（1）在数据获取方面，首先是通过地理数据云平台下载所需卫星影像数据时，由于研究区包括整个苏南地区，需要较多遥感影像进行镶嵌，数据量大、下载时间长；选取数据时，云量不可控，增加了数据处理的难度。我们系统复习了遥感数据处理的方法，耐心地选取满足研究需求的数据并对其进行预处理，为后期研究结果精度提供了保证。

（2）在结果分析方面，国内外目前对于坑塘的研究较少，尚没有明确的定义且缺乏苏南地区可参考的研究方法。提取坑塘水体时，由于其特殊性，提取的斑块小且细碎，对后续分析造成了困难。土地覆被遥感监测数据集和第二次全国土地调查及变更数据较为冗杂，ArcGIS 软件运行耗费时间。结合大量的文献阅读与实地调研，我们提出了针对苏南地区坑塘的定义与系统的分类方法，同时创新性地建立了一套研究坑塘的方法并在后续的阅读中验证了该定义与研究方法的科学性。

（3）在实地调研过程中，划船采集水样具有一定难度与危险性，掌握熟练的划船技巧需要多次训练以保证安全。测量水质使用的药品不但价格昂贵且操作具有一定危险性，需要格外小心。与村民交流时，因方言问题，沟通不便且理解易出现偏差。同时，疫情防控期间，前期工作受到一定影响，审批手续也较为困难。

（4）在整个准备过程中，我们得到了来自导师、师兄们的热心帮助，也增进了小组成员的默契与感情。在遇到思路或技术上的瓶颈时，导师的指导必不可少，师兄们的帮助也至关重要。野外调研、数据收集和处理、结果分析都格外考验个人能力与团队协作能力，准备过程中由于学院野外实习，准备时间更加紧张，我们不仅要克服学业压力，更需要高效的交流与合作完成各项任务，这不仅增强了我们的社会调查能力，培养了我们的科研素养，增添了我们的学科、专业认同感，也让每个人都收获了宝贵的友情。

附 表

表 1　2008—2021 年南京大学地理与海洋科学学院大学生创新训练计划项目汇总表

序号	项目名称	主持人	立项年份	级别
1	太湖水循环水量平衡模式的设计	黄 典	2008	校级
2	基于 3D WebGIS 的南京明城墙数字重建研究	李 莘	2008	校级
3	数字地形模型的构建、分析与可视化研究	余铭婧	2008	校级
4	基于 GIS 的南京长江大桥交通状况研究	张学良	2008	校级
5	胶州湾近 50 年来沉积速率的 ^{137}Cs 计年法研究	秦曲斌	2008	校级
6	城乡梯度带上土壤元素分布特征——以合肥市为例	王振涛	2008	校级
7	南京城水环境治理问题与对策研究——以金川河水系为例	丁 宁	2008	校级
8	神经网络和 GIS 耦合方法在蒋家沟泥石流预测中的应用	胡 玮	2008	校级
9	对镇扬河段设置人工岛主动调节水流变化的数值模拟研究	俞亮亮	2008	校级
10	新假日制度下旅游者行为研究——以中山陵为例	谷志莲	2008	校级
11	以老年人心理为基点的社区公共空间研究和设计	梁 晶	2008	校级
12	东秦岭南洛河流域古人类生态环境重建的探索	张文超	2008	校级
13	大都市边缘区公共空间的社会特征与规划对策研究	赵 丹	2008	校级
14	人类活动对城市水环境的影响研究	李雪芳	2008	校级
15	基于"和谐"目标的城市公交车站设计优化	买 静	2008	校级
16	南京市生态自驾游现状调查与市场潜力预测	朱 莹	2008	校级
17	基于 GIS 的气体污染物扩散分析	洪子涵	2008	省级重点
18	大事件营销的城市空间响应研究	穆晓燕	2008	省级重点
19	库姆塔格沙漠矿物组成和环境指示意义	徐志伟	2008	省级重点
20	曼祖尔卡古河流沉积物特征及其对新构造运动的指示意义	周 鑫	2008	校级重点
21	江苏南通沿海典型滩涂养殖区沉积物环境质量的研究	黄金碧	2008	校级重点
22	收入与闲暇时间相关性：对休闲产业需求函数的一个改进	姜雯君	2008	校级重点

（续表）

序号	项目名称	主持人	立项年份	级别
23	基于3DGIS的南京明故宫的增强现实数字重建研究	孙 渊	2008	校级重点
24	南京道路绿化景观效果与生态效益初探	居 阳	2009	校级
25	京沪高铁南京南站周边地区土地开发与空间模式研究	张 乐	2009	校级
26	不同安置方式的被征地农民可持续生计评价及比较	黄金碧	2009	校级
27	江苏盐城原生湿地土壤微生物多样性研究	欧志吉	2009	校级
28	五万年来腾格里沙漠气候环境变化的沉积记录	张瀚之	2009	校级
29	南京市城区地表降雨径流水质分析	沈奕贝	2009	校级
30	长江口沉积体系的碳同位素示踪研究	赵 宁	2009	校级
31	大城市边缘区居住空间分异研究——以南京为例	胡 亮	2009	校级
32	保障性住房的规划、建设与分配机制研究——以南京市为例	廖学洪	2009	校级
33	南京大学仙林校区三维虚拟校园及教学资源实时管理系统	谢光磊	2009	校级
34	TCM法评估人文旅游资源游憩价值初探——以中山陵为例	王 媛	2009	校级
35	娱乐型主题公园游客期望与感知差异研究——以高校学生为例	李 莉	2009	校级
36	虚拟社区实体化的空间区位与形式选择机制研究	何序君	2009	省级
37	如东紫菜养殖对潮滩地貌以及沉积作用的影响	施 杨	2009	省级
38	苏北废黄河三角洲海岸演变研究	陈璞皎	2009	校级重点
39	地铁交通对周边地价影响的评价模型——以南京市为例	李 月	2009	校级重点
40	1605年东寨港地震的海岸沉积记录石英颗粒形态证据	秦秉斌	2009	校级重点
41	基于旅游者视角评估书法景观旅游价值	宋白杨	2009	校级重点
42	杭州旅游消费券在不同客源地的空间效用差异及其形成机制研究	万基财	2009	校级重点
43	南京创意产业集群效率及影响因素实证探析	赵 霖	2009	校级重点
44	基于空间句法的南京城市肌理与人口密度相关性研究	周之聪	2009	校级重点
45	南京街区色彩色谱调研与评价初探	陈 栋	2010	校级

(续表)

序号	项目名称	主持人	立项年份	级别
46	基于公共服务均等化和医疗空间布局模型的城市卫生医疗设施布局研究——以南京市栖霞区为例	陈 昭	2010	校级
47	极地雪冰痕量重金属研究样品的前处理及其实验分析	华 蓉	2010	校级
48	江苏和福建海岸互花米草环境影响及形态的对比研究	李 瑾	2010	校级
49	南京公共网络GIS模型与节能减排研究	许 珂	2010	校级
50	苏锡常地区多尺度土地利用分维结构时空演变研究	张 晶	2010	校级
51	快速城市化背景下土地对城市经济的"增长阻尼"研究——以南京市为例	曹 雪	2010	校级重点
52	潮滩均衡剖面的发育模式研究——以江苏潮滩为例	刘 刚	2010	校级重点
53	鄱阳湖滨不同时代沙山范围及类型识别遥感研究	马 勤	2010	校级重点
54	城市居民碳足迹特征及驱动机理分析——以南京市为例	赵瑜嘉	2010	校级重点
55	大学城向科学城转化的机制与途径研究——以南京仙林大学城为例	钟 睿	2010	校级重点
56	两万年来人类活动和气候变化对典型黄土侵蚀的定量评估	刘倩倩	2010	校级重点
57	潮沟形态和演变对怪潮现象的影响	陆 驰	2010	校级重点
58	风暴潮沉积记录反演台风事件——以江苏如东海岸为例	赵秧秧	2011	校级
59	基于SAR反演与数值模式耦合的江苏近海风能资源评价	钟礼山	2011	校级
60	珠峰东绒布冰芯记录与亚洲太平洋涛动指数的比较分析	韩腾嘉	2011	校级
61	基于游憩行为的南京市幸福感地图研究	毛梦如	2011	校级
62	基于我国自主探月数据的月球物质成分遥感反演研究	王明舒	2011	校级
63	基于沉积物研究对圆陀角古地质事件的探讨	杨海飞	2011	校级
64	人类活动对苏北滨海湿地沉积物中重金属富集影响	王俊杰	2011	校级
65	晚更新世南黄海内陆架埋藏古河谷的定量地震地貌研究	李安邦	2011	校级
66	中国北方典型沙区漠土中的磁性矿物及其环境意义	于名召	2011	校级
67	城市河流环境对土地利用的影响研究	蒋费雯	2011	校级
68	基于生态服务价值评估的"城乡绿色鸿沟"分析——以南京市为例	林梅花	2011	校级

（续表）

序号	项目名称	主持人	立项年份	级别
69	基于 GIS 的空间 O-D 流模式研究——以中国省际人口迁移流为例	谈 心	2011	校级
70	南京市秦淮河水系变迁及对水资源水环境的影响研究	刘 娅	2011	校级
71	基于网络可达性分析的南京市公共医疗机构服务域研究	周旻曦	2011	校级重点
72	日本四国海盆陆坡重力沉积过程分析	韩卓尘	2011	校级重点
73	投诉视角的中国旅游服务质量提升研究	丁洪洋	2011	校级重点
74	中国北方干旱区沙丘动态过程对风向和风力的响应——以毛乌素沙地和腾格里沙漠为例	冯 晗	2011	校级重点
75	南京市主要交通干线尘土重金属空间分布模式与人体健康暴露风险评价	何旦番	2011	校级重点
76	基于三维 Gabor 滤波器的祁连山地区高光谱遥感图像分割研究	冯 逍	2011	校级重点
77	吞吐型湖泊湖滩地形遥感反演方法研究——以鄱阳湖为例	张思宇	2012	国家级
78	基于模糊数学方法的房地产调控政策评估模型研发及应用——以南京为例	梁湉湉	2012	国家级
79	海量地理数据地图投影变换与坐标转换的中间件开发	杨育浩	2012	国家级
80	南京地区大气降尘的磁学特征及其对粉尘来源的指示	吕安琪	2012	国家级
81	晚第四纪古尔班通古特沙漠地表过程对气候变化的响应	王 萍	2012	国家级
82	江苏中部海岸潮致悬沙输运的强度和机理分析	徐琦琳	2012	国家级
83	南京城市化水文效应研究	苏全龙	2012	国家级
84	基于 CA 模型的东洞庭湖土地覆盖动态监测及变化预测	黄 煌	2012	校级
85	月球三维可视化建模及在地形分析和资源开发方面的研究	夏 南	2012	校级
86	社会隔离与融合——对南京市栖霞区三所打工子弟小学的研究	马子钦	2012	校级
87	南黄海辐射沙脊群西洋潮流通道的形成与演变	王 辉	2012	校级
88	土壤酸碱性和活性有机碳含量对土地覆被变化的响应——以庐山地区典型植被为例	王青玉	2012	校级
89	太赫兹光谱在月球及灶神星探测中的应用探索研究	赵云龙	2012	校级
90	沉积物物源定量识别的三端元成分分析模型及其应用研究	王 丹	2012	校级
91	基于特色旅游资源的专项旅游模式研究	赵君雪	2012	校级

（续表）

序号	项目名称	主持人	立项年份	级别
92	校内桌球	蒋学鸿	2012	校级
93	江苏万顷良田工程实施下土地资源数量—质量—生态变化研究	刘 露	2012	校级重点
94	GIS支持下的南京民国建筑保护研究	刘建龙	2012	校级重点
95	基于RS与GIS的南京青奥会主办地光化学烟雾预警系统设计	刘鼎智	2012	校级重点
96	房地产开发对城市滨水游憩空间及居民游憩行为的影响	王 璇	2012	校级重点
97	南海北部大陆边缘天然气水合物稳定带厚度的地热学研究	汪燕敏	2012	校级重点
98	人类活动对潮滩剖面演化的影响——以江苏条子泥围垦工程为例	于澄童莹	2012	校级重点
99	南京大学仙林校区大气花粉的研究	孙文峰	2012	校级重点
100	基于公共利益的南京城市公交站点服务设施布局优化设计	梁亚妮	2012	校级重点
101	江苏中部海岸潮滩的淤长速率及动态预测	王文昊	2013	国家级
102	民乐主题旅游场所的地方感研究——以南京夫子庙白鹭洲夜泊秦淮和北京未名民乐主题酒店为例	汪悦然	2013	国家级
103	苏北近岸海域悬沙浓度影响因素的研究	徐笑梅	2013	国家级
104	城镇化农民生计的评价体系构建及应用——以苏南地区东山镇等为代表	殷子涵	2013	国家级
105	江苏沿海地区全新世海面变化的考古地层与自然沉积记录研究	陆福志	2013	国家级
106	点状分布地理要素的制图表达方法探索研究	夏 楠	2013	国家级
107	长江南京河段沙洲和河漫滩沉积物光释光测年技术验证及提高	于颖卓	2013	国家级
108	基于地理加权回归模型的江苏省$PM_{2.5}$质量浓度分布的估算研究	李 创	2013	国家级
109	西宁盆地第四纪风尘堆积的物源变化及其环境意义	付 玉	2013	校级重点
110	江苏及南黄海地区的地震活动和构造环境研究	李旭东	2013	校级重点
111	南京市主城区空气负离子浓度分布特征研究	陈一唱	2013	校级重点

（续表）

序号	项目名称	主持人	立项年份	级别
112	基于交通可达性和旅游线路设计的江南水乡古镇竞合研究	周珺	2013	校级重点
113	冬季江苏近岸海域水团运动影响下的悬沙输运机理分析	尹琦珺	2013	校级
114	最近2000年海岸沙丘对气候变化的响应——以福建平潭岛和河北昌黎为例	刘瑞璇	2013	校级
115	废黄河水下三角洲底质分析与侵蚀研究	王黎	2013	校级
116	南京仙林新区开发对流域下垫面河流水系与洪涝影响研究	胡砚泊	2013	校级
117	南京地区末次间冰期以来风尘堆积的物源变化	侯晓雪	2014	国家级
118	基于GIS分析的东秦岭北麓关中段水系分布特征及其对新构造运动的响应	王逸超	2014	国家级
119	基于被动微波遥感数据监测兴凯湖湖冰变化	贺骊印	2014	国家级
120	基于边际分析法的家庭农场适度规模经营调研——以苏州、成都、湘潭三地为例	漆信贤	2014	国家级
121	江苏海岸岸线动态及控制因素	蔺亚婴	2014	国家级
122	典型滩涂区围垦后土壤活性有机碳含量的演变特征	郑舒燕	2014	国家级
123	基于六普的中国人口迁移可视化模型研究	王三强	2014	国家级
124	基于乡村聚落景观优化的农村居民点整治规划方法的研究	马圣美	2014	国家级
125	秦岭南麓汉江流域上游地区阶地划分与定年	王可欣	2014	省级
126	大气降尘分级取样研究技术方法及相关研究探讨	李沛泽	2014	省级
127	西沙群岛岛礁地貌初步研究	冯前程	2014	校级
128	祁连山北部戈壁演化	耿珺琰	2014	校级
129	粉砂淤泥质海岸带潮沟系统遥感提取方法研究——以江苏中部沿海为例	王素素	2015	国家级
130	中国东南针叶树对温度的响应规律及机制	陈韵涵	2015	国家级
131	江苏虚拟土地流的时空过程与资源效应	陆琰	2015	国家级
132	沉积物的粒形特征及其沉积环境意义	李小礼	2015	国家级
133	基于沉积记录分析的海岸极端事件频率——强度曲线重建——以江苏海岸为例	赵天	2015	省级
134	地铁出行辐射半径研究——以南京地铁为例	高健奇	2016	国家级
135	蔓延、紧凑、收缩？：全国262个地级以上城市建设用地扩张的时空特征	张斌	2016	国家级

（续表）

序号	项目名称	主持人	立项年份	级别
136	景区旅游线路私人订制的集成模型研究	马佳卉	2016	国家级
137	半干旱区古气候定量化重建的环境磁学研究——以毛乌素沙地东南部为例	梁承弘	2016	国家级
138	江苏地区页岩气资源评估的地热学研究	朱戈	2016	国家级
139	苏北平原"贝壳堤"的再认识	夏君非	2016	国家级
140	黄海钻孔沉积物锆石探源	唐晓爽	2016	国家级
141	辐射沙洲海域入海河道水闸对潮滩地貌影响	汪万智	2016	省级
142	伪智慧旅游：景区智慧解说系统的使用障碍研究——以南京市博物院为例	丁春媚	2016	省级
143	如东风电场建设的水质影响及其原因探究	冯子岳	2016	省级
144	40年来藏色岗日冰川变化	贾博文	2016	省级
145	农民土地权益实现的PPP实践模式	洪舒焱	2016	校级
146	全新世以来的长江三角洲演变地貌与沉积学特征	兰庭飞	2016	校级
147	长江下游江心洲土壤理化特征及其蕴含的环境变化信息	王春	2016	校级
148	赣北山地泥炭沼泽正构烷烃记录的小冰期气候变化	姜佳玮	2016	校级
149	潮滩养殖对潮间带地貌动力过程的影响	王俊杰	2017	国家级
150	南海北部琼东南盆地深水区地温场特征及油气意义探究	吴迪	2017	国家级
151	长江沉积物中石英包裹体的形态学特征及其指示意义	周孟洋	2017	国家级
152	洛宁地区黄土地球化学指示的古气候意义	程国权	2017	国家级
153	基于开放数据的南京市住宅价格时空演变研究	卢竞择	2017	国家级
154	基于漫反射光谱的铁氧化物定量分析及其在南方黄土中的应用	吴双殊	2017	国家级
155	江苏海岸盐沼湿地碱蓬景观格局演化及生境影响分析	张镇华	2017	国家级
156	海南三亚小东海珊瑚礁巨砾沉积的特征和形成条件	樊一阳	2017	省级
157	秦岭汉中盆地河流沉积的物源分析与水系演化	罗奥	2017	省级
158	城市土壤属性参数与土地利用类型关系的模型表达	殷诗华	2017	省级
159	末次冰期旋回东亚季风核心区降水变化的湖泊沉积记录研究——以湛江田洋玛珥湖沉积为例	吕恒志	2017	校级
160	基于多层线性模型的南京市区土地价格影响因素分析与趋势预测研究	罗丹	2017	校级
161	高分辨率影像建筑物分割和几何特征识别	祝东阳	2017	校级

（续表）

序号	项目名称	主持人	立项年份	级别
162	面向遥感应急精准服务的语义分析模型研究	孙鼎	2017	校级
163	俄罗斯阿尔泰苏联路考古遗址动物遗存的C、N同位素分析	伍锡林	2018	国家级
164	入海输沙量减少背景下长江口南槽拦门沙的动力地貌演变	王建兴	2018	国家级
165	合肥市土壤重金属含量的模拟与预测	陈艺华	2018	国家级
166	利用多源卫星测高数据监测非洲湖泊水位变化	赵容田	2018	国家级
167	过去五千年以来毛乌素沙地尘暴强度变化的半定量重建	肖晨伟	2018	国家级
168	长江流域河口区干流河道对入海输沙量源汇效应分析	陈蒙	2018	国家级
169	气象站点周边土地利用变化对区域气温评估的影响	冷雪静	2018	国家级
170	树轮早晚材宽度年表在中国东南地区气候研究中的潜力探讨	翁许湘	2018	国家级
171	山西吕梁地区构造隆升过程和地貌演化研究	陈瑶	2018	国家级
172	近两千年以来，长江流域——河口——陆架沉积速率的时空变化	张夔	2018	国家级
173	研究秦淮河流域河流健康	刘思含	2018	省级
174	废黄河三角洲平原贝壳堤的形成模式	吴焕莎	2018	省级
175	中国东部季风区沼泽泥炭地表层花粉与植被和气候的关系研究	唐天意	2018	省级
176	基于长时间序列遥感影像的太湖流域不透水层信息提取及时空变化分析	夏梓倚	2018	校级
177	党河流域地貌特征的定量化表达及对新构造活动的响应	葛荣存	2018	校级
178	下蜀黄土记录的长江中下游地区中更新世以来的环境演化	胡达外迪·托合提	2018	校级
179	遥感地表温度时间合成策略对城市热岛强度计算的影响研究	张景源	2018	校级
180	单个流体包裹体成分分析对超大型瑶岗仙钨矿成矿过程的精确制约	王广琳	2019	国家级
181	全球变化背景下贝加尔湖表层水温变化分析	吴焕莎	2019	国家级
182	砷镉复合污染土壤稳定化修复技术	温家琦	2019	国家级
183	贫困地区的交通可达性与旅游经济的互动关系及其成因研究——以贵州省为例	童雨茜	2019	国家级
184	基于多角度无人机高光谱遥感的森林叶绿素含量估算	霍婧雯	2019	国家级
185	中印度洋洋盆沉积物地球化学特征及其物源指示意义	鲍洋	2019	国家级
186	不同气候背景下土壤碳酸盐的含量与特征	邵可涵	2019	国家级

（续表）

序号	项目名称	主持人	立项年份	级别
187	台风浪对南海珊瑚礁沉积物搬运的数值模拟及其对岛礁地貌的塑造	花浩	2019	国家级
188	基于多元化数据和GIS分析的网红旅游地生命周期研究	孙艺达	2019	国家级
189	构建云冰晶立体三维模型	董玲瑶	2019	国家级
190	青藏高原增暖对东亚大气环流的影响	彭海航	2019	国家级
191	凹凸棒复合天然高分子混凝剂的制备及强化处理含藻原水的应用研究	金加盛	2019	省级
192	基于高分遥感影像的江苏省海岸线变化及其驱动因素定量分析	缪诗祺	2019	省级
193	海洋沉积物临界剪切应力的影响因素研究	江锐捷	2019	省级
194	Fe^{2+}/O_2和过硫酸盐体系下模拟土壤环境中纳米Ag_2S稳定性研究	徐翊宸	2019	省级
195	对苏北潮滩沙蟹取食行为及其生态效应的研究	戴子熠	2019	省级
196	微塑料在城市环境中的分布特征、分析方法及其环境效应	周崇胜	2019	校级
197	地下水有机无机复合污染的PRB技术研发与应用	张玉	2019	校级
198	中国东南沿海燕山期埃达克质岩成岩成矿研究	朱鋆悦	2019	校级
199	毛乌素气候变化的黄土记录	冀之涵	2019	校级
200	中生代陆生脊椎动物古生物地理研究	周一擘	2019	校级
201	贝加尔裂谷带典型沙丘形成发育过程研究	林鹏雨	2019	校级
202	基于高光谱遥感数据分析遥感未分层所带来的误差纠正——以提取棉花的叶绿素含量为例	杨坤	2019	校级
203	农村土地利用智能规划系统	谭畅	2019	校级
204	融合多源高分遥感影像的"冰上丝绸之路"沿线城市动态变化分析	黄宜楚	2020	国家级
205	近60年来我国洪水时空演变特征及归因	杨依欣	2020	国家级
206	中国环保产业上市公司地理格局演化及其驱动机制	栾心晨	2020	国家级
207	浑善达克沙地边缘砂黄土剖面GDGTs分布与古温度重建	程雅楠	2020	国家级
208	中国城镇扩展的地理智能模拟	田皓宇	2020	国家级
209	基于地貌指数的贝加尔湖周边水系演化与新构造活动探究	蒲越	2020	国家级
210	南极冰盖冰面水系遥感监测与动态变化分析	梁相安	2020	国家级
211	我国西北沙漠沙地表层土壤微生物空间分布及其扩散的生态效应研究	胡志韧	2020	国家级

（续表）

序号	项目名称	主持人	立项年份	级别
212	江南水乡坑塘景观变化特征与优化思路	桂镜玄	2020	国家级
213	长江中游水文气候变化的树木年轮记录	孙一倩	2020	国家级
214	中国儿童多维贫困的时空变化及其成因	廖锦峰	2020	省级
215	西太平洋地区边缘海的热流分布特征及构造意义	祝文婧	2020	省级
216	广东湛江玛珥湖沉积序列有机质碳同位素与植被变化	高鑫	2020	省级
217	基于多源数据和模型的华北地区水资源变化及其原因分析	陈敏岚	2020	省级
218	近百年台湾省历史林地时空格局重建	宋佳倪	2020	省级
219	太湖蓝藻图像语义分割深度神经网络构建及应用	王文野	2020	校级
220	农副产品平价店对食品价格的拉平效应研究	郑成宏	2020	校级
221	基于遥感和碳通量观测数据的植被生产力模型比较研究	徐舒昊	2020	校级
222	南京市屋顶绿化发展潜力与生态系统服务价值评估研究	沈仪	2020	校级
223	基于无人机的日光诱导叶绿素荧光监测系统	赵大洋	2020	校级
224	南京老城区土地利用变迁及生态服务价值评价（1910—2010）	谭畅	2020	校级
225	新石器时期以来阿尔泰地区人类活动与环境变化之间的关系	王逸	2020	校级
226	渭河盆地矿物特征记录的风化对始新世——渐新世降温事件的响应	陈泽宇	2020	校级
227	利用空地一体化激光雷达对南京地区城市热岛效应植株与建筑影响因子的分析建模	叶俊汶	2020	校级
228	黄山和大别山六百年来植被演替与气候变化对比研究	陈澍	2021	国家级
229	南京城市地下空间舒适度研究——以地铁为例	任可	2021	国家级
230	侵华日军占领南京期间的国际安全区故事地图（1937-1938）——基于《拉贝日记》、《魏特琳日记》的研究	沈彤	2021	国家级
231	无监督条件下遥感信息智能解译方法研究	地力夏提·木哈塔尔	2021	国家级
232	近40年全球森林病虫害时空变化特征分析	牛宜然	2021	国家级
233	WebGIS支持下的"故事地图"方法与实证研究——以南京颐和路公馆区民国建筑故事地图研究为例	何家伟	2021	国家级
234	东海边缘热流与热结构研究	段安康	2021	国家级
235	高分CubeSat遥感影像在监测河流网络中的应用研究	朱雨欣	2021	国家级

(续表)

序号	项目名称	主持人	立项年份	级别
236	冬季风暴影响下山东半岛北岸细颗粒沉积物的跨锋面输运	任春宇	2021	国家级
237	腾格里沙漠植被恢复过程中的土壤碳同位素组成变化及其环境指示意义的初步研究	张藜萱	2021	国家级
238	非洲土地所有权与管理类型对比研究	邢宇帆	2021	国家级
239	基于浏览器的三维虚拟地理场景技术探索及其应用	高山林	2021	省级
240	南京文学地图时空框架研究——以栖霞山文学景观及可视化分析研究为例	于小溪	2021	省级
241	劳动力（资本、技术等）要素流动建模与机制分析	陈佳鑫	2021	省级
242	劳动力流动建模与机制分析	盛孜莹	2021	省级
243	时间序列遥感技术支持的山西佛光寺监测研究	李嘉芮	2021	省级
244	从心还是从众？——游客网红打卡地出游意愿形成机制研究	王桐	2021	省级
245	我国城市屋顶绿化的空间分布特征及其发展潜力分析——以副省级以上城市为例	周臻	2021	省级
246	土壤—植被—降水—大气氧同位素变化特征	高寒	2021	校级
247	基于互联网数据的旅游景区游客画像	徐睿涵	2021	校级
248	苏南耕地细碎化的时空特征与整治应对	童智超	2021	校级
249	基于人类活动强度计算的长三角生态环境响应	沙雨盈	2021	校级
250	基于多源遥感观测数据的极端气候事件对生态系统生产力的影响评估	段雯卓	2021	校级
251	基于高光谱数据的油气井甲烷排放反演与监测	林可儿	2021	校级
252	基于不透水面的特征水文模型对南京市海绵城市建设适应性的评估	王泽霖	2021	校级
253	不确定性视角下的空间 O-D 模型优化	郭悦祺	2021	校级
254	格陵兰冰盖表面高程变化与物质平衡多源遥感观测研究	魏佳宁	2022	国家级
255	近代南京城市水系时空格局及演变分析（1840—1949 年）	李溪若	2022	国家级
256	基于遥感大数据的 2021 年春季特大沙尘暴潜在源区识别	尚思怡	2022	国家级
257	南京市农产品销售状况空间分异及其成因研究	陈宜颢	2022	国家级
258	面向林地精细变化检测的深度学习模型	赵思杰	2022	国家级
259	沧海桑田：始新世暖期黄河流域的白云岩记录	朱华玺	2022	国家级
260	近海沿岸余流形成机制的机器学习研究：以江苏中部海岸为例	张茜	2022	国家级

（续表）

序号	项目名称	主持人	立项年份	级别
261	基于GIS的长江流域文化遗址数据库建设与时空分布规律研究	胡子骁	2022	省级
262	中国环境产品对外贸易的碳减排效应	刘晗玥	2022	省级
263	商朝后期东亚夏季风演化及物理机制	王硕情	2022	省级
264	民国南京文学地图与时空可视化研究	张明雨	2022	省级
265	质性GIS与城市叙事地图研究——以近代南京城市变迁为例	郭依青	2022	省级
266	全球变化背景下冬候鸟迁徙地变迁研究——以丹顶鹤为例	陈崇昊	2022	省级
267	深度学习的三维城市建筑单体化研究及应用	徐嵩	2022	省级
268	中国古代气候风险与宗教发展的关联机制	严玉岚	2022	校级
269	城市夜间经济活力的测度与区域效应	任芳仪	2022	校级
270	户口对疫情期间食物保障的影响	陈婕	2022	校级

表2 2007—2021年南京大学地理与海洋科学学院省部级以上教学成果奖

教学成果名称	获奖名称及等级	主要获奖人	获奖时间
构建"三位一体"实践教学体系，培养创新型地学人才	江苏省教学成果奖二等奖	王颖、胡文瑄、邵进、鹿化煜、王元	2007
寓教于研的地理信息科学专业创新人才培养模式	国家级教学成果奖二等奖	李满春、陈振杰、李飞雪、柯长青、陈刚、杜培军、马劲松、王结臣、刘永学、程亮、黄秋昊、陈镜明、李岩、于涛、方强	2014
创建高校野外联合实践教学共享体系，开辟地理学拔尖创新人才培养新途径	国家级教学成果奖二等奖	郑祥民、杨胜天、王乃昂、王腊春、曾从盛、邓辉、林爱文	2014
地理信息技术支持的地球系统科学虚拟仿真实验教学改革与创新	全国高校GIS教学成果奖特等奖	李满春、陈振杰、徐士进、陈刚、柯长青、程亮、江静、佘江峰、肖鹏峰、占文凤、陶先平、陆现彩、陈炎明、徐志伟、陈镜明	2017
地理学全学科深度融合的野外实践教学模式探索与创新	江苏省教学成果奖二等奖	王腊春、李徐生、程刚、张兆干、李升峰、李满春、韩志勇、陈逸、杨达源、左平、王结臣	2017
地理信息类专业3332教学体系的创建与实践	国家级教学成果奖二等奖	杨昆、李满春、谢忠、潘玉君、陈振杰、冷天玖、王加胜、吴亮、朱彦辉、匡锦、孟超、罗毅、杨扬、洪亮、彭双云、王保云、陈占龙、赵波	2018
GIS双创人才培养实践教学	第二届全国高等学校GIS教学成果奖特等奖	陈振杰、程亮、黄秋昊、李飞雪、陈刚、佘江峰、李岩、马劲松、江飞、陈炎明、杨康、周琛、马磊、姜鹏辉、肖鹏峰	2019
虚实结合的数字化地理人才培养实践	江苏省教学成果奖一等奖	李满春、鹿化煜、金晓斌、陈振杰、李岩、刘绍文、陈刚、李徐生、王玮、徐志伟、夏南	2021

表3 2006—2021年南京大学地理与海洋科学学院教学改革成效

奖励名称	获奖等级	授奖部门	获奖时间
南京大学地理学基地：地理学实验教学中心信息化改造项目	国家级	国家基础科学人才培养基金	2006
南京大学地理学基地：虚拟庐山系统项目	国家级	国家基础科学人才培养基金	2007
庐山地理学野外实践教学骨干教师培训	国家级	国家基础科学人才培养基金	2010
南京大学仙林新校区地球科学实验教学中心建设	国家级	国家基础科学人才培养基金	2011
南京大学地理学基地：数字化科研训练项目	国家级	国家基础科学人才培养基金	2012
南京大学地理基地人才培养支撑条件建设项目	国家级	国家基础科学人才培养基金	2012
南京大学地理学基地（庐山）野外实践能力提高项目	国家级	国家基础科学人才培养基金	2013
"走进地理学"MOOC研制，李满春等	部省级	高等教育出版社中国大学MOOC	2015
江苏省"十三五"重点教材建设项目，《地理信息系统设计》，李满春、陈振杰	部省级	江苏省教育厅	2018
国家级一流本科专业建设点，南京大学地理信息科学，李满春	国家级	教育部	2019
江苏省高等教育教改研究重中之重课题，地球系统科学拔尖创新人才培养虚拟仿真实验教学研究，李满春、陈振杰	部省级	江苏省教育厅	2019
国家级一流本科专业建设点，南京大学地理科学，鹿化煜	国家级	教育部	2020
国家基础学科拔尖学生培养计划2.0基地，南京大学地理科学，鹿化煜	国家级	教育部	2021

表4 2007—2021年南京大学地理与海洋科学学院教学建设成效

奖励名称	获奖等级	授奖部门	获奖时间
中国数字科学馆地理信息系统（GIS）科学体验区建设	国家级	科技部、中国科协等	2007
国家精品课程，GIS设计，李满春	国家级	教育部	2009
"十一五"国家级规划教材，《地理信息系统概论（第三版）》，黄杏元、马劲松	国家级	教育部	2010
"十一五"国家级规划教材，《资源学导论》，彭补拙等	国家级	教育部	2010
"十一五"国际级规划教材，《GIS设计与实现》，李满春等	国家级	教育部	2010
国家精品教材，《GIS设计与实现（第二版）》，李满春等	国家级	教育部	2011
"十二五"国家级规划教材，《GIS设计与实现（第二版）》，李满春等	国家级	教育部	2014
国家精品课程，自然地理学，杨达源	国家级	教育部	2017
国家精品在线开放课程，走进地理学，李满春	国家级	教育部	2018
国家级一流本科课程，GIS设计，李满春	国家级	教育部	2020
首批国际版慕课，Understanding Geography: Human, Land & Ocean，李满春等	国家级	教育部	2020
江苏省一流本科课程（虚拟仿真实验教学），尾矿坝选址三维虚拟仿真实验，李满春等	部省级	江苏省教育厅	2021

后记

爱因斯坦曾说："所谓教育，就是当一个人把在学校所学全部忘光之后剩下的东西。"德国哲学家雅思贝尔斯也曾说："教育的本质意味着，一棵树摇动另一棵树，一朵云推动另一朵云，一个灵魂唤醒另一个灵魂。"那么，教育究竟是什么？面对现今复杂多变的全球变化与各种社会发展问题，人才培养的目标、核心、模式、方式、举措等又该如何设置与调整？这些亟须做出新时代的解答。

现代地理学应对复杂多变的全球环境变化、资源利用与人类可持续发展问题，面向保障国家安全与民生福祉的重大战略需求，亟须培养"专业认知能力、知识融合能力、自主创新能力、团结协作能力"兼优的地理学拔尖创新人才。为实现这一崇高目标，南京大学地理与海洋科学学院在传承百年地理学发展历史、探索能力提升路径的基础上，构建并实施了"学""思""践""悟"的地理学创新人才培养模式。

以立德树人为核心，南京大学地理学创新人才培养模式围绕"培养什么人、怎么培养人、为谁培养人"这一根本性问题，聚焦学生"德智体美劳"全面发展，贯彻培养学生家国情怀与社会责任感，着力知识技能、专业素养、批判思维、问题解决、探究精神、创新能力、合作能力以及国际视野的培养，落实了培养肩负时代使命、具备全球视野、推动科技创新、引领社会发展的拔尖领军人才和优秀创新创业人才的初心使命，体现了地理学学科发展前沿和新时期学科发展特点，符合南京大学卓越追求和新时代专业人才培养需求，以期为各高校特色化、多层次的地理学创新人才培养提供借鉴与启发，共同培养出更多适应社会发展与国家战略未来需求的一流研究型、专业型、技能型的复合创新型高素质人才。

本书的出版离不开学院鹿化煜院长和李满春书记的关心和支持，是全体教职工在全员育人道路上辛勤耕耘和集体智慧的结晶。感谢王腊春老师、柯长青老师、金晓斌老师在长期本科教学管理工作中的悉心指导。感谢王腊春老师、李徐生老师、陈刚老师、马劲松老师提供的庐山模式经验分享和虚拟庐山野外实习教学辅助系统三维数字模型的分享。感谢张洪老师提供的国际化课程材料。感谢张永战老师主持的"中俄贝加尔大地学"国际科考与科研训练项目、张振克老师主持的"非洲发展与文明冲突跨学科"国际科考与科研训练项目、王先彦老师主持的"中法阿尔卑斯大地学"国际科考与科研训练项目、郑光老师主持的"中美'人类活动—全球变化'交叉学科"国际科考与科研训练项目的经验介绍。感谢程亮老师指导的"掌上三维游：移动终端上精细重建真实景观世界"项目团队，徐志伟老师指导的"近几十年来中国风速下降及其环境效应——以1985—2015年风速下降对毛乌素沙地的影响为例"项目团队，张学良老师指导的GIS应用技能大赛团队，李满春老师、黄秋昊老师指导的"参与村土地规划，建设中国新农村——基于常州市武进区村土地利用规划调研"项目团队，李岩、郦天昳老师指导的"成功人力——更懂中国的人力资源专家"项目团队，陈刚老师指导的"'二战'期间亚洲女性的青春坟墓——侵华日军南京慰安所的AR故事地图"项目团队，黄秋昊老师、李岩老师指导的"如何绘制新时代'富春山居图'——苏南地区村土地利用规划编制实践"项目团队，金晓斌老师指导的"全域整治背景下苏南地区坑塘的多维度调查与思考"项目团队，陈逸老师、施利峰老师指导的"街区尺度下的低效建设用地识别分析"项目团队的大力支持。谨以此书表达对南京大学地理与海洋科学学院地理学人春风化雨、润物无声、砥砺前行、追求卓越精神的敬意！